JN186263

弘法大師　空海読本

本田不二雄

原書房

弘法大師空海読本

弘法大師空海読本◉目次

I
四国

名は体を表す。
高松《たかまつ》空港から国道三十二号を西へ向かい、讃岐《さぬき》平野へと入るあたりから、人家のある里を突き破るかのような印象的な山容が次々と現れる。端整な円錐状のもの、ゴツゴツと隆起し、岩肌を露わにしたもの……標高百から三百メートルほどの変化に富んだ小山の姿が訪れる者の目を楽しませる。まるで中国の桂林《けいりん》みたいな光景だと、ずいぶん場違いな連想すら浮かぶ。といっても、手前に流れる民家や看板などの光景を一切カットして見れば、の話ではあるが。

ところが、私の印象は意外と場違いではなかったようだ。後に手にした『善通寺《ぜんつうじ》市史』の冒頭にはこう記されていた。

「……『讃岐』という名称は、山容（岐）の美しさをほめたたえる（讃）という意味だといわれている」

空海の生地を訪ねて山を語ることになるとは、自分でも意外だった。なぜなら、空海の真筆《しんぴつ》といわれる『三教指帰《さんごうしいき》』では、仮名《かめい》乞児《こつじ》なる架空の仏者《ぶっしゃ》にことよせて、自らの出自《しゅつじ》をこう記しているからだ。

◉近年再建された善通寺産湯《うぶゆ》堂。御影堂の横にあり、法要には、この水が使用されるという。寺では、出産や病気の際に、この霊水をいただくと不思議の霊験があると伝えている。

◉空海誕生の聖地に建てられた善通寺《ぜんつうじ》御影堂《みえどう》。背後には香色山が見える。御影堂正面から、本尊の大師像、氏神の佐伯八幡、祖廟を祭る神奈《かんな》備《び》の香色山、五岳の山並みが同一線上に並ぶ。

「日出《ひいづ》る国日本の天皇の治下にある玉藻《たまも》よる讃岐の島、樟《くすのき》（楠）が太陽をさえぎる多度《たど》の郡《こおり》、屏風《びようぶ》が浦《うら》にすんでいる」

これを読んで、海沿いの場所を想像しないほうがおかしい。しかし、空海誕生の地、つまり現在の善通寺境内《けいだい》に下り立ったときにまず印象的だったのは、潮の香りではなく、すぐ後に聳《そび》える赤鳥居で結界《けつかい》された山の光景だった。また、御影堂《みえどう》（誕生院《たんじょういん》）を中心に境内の写真を撮ろうとすると、背後の山が一緒にフレームインする構図となる。

最初、そのこと自体はさほど意味を感じなかったが、やがてその〝意図〟が鮮明に立ち上がってくる。その一例が「善通寺式御影」（十二ページ）とよばれる空海像であり、鎌倉時代に描かれた善通寺境内の絵図であった。

絵図では、実に半分以上のスペースを割いて背後に連なる山々が描かれていた。それらと一体化した形で境内が描かれているのである。むべなるかな、善通寺の正式名称は、「屏風《びようぶ》が浦五岳山《うらごがくさん》誕生院善通寺《たんじょういんぜんつうじ》」であった。屏風浦とは、五岳が屏風のように連なっていることに由来するという。浦というには、海岸からは随

◉御影堂の内陣。本尊の大師像は一般に「瞬目《めひき》大師」と呼ばれる善通寺式御影。その地下では、暗闇の坑道を抜けて大師の幼形像と出会う「戒壇《かいだん》めぐり」が設けられている。

◉善通寺西院の御影池に置かれた空海と両親の像。善通寺ではその父の名を寺院名の由来となった佐伯善通卿《さえきよしみちきよう》、母を玉依御前《たまよりごぜん》と伝える。空海はこの水面に自らを映して自画像を描いたという。

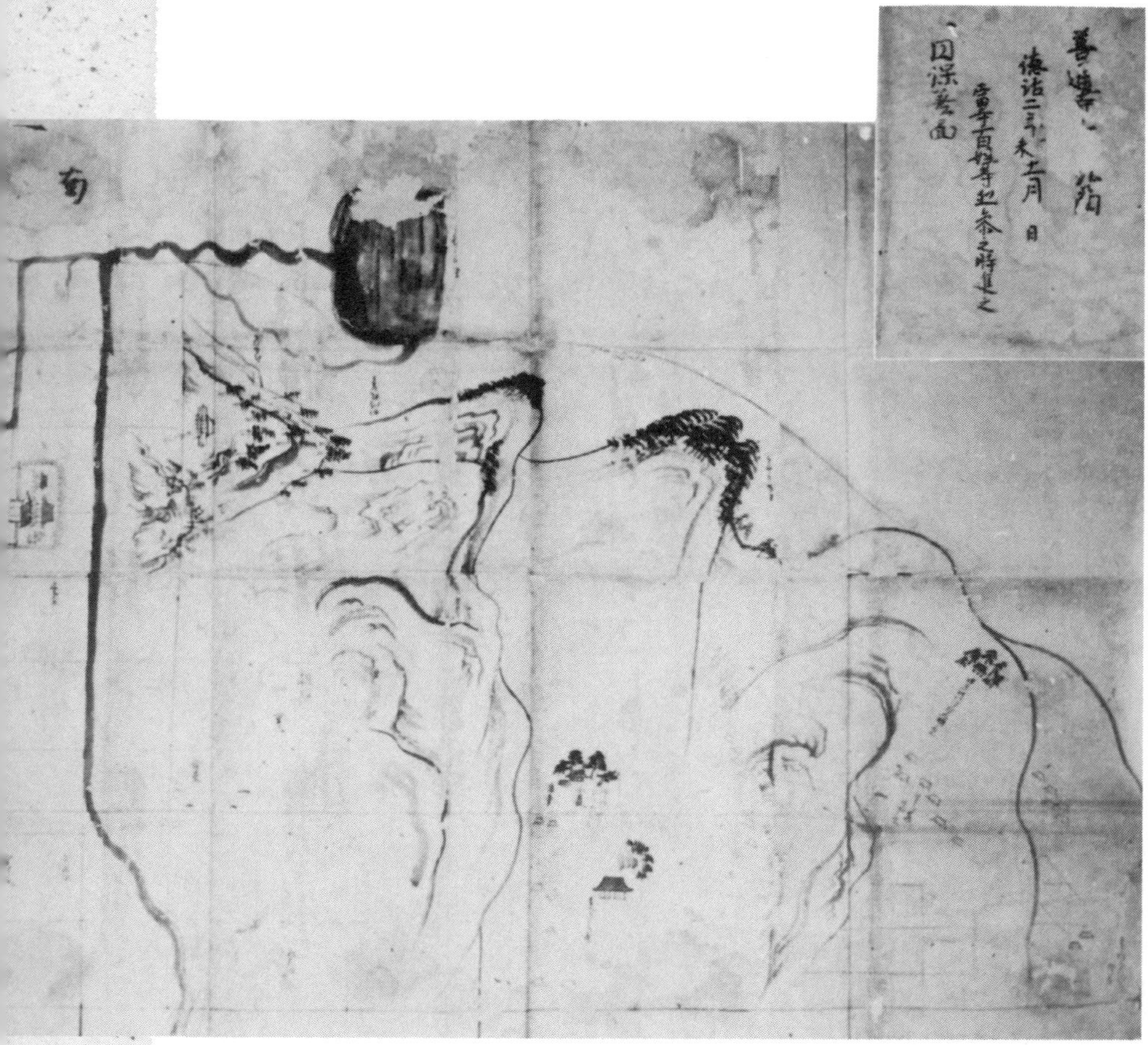

◉徳治2年（1307）の善通寺伽藍并寺領絵図（重文）。五岳の連山と善通寺境内を同一画面に描く。向かって左から東院伽藍、誕生院（御影堂）、水路を挟んで佐伯八幡山の小丘が見える。（善通寺蔵）

分遠く（約四キロメートルほどあろうか）奇異な印象をもったが、何のことはない。空海の当時、海岸線は今よりずっと内陸側、現善通寺境内の近くにあったということらしい。ともあれ、空海の出身である多度郡の旧国造《くにのみやつこ》・佐伯家《さえきけ》の領地は、南の五岳に抱かれるようにして広がる地域だった。この地を語るには、五岳を切り離して考えることはできないのだろう。ちなみに善通とは、空海の父の名前からとられたといわれる。

とすれば、善通寺の名称は、このように解釈しても構わないだろう。

「屏風のように五岳が連なる地に誕生した弘法大師《こうぼうだいし》・空海を記念して建立された佐伯氏の寺」

さて、五岳と善通寺境内の位置づけを今一度注目してみたい。西から火上山《ひあげやま》（四百九メートル）、中山《なかやま》（四

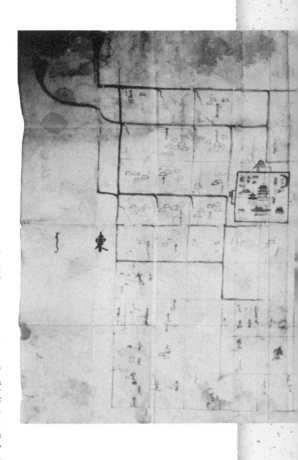

百三十メートル）と続く山並みが、続く我拝師山《がはいしさん》（四百八十一メートル）で最も高いピークをなし、筆ノ山《ふで》（二百九十五メートル）、香色山《こうしきさん》（百五十三メートル）と段階的に高度を緩めた稜線を結んだ先に善通寺が位置しているのだ。

ここに〈風水〉の意図を見出すといったら、突飛にすぎるだろうか。

風水は、大地を脈打ち流れているエネルギー（生気）の噴出点をさぐる中国古来の術法である。そこでは山々が平地に向かって雄大にうねる様を龍にたとえ、その龍の頭が地上にもぐったポイントを「穴」と呼び、生気が凝集する場所と考える。山々のひときわ高い頂は「祖山」と呼ばれ、そこで蓄えられたエネルギーは低い山並みをへて穴の手前で盛り上がり（これを「玄武頂」という）、穴へと収束するのである。その伝でいえば、祖山が我拝師山で、玄武頂が香色山、穴が善通寺境内にあたる。

ちなみに、五岳とは、五行《ごぎょう》説に照応して選ばれた五つの聖山を意味し、道教では、それらの山容を図案化し東・西・南・北・中に配慮した「五岳真形図《ごがくしんぎょうず》」を、あらゆる護符のなかでも最も重秘のものとして伝えている。

風水では、祖山に連なる穴に居宅を構えることで家運の隆盛をもたらし、祖先の墓所を営むことで子孫が出世の恵みを受けることができるという。もともと今の善通寺境内には、空海の生家はもとより、佐伯家の祖廟《そびょう》や氏神《うじがみ》が祀られ、善通寺の前身となる氏寺《うじでら》もあった可能性が高いといわれている。何も、空海という未曾有の天才の出生の秘密を、風水の脈絡で短絡するつもりはない。が、ここがしかるべき意図のもとに配置されたのではないか、という想像は許されよう。

四国霊場《しこくれいじょう》七十五番札所《ふだしょ》・善通寺は東院《とういん》と西院《さいいん》の二重構造となっており、東院は金堂《こんどう》や五重《ごじゅう》の塔《とう》、釈迦堂《しゃかどう》が甍《いらか》を並べる伽藍《がらん》群、西院は空海像を本尊とした御影堂が中心となっている。

❖

——総本山善通寺は、真言宗《しんごんしゅう》の開祖、弘法大師(空海)の御誕生所。中国から帰国した弘法大師自らが八〇七年より六年の歳月をかけて建立した真言宗最初の根本道場《こんぽんどうじょう》です。

善通寺の参詣のしおりにはこう記されている。

ところが今回の取材行で、これに反する意外な事実を知ることになる。

第一に、善通寺の建立について。当寺で語られている八〇七年建立説も、父善通の名前からとってつけられたという説も、実は史料的裏付けがないに等しい。史料に見える父の名は「佐伯直田公《さえきあたいたきみ》」であり、先に少し触れたように空海以前から佐伯の氏寺としてすでにあったという説が濃厚なのである。事実、東院の金堂からは空海以前の時代に遡る仏頭《ぶっとう》が出土している。

「県内のほとんどの考古学関係者はもちろんのこと蓮生善通寺管長も『現善通寺東院には、白鳳《はくほう》期建立の佐伯氏の氏寺があった』とみている」(『善通寺市史』)

第二に、弘法大師の生地について。先の名称にある誕生院とは本来西院のことをいい、ここには佐伯氏の住居があったことは確実視されている。御影堂の裏側には産湯《うぶゆ》堂があり、それもこの地が出生地であることを主張してやまない。

ところが、もうひとつの出生地と伝える場所が存在する。善通寺から四キロほど離れた多度津町《たどつ》にある、番外札所《ばんがい》・海岸寺《かいがんじ》。ここでは、産湯のときに使った石の盥《たらい》なるものを寺宝としており、善通寺のそれとはまったく相入れない異形な出生伝説を伝えていた。

◉善通寺式御影と呼ばれる空海像。善通寺から仰ぎ見た五岳が背景に描かれており、来迎図の形式で仏の光が空海に注がれている。(東京国立博物館蔵)

千二百年近く前の当時を思い浮かべる困難さは承知しているつもりだ。しかし、空海がいかなる環境のもとに生まれ、どのような精神風土の中で育ったかは追究するに値する問題だと考えている。が、原典史料に乏しく、今ある伽藍堂舎は当然、当時そのままではありえない。であれば、ここにはこれ以上どんな鍵が残されているのだろう。

「出生地についてははっきりしとる。東院に大きなクスノキがありますやろ。『豫樟《よしよう》蔽日(樟《くすのき》が日を隠す)』場所と空海さんがいうとる、あのクスノキですわ」

そう話す川合信雄氏は、地元の郷土史家である。我々は、善通寺市郷土館で氏から、善通寺に隠されたある〝秘密の扉〟を差し示されることになる。

「空海のお父さんが信仰しとったといわれるお薬師さん(金堂)があって、いわばその奥の院が御影堂ですな。ここは産屋の後。でも、本当はその裏にもうひとつ〝奥の院〟があったんです。お堂の裏に橋があってその先は今駐車場になってますやろ。そこにあったのが佐伯八幡《はちまん》。佐伯の氏神ですわ。儂《わし》は考古学やっとるから知っとる。ここには古墳時代の七つの窯跡《かまあと》があったんです。この一番大事な聖地を駐車場にして……」

❖

まさに壁のような急勾配を一歩一歩登ってたどり着いたのが、七十三番札所、出釈迦寺《しゅっしゃかじ》の奥の院、禅《ぜん》定院《じょういん》である。ここは先述した五岳の中心にして最高峰の我拝師山の中腹、中山との間の鞍部《あんぶ》から少し

◉海岸寺奥の院、御影堂本尊の裏側には、空海誕生の際に使われたという石の盥《たらい》が伝えられている。白く見えるのは供えられた白米。

◉善通寺東院境内には、ご神木というべき樹齢千数百年の楠《くすのき》の巨木が聳えている。空海が『三教指帰《さんごうしいき》』に自らの住居を「樟が日を蔽う浦」と記したことから、「これ大師誕生のときより有る所なり」(『全讃史』)とされている。大師の当時を追想する記念樹である。

登ったところにある。

寺の縁起はこう伝える。

弘法大師七歳のとき、世を救う誓願《せいがん》を立てた。密《ひそ》かに家を出てこの山に登り、『我、仏法《ぶっぽう》に入りて一切の衆生《しゅじょう》を救わんとす。我《わ》が願いが叶《かな》うならば、釈迦よ現れて証明を与えよ。もし願いが叶わぬなら一身《いっしん》を捨ててこの身を諸仏《しょぶつ》に供養《くよう》し奉《たてまつ》る』というや、断崖から身を投げ捨てた。するとたちまち紫雲《しうん》が湧き、白光とともに釈迦が出現。羽衣《はごろも》をまとった天女《てんにょ》が降りてきて幼き大師を抱きとめたのだった。

「普通に登って三十分かな」という話を聞き、気楽に登拝に挑んだのだが、これが難所だった。禅定院までならまだしも、そこから幼き空海が〈捨身行《しゃしんぎょう》〉を行ったとされる場所までは、鎖を頼りに岩場をよじ登らねばならない。そこを捨身嶽《しゃしんがだけ》という。

やがて石造りの稚児大師《ちごだいし》像が出迎えるあたりに出ると、少しばかり腰を落ちつける場所があった。そこから目の前にたたずむ大師像を見る。その下は剝き出しの岩で形成された垂直の壁。そこから飛び下りたら、万が一生きていられるはずがない。

伝説は確かに荒唐無稽である。しかし私は、数年前に見たある光景を思い出していた。奈良・大峯山《おおみねさん》の行場《ぎょうば》「西の覗《のぞき》」である。ここでは今も、腰にロープをくくりつけ、断崖絶壁を逆さに吊るされる行が行われている。これこそ〈捨身行〉を今に伝えるものに他ならなかった。捨身行は古代から投身《とうしん》、入水《じゅすい》、断食《だんじき》などさまざまなバリエーションで行われていたという。その原像は釈迦の前生譚の中にもあり、法隆寺《ほうりゅうじ》の「玉虫厨子《たまむしのずし》」に描かれた〝捨身飼虎図《しゃしんしこず》〟として知られている。

捨身行の意味は、「命を捨てて三宝《さんぼう》(仏、法、僧)を供養すること」などと説明されるが、修行者の側からすれば、もっと積極的な理

◉五岳が連なる鞍部から、その主山というべき我拝師山《がはいしさん》を拝する。中腹に見えるのが、出釈迦《しゅっしゃか》寺《じ》の奥の院である禅定院《ぜんじょういん》。さらにその裏側に捨《しゃ》身嶽《しんがだけ》がある。麓からは2〜30分の山行。

◉西面した捨身嶽から西北方向を仰ぎ見る。沈みゆく夕日と山々、そして瀬戸内海が刻々と表情を変えていく様を、少年真魚《まお》も眺めたであろう。その方向には、はるか唐への海路が開ける。

由がなくてはならない。おそらくそこには、「たとえ死んでも永遠なる神仏と一体になれる」という法悦《ほうえつ》があったはずである。ともあれ、この伝説が生まれるモチーフは確かにこの場所にあったにちがいないと思う。

我拝師山は、麓の出釈迦寺と近くの七十二番曼荼羅寺《まんだらじ》両方の山号となっており、両寺はかつてひとつであったと考えられている。とくに曼荼羅寺は善通寺とならんで古い由緒を誇り、創建は六世紀末。佐伯氏の氏寺だったと伝えられている。ともあれ、両寺は捨身嶽を見上げる位置にあり、かつてはそれを御神体として拝む拝殿ではなかったかと思われる。もちろんこれは仏教的な発想ではないが、巨石・磐《いわ》

◉善通寺御影堂前の絵馬より。伝説では、少年真魚が捨身嶽から身を投げ出すや、紫雲がたなびき、白光とともに羽衣をまとった天女が降りてきて、その身をひしと抱き止めたという。

◉捨身嶽に設えられた稚児大師《ちごだいし》像。その直下はまさに断崖絶壁。「わが願いが叶うならば釈尊出て証《あかし》を与えよ、さもなくば一身を捨ててこの身を諸仏に捧げん」と、身を乗り出したと伝える。

座《くら》を崇《あが》める山岳信仰の視点からみれば違和感はない。ちなみに捨身嶽の下からは銅剣《どうけん》(十五)、銅鐸《どうたく》(一)が出土し、先史時代からここが祭祀儀礼のセンターだったことがうかがえる。もっといえば、我拝師山が五岳の中心だったことを併せて考えると、ここは佐伯氏が仕切っていた多度郡の「総奥の院」というべき位置づけだったのかもしれない。

善通寺から歩いて二時間弱でたどりつく捨身嶽に、好奇心旺盛な少年が興味を示さぬわけがない。伝承では、幼き空海はここに毎日通ったという。その少年もまたここから見下ろす風景を飽きずに眺めたにちがいない、そう想像することは楽しい。讃岐の北から西を一望する光景。峰々の先には瀬戸内の海と島々、遠く行き交う舟も見える。眼下の海は太陽の沈む方向に延び、九州の国東《くにさき》半島に突き当たるという。そこから右に針路をとれば、はるか唐へと続く海の道がある……ここから見える光景は、少年時代のテリトリーにおいては、世界のすべてであっただろう。

重要なことは、少年がここで「俯瞰する視点」を獲得したと

◉空海の「虚空蔵求聞持法」修行の霊跡とされる太龍嶽の南舎心嶽。剥き出しの岩塊が断崖をなし、その上に東面した空海の坐像が置かれている。その視線の先はるかに海が見える。「谷響きを惜しまず」と記した『三教指帰』の情景がまさに再現されている。

◉四国霊場第二十番鶴林寺《かくりんじ》。十二番焼山寺《しょうざんじ》、二十一番太龍寺《たいりゅうじ》などとともに「空海の修行を十分に証明できるところ」(五来重氏)とされている。山の尾根から尾根を結ぶ山岳の霊場である。本堂は慶長五年(1600)建立のもので、その裏には本尊降臨の杉が聳える。

◉室戸《むろと》岬の岩山の上に建立されている最御崎寺《ほつみさきじ》の山門。その原義は「火つ（の）御崎」とされ、空海以前からここで聖火を焚き、海の神に捧げることが辺地《へじ》修行者によって行われたという。

◉最御崎寺境内の大師堂（上）とその内部に安置された弘法大師像（下）。

いうことではなかったか。

❖

「自然の人間化が文明であり、人間の自然化が宗教である」

そんな言葉を聞いたことがある。人間が生を営むということは、畢竟《ひっきょう》おのれの快楽と利便のために自然を削り取り、穀物を栽培し、それを食し、モノを製造することである。それはあるがままの自然からどんどん遠ざかっていくことを意味する。しかし、そんな人間社会に生きるわれわれの心身は、ときとして悲鳴を上げる。ストレスの呪縛に苛《さいな》まれる。

そのもっとも本質的な解決策は、文明に反する行為に打って出ることだろう。つまり、精神的には死に向かうことであり、物質的には快楽と利便からできるだけ離れ、自然のものを食し、モノを捨てることである。キーワードは、反文明、自然回帰。そんな行為を、われわれは一般に「修行」と呼んでいる。

人間が修行に出るのは、やむにやまれぬ心身の欲求に突き動かされるからである。その感性は現代人も失ってはいない。その証拠が、お遍路《へんろ》さんだ。讃岐から阿波《あわ》、土佐《とさ》へと空海が修行した霊跡を辿る途中、どの札所に行っても、彼らの姿を見ないことはない。もちろん、さまざまな不幸や病、人生の行き詰まりなどのきっかけはあっただろう。しかし、あえてこんな不合理な行動へと駆り立てるのは、やむにやまれぬ宗教的衝動によってとしか説明できまい。彼らの白装束《しろしょうぞく》は、死出《しで》の旅路を意味する。「南無大師遍照金剛《なむだいしへんじょうこんごう》」と「同行二人《どうぎょうににん》」の文字。〝死国〟にて、彼ら

◉室戸岬から眺めた太平洋。黒潮の分岐流が容赦なく打ちつける岩礁が広がっている。

◉『三教指帰』に「明星来影ス《みょうじょうらいえい》」という奇瑞が起こった場所とされる御厨人窟《みくろどくつ》。東向きに穿たれた窟が三つ並んでいる。室戸岬の東岸にあり、国道55号線を挟んだ向かいは波頭逆巻く大岩礁。

は、弘法大師空海とともにある。

お遍路さんの原型は、もちろん空海その人の修行にある。

二十四歳の空海が書いた『三教指帰』では、おそらく修行時代の自分自身のことを述べたであろう、こんな言葉が見える。

黒髪を剃り落として、頭はまるで銅の甕《かめ》のよう。およそうるおいはなく、顔は土鍋のようである。顔はやつれ、風采はあがらない。長い脚が骨張って、池のほとりの鷺《さぎ》の脚のようであり…（略）…どんぐり飯や苦菜のおかずが月に十日も食べられない。葛のきものを着て、両肩はかくれない……

（山本智教訳）

そんなまるで亡者のごとき容貌で、空海はどこに向かい、何を行ったのか。

ここにひとりの修行僧がいて、私に「虚空蔵《こくうぞう》求聞持《ぐもんじ》の法」

◉太龍寺境内の求聞持堂の門は閉ざされ、「告、入堂中につき……」という文が掲げられていた。一日二座の計50日で成満するという、宗祖空海以来の修行の伝統が今も継承されている。

◉最御崎寺境内のある岩山を東に下ると、その奥の院とされる窟があり、その脇に虚空蔵菩薩を本尊とする求聞持堂がある。まさに求聞持法修行のための道場である。

を教えてくれた。この法を説いた経典によれば、「もし人が、この経典が教えるとおりに虚空像菩薩の真言《しんごん》を百万回唱えたならば、ただちにすべての経典の文句を暗記し、意味内容を理解することができる」という。そこでこの仏の真実の言葉を信じて、たゆまない修行精進の成果を期し、阿波の太龍嶽《たいりゅうだけ》によじのぼり、土佐の国の室《むろ》戸《と》岬《みさき》で一心不乱に修行した。谷はこだまを返し（修行の結果があらわれ）、（虚空蔵菩薩の化身である）明星《みょうじょう》が姿を現した――

この記事からは、「虚空蔵求聞持の法」を携え阿波の大龍嶽と土佐の室戸岬で修行し、神秘的な合一を

◉最御崎寺奥の院の窟。通称「一夜建立の窟」とされ、寺ではこちらが求聞持窟だとしている。ところがその本尊は虚空蔵菩薩《こくぞうぼさつ》ではなく如意輪観音《にょいりんかんのん》で、しかも大理石に彫られた渡来仏であったという。

◉満濃池《まんのういけ》。空海の故郷である西讃地方の水源として今も満々と水を湛えている。修築別当としてやって来た空海は、大磐石《だいばんじゃく》の上に秘密の壇を築いて護摩《ごま》の秘法を修し、仏天の加護を祈って、事業の成就を祈ったといわれる。

果たしたらしいという消息が窺える。

その場所を訪ねてみた。修行の跡は、二十一番札所太龍寺《たいりゅうじ》（徳島県阿南市《とくしまけんあなんし》）と二十四番の最御崎寺《ほつみさきじ》（高知県室戸市）の付近に、それぞれ往時の状態をとどめて残されている。

太龍寺の近くに、岩が剥き出しになった頂があった。その頂を南舎心山という。周囲は千尋の谷。舎心とは心を安んじるという意味だが、もちろんそれは「捨身」の当て字だったにちがいない。そんな文字通り死と隣り合わせの場所に、空海のブロンズ像が真東向きに鎮座していた。少し前の写真ではそこは小堂が祀られていたはずだが、台風か何かで吹き飛ばされたのだろう。それも当然と思えるぐらいの吹きっさらしの場所である。

おそらくそこは、かつての「行道岩《ぎょうどういわ》」だったのだろう。大峰などの修行場には、空中に突き出た断崖絶壁の岩場をだき抱えるようにして回る場所がある。手足を滑らせればまちがいなく死ぬ。こういった場所では「死を賭して」という言葉はたんなるレトリックではなく、実際命を落とす者もいただろう。

『大宝律令《たいほうりつりょう》』の「僧尼令《そうにりょう》」にはこんな驚くべき文言がある。

「凡《およ》そ僧尼、焚身《ふんじん》捨身することを得《え》ざれ。若《も》し違《たが》へらむ、及《およ》び所由の者は、並びに律に依《よ》りて罪を科せよ」

◉満濃池を見下ろす高台に建つ大師像。「晴天五日経《へ》れば水湿の潤いなし、霖雨《りんう》二日に及べば洪水の難あり」とされた水利の難問を、見事に解決したという。

焚身とは、文字通り焼身行《しょうしんぎょう》である。法律で罰するということは、いかに身を捨てる行を行う者が多かったかを物語っている。彼らはなぜそこまで自らを追い込まねばならなかったのか。仏道修行者であればなおさら不自然である。仏典には「捨身飼虎」つまり人身供犠を行ったという故事は書かれているものの、自死を勧めるような記述はない。むしろブッダは、苦行《くぎょう》の無意味さを悟り、山を出たことになっているからである。にもかかわらず、死に向かう苦行者たちが後を絶たなかったとすれば、経典の教えとは異なる精神性をそこに見出すほかはない。

民俗宗教学の五来重《ごらいしげる》氏によれば、日本における苦行は「死にいたる苦行と禅定《ぜんじょう》によって人間としての罪(煩悩《ぼんのう》)や穢《けが》れをすっかり祓《はら》い落としてしまえば、その身体に神が宿り(憑依《ひょうい》し)、その身そのまま現人神《あらひとがみ》になって神の奇蹟をあらわすことができる、という信仰」にもとづくものだという。とすれば、それは仏教というより、むしろ日本的宗教観に根ざしたものといえるかもしれない。

現代人は、空海の「虚空蔵求聞持法」を神秘体験、超人育成のマニュアルのようにとらえがちである(もちろんその要素はあるが)。が、こと心身変容のための方法論ということでいえば、当時、中国伝来の道教《どうきょう》、神仙道《しんせんどう》方面の知識も多く知られていた。ともあれ、受容した日本人にとっては、修行の成就は、穢れを取り除いた清浄な身体においてこそなされるべきものだった。であればこそ、行者はあえて極限の自然にさらされることを選び、生の極限に挑んだのである。少なくとも、大龍嶽と室戸岬はそうと考えるにふさわしい場所である。

結果、空海は室戸岬の窟《いわや》にて、神秘体験を得ることになったという。

「明星口に入り、虚空蔵の光明照し来って、菩薩の威を顕す」(『御遺告《ごゆいごう》』)

早朝、東方に向かい「虚空蔵求聞持法」を修する空海のもとへ、彼方に瞬《きらめ》く明けの明星がみるみる近づき、行者の口の中に入っていったというのである。

阿波の太龍嶽と土佐の室戸岬、一方は虚空に突き出た岩塊であり、もう一方は波濤のしぶきを浴びる窟である。ともに自然の極限にはちがいないが、風景はあまりに対比的である。ふと、いつかの鉄道会社の広告を思い出した。

「空海、空と海」

コピーライターのねらいはどうかは知らないし、それを見たときに何かを思うことはなかったが、今、若き日の空海の原風景を目の当たりにして、「空と海」が、格別の意味をもって立ち上がってくるのを感じる。あえて対比させれば、「空」に囲まれた大龍嶽は陽たるリンガ(男根)、「海」に続く室戸岬は陰たるヨーニ(女陰)である。曼荼羅の象徴世界でいえば、前者は金剛界《こんごうかい》で、後者は胎蔵界《たいぞうかい》。別な見方をすれば、前者は外に向け開かれた空海、後者は内面に沈潜する空海を象徴しているようにも思える。そしてその対比は、空海の生涯に対照的に現れる二面性を端的に表しているように思える。

太龍嶽と室戸の窟はそれぞれ太龍寺と最御崎寺の奥の院的な位置づけであるが、ともに本尊は虚空像菩薩であり、求聞持堂という小堂があることも共通している。太龍寺のそれの前に来たとき、看板にこんなことが記してあった。

「告　入堂中につき、この門より中へ絶対入らないで下さい　山主」

今、このとき、「虚空蔵求聞持法」を修している行者がいる――

思わず門のそばで耳をそばだててみる。

「ナウボウアキャシャキャラバヤ　オン　アリ　キャマリボリ　ソワカ」……虚空蔵菩薩の真言ダラニを唱える声が聞こえないだろうかと。もとよりそんな声が届く距離ではなかったが。

どんな人物が、何を求めてこの中にいるのだろう。想像を膨らませる。おそらくその修行者は、少しでも空海に近づきたいと考えたのだろう。あるいは――空海がそうだったように――どうしても求聞持法を修めなければ第一歩が踏み出せないと感じることがあったのだろうか。

「求聞持法」の成就は、宗教者空海を形作るうえで重要な出来事だっただろうことは、論をまたない。その意味については以後考察することになると思うが、空海の生涯を追っていくうえでもっとも重要なことは、その成就が到達点ではなく、すべての始まりだったことである。

❖

周囲二十一キロメートルにもおよび、満々と水を湛える満濃池《まんのういけ》を前に、空海のもつスケールを改めて考える。

『三教指帰』を著した二十四歳から入唐《にっとう》する三十一歳までの間の空海は、一般に空白の期間として謎とされている。しかしその期間、空海が何もしなかったというわけではないだろう。一般にいわれているように、経典類を読みふけるだけの毎日だったわけではあるまい。少なくとも、他者の目からみたら、苦行を修め、一段と逞しくなって里人《さとびと》の前に現れた空海は、聖《ひじり》としての風格を備えた神人《しんじん》として映ったにちがいない。喜捨《きしや》を乞《こ》うため、あるいは求めに応じて、空海は民人《たみびと》に対し祈禱《きとう》を行ったりしたのではないか。あるいは錫杖《しやくじよう》を手に湧き水を湧き出させたり、薬草を手に病気治しの呪法を行ったりしたのではないか。それは、当時の聖たちの行動様式からみれば、さほど不思議ではない。

歴史的人物がかならずしも存命当時から世に知られていたとはかぎらない。しかし、空海はそうではなかった。

修行時代から二十余年のち、唐から帰国し、神護寺《じんごじ》や東寺《とうじ》、さらに高野山《こうやさん》を往還する多忙の日々を極めていた空海は、故郷の満濃池の修築の監督者として請われ、現地に向かっている。今の常識からすれば、仏僧が土木工事を監督すること自体が不思議だが、その空海に対する民衆の期待がこれまた尋常ではない。

「伝灯法師《でんとうほうし》空海をして満濃池を築く別当《べっとう》に宛《あ》てられんことを請《こ》う」という願書がある。そこに記された空海は、こんな存在であった。

> 讃岐国言《もう》す。去年より始めて万濃池（満濃池）を堤《きず》くも、工大にして民少なし。成功いまだ期せず。僧空海は此の土の人なり。山中に座禅《ざぜん》せば、獣《けもの》馴《な》れ鳥狎《な》る。海外に道を求め、虚《むな》しく往《い》きて実《みち》て帰る。これによって道俗《どうぞく》、風を欽《よろこ》び、民庶、影を望む。居るときはすなわち生徒、市をな

し、出づるときはすなわち追従《ついしょう》、雲のごとし。今久しく旧土を離れて、常に京都に住す。百姓《ひやくせい》、恋《こ》い慕うこと父母のごとし。もし師来ると聞けば、部内の人衆、履《くつ》をさかさまにして来り迎えざるなし。請ふ、別当に宛て、その事をなさしめたまえ」

このカリスマ性はただごとではない。入唐帰りという箔はあっただろう。帝からも重用されたという出世の評判もあっただろう。しかし、それだけでこの期待感が生じたとは考えにくい。おそらく入唐前からすでに、故郷の民は空海を傑出した聖として知っていたからにちがいない。「久しく旧土を離れ」る前、すでに、「居るときはすなわち生徒、市をなし」ていたのである。

経典を読みあさるだけの学僧としての空海像からは、このような存在感は生まれようがない。知られざる前半生を知るには、聖としての空海の姿に思いをめぐらす必要があるかもしれない。

【第一章】神人誕生

大師の霊水

大分県国東《くにさき》半島に、椿堂《つばきどう》という真言宗《しんごんしゅう》の古寺がある。寺の縁起《えんぎ》には、唐から帰国したばかりの空海がここを訪れたという言い伝えが残されている。

——大同《だいどう》二年（八〇七）、椿の錫杖《しゃくじょう》をもった旅僧が来たりて、岩陰に庵《いおり》を結び、その杖で清水を突き出し、この地に椿の錫杖をさして旅立たれた。

その旅僧が「突き出した」清水は、今も往時のまま残されている。椿堂の奥の院は窟となっており、高さ数十メートルの巨大な一枚岩が岩陰をつくるその奥から、チョロチョロとわずかな量の「御霊水」が水盤に波紋を残している。毎秒五ミリグラムの水量というから、ごく微量な湧き水なのだが、この水を求めて近隣はおろか、県外からも篤信《とくしん》の信者が集まる。

訪れた者は、本堂の軒下に吊るされているものを見てそれが何かを知った途端、息を呑むにちがいない。そこには、松葉杖やコルセットらしき医療器具とともに、夥《おびただ》しい量の黒髪がぶら下がっているのである。

これは吾《わ》が子、吾が夫、或いは吾が身の病気全快等のあらゆる祈願が成就したとき、女人たちの命でもある黒髪を惜しげもなく断ち切って、大師様に捧げられた女人の悲しき心のあらわれであり、弘法大師のご霊験あらたかな証《あかし》である。

（同寺のパンフレットより）

住職はいう。

「私のほうから、ことさら何々に効く水というようなことはいいません。ただし、この霊水は昔から万病に効く水として知られていました」

御霊水のすぐ脇には、本尊である椿大師像が祀られている。その像は秘仏《ひぶつ》であり、厨子《ずし》の扉が開くのは三十三年に一度のことだという。「ありがたや　椿の山の岩かげに　大師はいまだ　おわしまします」四国やほかの巡礼地と同様、こんな御詠歌《ごえいか》が同寺には残されているのだが、厨子が閉じられていることによって、〝いまだおわしまします〟と謳われる椿大師すなわち空海の存在感がより重きを増しているように思える。途切れることなくやってくる信者は、この椿大師に手を合わせ、『般若心経《はんにゃしんぎょう》』を誦《よ》み「南無大師遍照金剛《なむだいしへんじょうこんごう》」の宝号《ほうごう》を唱え、それぞれの願いを込めていく。ちょっとお寺に立ち寄ったついでという気楽さはそこにはない。切実な信仰の気配が

◉西高野山の別称もある、大分県西国東郡真玉町の椿堂《つばきどう》の本堂。その軒下に夥しい量の黒髪とコルセット類が吊るされている。同寺では「祈願成就、御礼の黒髪」として約3000人分もの黒髪が奉納されているという。

ここには漂っている。

おそらく何代にもわたって霊水の効験《こうげん》が語り継がれてきたのだろう。そしてそれを裏打ちしたのは、弘法大師の存在であった。つまりここでは霊水と大師の信仰がセットになっているのである。実際、治療困難な病を抱えた人が霊水をいただいて大師に祈願した結果、みるみる治癒した——そんな評判が、今も人を引きつけているにちがいない。でなければ、これだけの松葉杖やコルセットがある理由がない。ともあれ、観光名所化した本山、大寺にはない独特の霊場が、こういう形で九州の片隅にひっそりと今も息づいているのである。

しかし、こうした場所は椿堂にかぎった話ではない。

湧水の調査でこの地を訪れた河野忠氏(大分文理大学助教授・水文学)は、椿堂の湧水の特異な水質に着目し、全国の弘法水《こうぼうすい》をくまなく調べる作業を開始した。結果、実に日本全国に千三百もの〈弘法水〉があることが判明したという。特定の人物の伝説とともに語られる自然水としては群を抜いて多く(二位の安倍晴明《あべのせいめい》は七十という)、その分布は北は下北半島、南は鹿児島の加計呂間島《かけろま》にまでおよんでいる。そしてそれらの多くは、水資源の豊富な場所ではなく、どちらかというと湧水の乏しい地域に多く分布していることが興味深い。

その特徴としては、①霊水、薬水として利用されているものが多く、②湧出量が微量で、③多くが大木の

◉本堂の裏には「大師ご修行の霊窟」がある。そこに湧き出す霊水は、硫酸イオンの含有が特異な数値を示し、極めて少量ながら枯れることがないという。

根元から湧出し、④加持《かじ》水、金剛《こんごう》水、閼伽《あか》水などと呼ばれている水が多いこと。水質的には、⑤溶存成分濃度が極端に高いか、逆に低い例が多い――などが挙げられる。なかには、山の頂から湧き出す特異な湧水や、内陸部にありながら塩分濃度が極めて高いもの、そして温泉・鉱泉も多く含まれていた。

要するに、〝弘法大師の水〟は、ただの水ではないのである。

多くは、その地域に貴重な湧き水を提供し、またそれらはミネラル分豊富で、伝説にいう万病に効く水、長生きの水、眼病に効く水などの効能を裏付けており、そして、腐りにくく、清浄な水なのである。椿堂のそれのように、湧出量がきわめて微量でありながら、降水量にさほど左右されず、長い間枯れずに湧出するという「水文学的にも奇跡に近い」(河野氏)湧水も多い。それは河野氏によると、かなり深い場所から湧出していることを物語るという。つまり、地下に滞留する時間が長いため、岩石土壌から溶けだすミネラル分が豊富となり、そのプロセスによって特異な水質が形成されるというわけである。

もちろん、そのすべてが実際に空海に由来するものではないだろう。近年掘り出されたものが「弘法水」と名付けられた例もあり、逆に、風土記に記載されているなど、空海以前に遡ると思われる湧水もある。もちろん、歴史的にわかっている空海の活動範囲と重なっている場所も多く、空海かあるいはその弟子が直接関与したものも相当数あると考えられる。ともあれ、これら〝特別の水〟の多くが弘法大師と関係づけられて語られるのは偶然ではあるまい。

岩層の隙間を流れる微量な水を探り当てるには、水脈探査の技術が不可欠である。河野氏は「空海の時代、ダウジングの技術は唐に入っていたと考えられ、入唐《にっとう》帰りの空海がその技術を駆使したということは十分考えられる」と見ている。唐から経典だけでなくさまざまな最新の知識をも持ち帰った空海だったら確かにありうる話である。また、「鉱脈探査と水脈探査は表裏一体の関係にある」ことから、一部で根強く唱えられている鉱山師《やまし》・空海説を補強するとの見方もある。

もっと実際的な事情もあったにちがいない。空海をはじめとする当時の山林修行者は、窟《いわや》に籠もって読誦《どくじゅ》・瞑想し、各地を渡り歩くのを常としていた。修行の拠点に命を永らえるための水は必要であり、しかも密教修法には本尊に清水を捧げる閼伽香水《あかこうずい》という作法が不可欠だった。したがって、椿堂のような清水の湧き出す窟は、後に寺院に発展していく聖地として好適だったにちがいない。

また、勧進僧《かんじんそう》としての立場から考えても、〝不思議な水を掘り出した〟という事実は、道俗の帰依《きえ》を集め喜捨《きしゃ》を得るうえで有利にはたらいたにちがいない。当然、薬水《くすりみず》として信者に水を与え、祈禱することで、病人を癒すということもあっただろう。その事実が、同様の霊水の湧出譚の主人公として空海の名前を冠するモチーフになったと考えるのは、決して荒唐無稽ではあるまい。

神人空海

しかし、より重要なことは、歴史的事実がどうだったかということより、「空海は特別な〝生命の水〟を湧き出させる人物」という共通認識が、日本人の中に深く刻印されていたことにある。それは、「空海がどんなことをやったか」と同時に、「空海＝弘法大師は何者であったか」を知るヒントにもなりうる。

特定の湧水に注連縄《しめなわ》を張り、水神《すいじん》や竜神《りゅうじん》を祀《まつ》ってあったりする光景は、日本ではごく自然なものである。水の湧出はそれだけで信仰の対象であり、水を司るものはしばしば神として祀られる。『旧約聖書』にてモーセが杖を突いて水を湧き出させたシーンを思い出すまでもなく、これは普遍的な神人《しんじん》の属性だといっていい。空海は仏教僧であり、モーセは預言者であるという性格づけはともかく、民衆から見たとき、両者は神のはたらきを体現する者以外の何者でもなかったにちがいないのである。

民俗学者の五来重はこう語っている。

弘法大師というのは全知全能であって、しかも祈る者のところにはいつもあらわれ、四国を歩いていると、いつもそばをついて歩かれる。同行二人で歩いてくれる。しかも死なないでいつまでも生きているという。これは神格の問題です。神というものはオムニプレゼンス（遍在《へんざい》）であり、オムニッセンス（全智）であり、オムニポテンス（全能）である。これは世界のどこにいっても普遍です。全智・全能・遍在というのは神の属性で、それを弘法大師はもっているわけですから、神として説明しなければいけない。

そのような仏教者は、日本史上、空海のほかには見当たらない。

椿堂を訪れたときに気づいたのは、そこでは大日如来《だいにちにょらい》はおろか、密教《みっきょう》寺院には欠かせないはずの大曼荼羅《だいまんだら》すらその影が薄いことだった。形の上では本尊はあることはあるが、信者らは、本堂でのお参りもそこそこに奥の院本尊へと向かう。そして秘仏の椿大師に向かって一心に祈るのだ。信者にとってお大師さんはお大師さんであって、ほかの何者でもないのだろう。仏様でもなく、神様でもなく、それでいて神様仏様でもあるような不思議な何者かがそこにいる。

とはいえ、教科書に書いてある一般常識としての空海は、こんな存在である。

◉平安時代初期の僧で、わが国の真言宗の開祖である。

◉讃岐《さぬき》に生まれ、成長して都の大学に入り、のちに仏門に入り修行時代を送る。やがて入唐し、密教を学んで帰国。東寺や高野山などの寺院を経営しながら、真言密教を国家鎮護《ちんご》の仏教として定着させた。
◉日本初の私学である綜芸種智院《しゅげいしゅちいん》を建て、満濃池を修築するなどの社会事業でも手腕を発揮した。
◉詩文に長じ、日本三筆《さんぴつ》の一といわれる書道の大家だった。

これらがすべて事実であるのはまちがいないが、ここからは、日本人が弘法大師空海に対して抱いてきた心情をくみ取ることはできない。さまざまな伝説を生み、神のような属性を備えることになる人物の全体像はまったく見えてこないのである。

その全体像を的確に表す言葉を見つけるのはむずかしいが、ここではあえて「神人」と表現したい。「神になった人」というぐらいの意味である。では、僧侶であり真言密教の開祖である、という歴史的事実を越えた「神人」なるものを設定した場合、彼の背後に広がっているものとは何なのか。

それは、日本人の宗教世界そのものである。

ある人はその宗教世界を「ニッポン教」と呼んでいる。それは今ある仏教や神道が成立するずっと以前から日本人の根底にあるものを引きずりつつ、かつ、さまざまな宗派教団が成立・発展した時代を通じて、今日なおわれわれの中に脈々と息づいている信仰を指している。

またそれは、「日本仏教はインドの仏教とは似て非なるものである」というときの日本仏教の正体でもあるし、「日本の宗教史は神仏習合《しんぶつしゅうごう》の歴史だった」というときの日本宗教の実体にも近いものである。

つまり、空海は、たんに外来の密教を日本に移植しただけの人物ではなく、「ニッポン教」を極めた神人とでもいうべき人物だったのではないか、ということである。

なぜなら、彼はあらゆる叡知を吸収し、超人間的な境地に到りながらも、古来から伝わる日本人の宗教世界にしっかりと根を下ろし、そこから決して離れることはなかったからである。

空海のエピソード

伝説として語り継がれた空海＝弘法大師伝には、神格化され、聖者になるべくして誕生したエピソードがさまざまに綴られている。それらを時系列で並べていくとこのような具合となる。

――讃岐国は屏風が浦の豪族である佐伯田公《さえきたきみ》の屋敷にて、枕をそばだてて眠っていた夫人が、ある不思議な夢を見た。それは天竺《てんじく》（インド）の僧が雲に乗ってやって来て、自分の懐《ふところ》に入っていくというものであった。それは懐妊の徴《しるし》だった。それから十二か月たってようやく、合掌した赤子が生まれ出た。通常の臨月を過ぎても母体を苦しめず、おだやかなお産だったという。宝亀《ほうき》五年（七七四）六月十五日のことである。⑴

別伝では、母君が太陽を飲んで妊娠したともされ、その鳴き声はダラニのようだったと伝えられている。

幼名は真魚《まお》といった。五～六歳のころ、いつも八葉蓮華《はちようれんげ》の上に座り、諸仏菩薩《しょぶつぼさつ》と対話する夢を見ていたが、そのことは決して多言することはなかった。物心ついたころになると、ほかの子供らが竹馬にて戯れるところには目もくれず、泥土を固めて仏像を造り、草木を用いて草堂をこしらえ、拝んだりするのが常だった。⑵

両親はそんな子を掌中の珠のように大切に育てた。そしてその利発さから多布度物《とふともの》（貴物《とうともの》）と呼んだという。

七歳になると、本格的に仏道修行を行っている。現在の我拝師山の岩壁に登り、衆生《しゅじょう》を済度《さいど》せんと舞い降り、菩薩に抱き留められたという。また、弥谷山《いやだにさん》で苦行をしたともいわれる。⑶

またあるとき、都から諸国の役人の監視のために遣わされた勅使（按察使《あぜち》）が、幼い空海を見て突如馬から降り、空海に礼拝した。勅使は、

「あなたはただの人ではない。四天王《してんのう》が白傘を捧げて従っておられる。まさしく前生は聖人であったことを知りました」

と述べたという。⑷

十二歳になったころ⑸、少年空海を見ながら、両親はこう言い合った。

「この子は天竺の聖人が懐に入ってくる夢を見て授かった子。となれば、仏門に入れて僧になり、釈尊《しゃくそん》のあとを継がせるのがいいのでは」と。それを聞いた空海は少年ながらたい

◉幼少期の空海が、仏とともに蓮華の上に座して語らう様子。（「弘法大師行状絵伝」法楽寺蔵）

そう喜んだという——。

空海は自らの幼少期をほとんど語っていない。したがって以上の記事はほとんどが後世語られるようになった挿話であり、当然ながら史実とは見なされていないが、〈神人空海〉がいかなる存在として理解されてきたかを知るうえで、興味深いいくつかの視点を提供してくれる。

まず、①の誕生秘話は何を物語るのか。

ひとつは、聖者特有の生誕伝説の典型をなぞったものと考えられる。つまり、ただの人間の子供として生まれてきたわけではなく、神や菩薩から生を授かったとする考え方である。たとえばブッダの場合、「夢に白象が現れ、摩耶夫人《まやぶにん》の右脇腹に入った」といわれ、聖徳太子《しょうとくたいし》の場合も、「夢に金色に輝く僧が枕元に現れ、口内に入っていった(『聖徳太子伝暦』)」とされている。結果的にこのふたつのエピソードを足して二で割ったような話になっているのが興味深い。

また、十二か月で生まれ出たという話にも、「仏は一歳(十二か月)ですべてがそなわり満ちて生まれてくる。ゆえにからだも識心《しきしん》も完全な形でそなわっている」という『大論《だいろん》』八八にある仏説に基づくとされる。であればこそ、合掌する姿で出生したのである。ちなみに聖徳太子も同じく母胎で十二か月を過ごしたといわれている。

生年が宝亀五年だったことは没年と享年から逆算できるとしても、誕生日に関しては、実は歴史的な裏付けとなる史料は何もない。ではなぜ六月十五日とされたかであるが、これには理由がある。空海の前生とされたある高僧が同年同日亡くなっているのである。つまりその日付は空海がその高僧の生まれ変わりであることを示しているのである(それについては後述する)。また、先にあげた聖徳太子との共通点の多さは、空海が太子の再来(後身)

ともいわれたことと無関係ではあるまい。

さらに④のエピソードは、空海がブッダに比するべき聖者であったことを表現している。『弘法大師行状記』では、この挿話をこうフォローしている。

「経典の中に、深い悟りを得て衆生を利益《りやく》する者は、常に人々の拠りごころとなって転輪聖王《てんりんじょうおう》の徳を備え、頂上に白蓋を現すとある。智慧この上なく高く、慈悲の心があまねく覆っているからである」

では、史料によって裏付けしうる空海の出自はどうだったのか。

『続日本紀《しょくにほんぎ》』に残された空海の卒伝には、短くこう記されている。

法師《ほうし》は讃岐国多度郡《たどぐん》の人なり。俗姓は佐伯直《さえきのあたい》。

直とは朝廷から賜った姓で、佐伯つまりサヘギとは、もともと大和朝廷によって東国に追いやられた蝦夷《えみし》を指す言葉である。『日本書紀』景行《けいこう》天皇の条に、日本武尊《やまとたける》が蝦夷征伐に際して捕虜とした蝦夷を熱田神宮《あつたじんぐう》に奉ったのち、播磨《はりま》、阿波《あわ》、讃岐、伊予《いよ》、安芸《あき》の五か国に配置し、佐伯部《べ》としたという記録がある。その監督の任にあたったのはその土地の土豪、旧国造家だったとされ、やがて彼ら一族が佐伯直を名乗ることになったと考えられている。とすれば、空海の出身は、もとは讃岐の多度郡を領地としていた旧国造の家だったということになる。いわば地方の土豪といっていい。

のちに佐伯氏を名乗った一族は、前期古墳時代のものとされる多数の古墳群を領内に残すほど、早くから力を蓄えていた豪族だった。大和朝廷に恭順するのも早かったが、北九州と畿内を結ぶ瀬戸内の水路に面し、都とは距離を保ちながらも文物と情報は行き交うという環境に恵まれ、文化的に先進の地域であった。そこに蝦夷が移民としてやってくる。『書記』の景行天皇のくだりは歴史的には七世紀半ばの「大化の改新」の時期を反映していると考えられており、佐伯直を名乗った時期もそのあたりと考えられている。ともあれ、佐伯直である空海の家は、中央で佐伯部を統括する軍事氏族である佐伯氏、大伴《おおとも》氏の影響下にあり、領地においては蝦夷らを国家権力に恭順させる、つまり農業の手ほどきをし、定住化させるという任を負っていた。

逆にいえば、蝦夷という豊富な労働力をもって耕作地を拡大し、富を蓄えることを可能とし、一方、かつては非定住民だった蝦夷らを抱えることで、他の地域にはない文化的な多様性をもつことをも可能にしたと思われる。空海は、こうした多様性と開放性に富んだ環境のもとで生まれた。このことは空海の生涯に有形無形の影響を与えたにちがいない。

と、述べたところで、佐伯氏については別の見方もあることに触れなければならない。すなわち、佐伯氏＝蝦夷の裔《すえ》とする説（井上光貞氏らによる）である。蝦夷の範囲は時代を追うごとに東へ北へと移っていくが、早い時代に征服された「サヘギ＝塞外（砦の外、つまり国境外）の民」が軍事氏族となり、都の警備やさらなる蝦夷征服に駆り出される一方、本拠地の東国から西国へと移住したというわけである。そうなると、佐伯直はまさに蝦夷のボスということになり、空海にも蝦夷の血が流れているということになる。またこの説に立てば、縁戚関係にあったといわれる中央の佐伯・大伴との関係も理解しやすく、空海という人物のスケールにより適っているという印象もあるが、即断はできない。

問題は、空海がどんな世界観の中で育ったか、ということである。

先の②に挙げた挿話は、新仏教の大成者にふさわしい話として創作された印象が強いが、だからといって、空海が宗教的な環境にはなかったということにはなるまい。

空海が生まれた時代、佐伯氏の居宅の東側には、七世紀後半から八世紀初頭の白鳳《はくほう》期に建立されるといわれる氏寺がすでに存在し、すぐ西の香色山麓には氏神を祀った場所があったとされている。氏寺の薬師如来《やくしにょらい》と氏神（八幡神《はちまんしん》?）が同一の敷地に共存するという構図である。これは一見異様な光景のように思える。

しかし、飛鳥《あすか》時代から奈良時代初期にかけての仏教事情を見ていくと、そうでもないことがわかってくる。そもそも日本の仏教は、渡来人《とらいじん》からもたらされた仏像を有力豪族が私宅に安置したことに始まるといわれ、それがやがて仏像を安置する伽藍《がらん》を設け、渡来僧を迎えるという風潮が生まれる。これが『日本書紀』の仏教のはじまりと伝える五八四年のことである。それはもちろん、今日のように宗旨を明らかにした教団仏教ではなかった。

では、彼らにとってホトケとは何だったのか。

それは当時のホトケに対する表現によく現れている。つまり、「蕃神《ばんしん》」、「仏神《ぶつしん》」であり「今来《いまき》の神」――不気味な容貌を湛え、霊威の著しい外来のカミ――だったのである。

では、彼らはホトケに何を祈願したのか。専門家らはこう見ている。

「飛鳥時代から奈良時代にいたる仏教信仰の主流は祖霊追善《それいついぜん》であった」（竹田聴洲氏）

「（蘇我氏は）祖霊に対する霊験《れいげん》の期待という民族宗教的地盤の上に大陸伝来の舎利《しゃり》の霊験信仰を受け入れた」（二葉憲香氏）

これらの説に従うなら、子孫に吉凶禍福をもたらすという祖霊の力を、ホトケの呪力によって補強する――これが日本人が仏教を受容した動機だったと見ることもできよう。

われわれはなんとなく、祖霊信仰に代表される古来からの神道があり、のちに仏教という異なる体系の信仰を受容したと理解している。しかし、祖先神の観念が生まれるのは、「六世紀後半から七世紀にかかる時期」（下出積与氏）だとする意見もあり、それはすなわち氏寺の盛行する時期とぴったりと符合する。となれば、やや時代は下るが、空海が幼少期のころにあった白鳳期の氏寺もまた、佐伯氏の先祖霊を護り、その霊威を高めるために祀られたと考えても不自然さはない。

のみならず、「空海は白鳳期の私寺を管理する別当のような家に生まれたと推定される」（上山春平氏ほか）とすれば、当然氏神の祭祀を行う「神主《かんぬし》」を兼ねた役目をも担っていたとみることができるのではないか。

これは余談だが、仏教伝来の当初、最初の出家者は女性、つまり尼僧だったといわれている。なぜなら、ホトケに仕える者は神意を伝える巫女《みこ》と同質にとらえられていたからである。とすれば、氏神を祭る巫女であり、同時にホトケに向かって祈禱する尼僧だったのかもしれない。というのも、実は尼僧でかつ巫女だったという前例がこの当時あったからである。八幡神の総本社である宇佐《うさ》八幡宮がそうで、ここでは神の託宣《たくせん》をうかがう女性の職能者は「禰宜尼《ねぎに》」と呼ばれていた。つまり、神託を取り次ぐ神職である禰宜で、かつ仏に仕える尼僧だったというわけである。

ここに着目する理由は、空海の母親の名前が玉依姫《たまよりひめ》とも玉依御前《ごぜん》と呼ばれていることによる。この「玉依」とは、魂（御霊）を依りつかせる、つまりシャーマンの通称なのである。その呼称はかなり後になってから一般化したものといわれ、空海の時代がそうだったという裏付けにはならないとしても、気になる符合がある。八幡神＝八幡大菩薩と合祀される比売神《ひめがみ》の別称もまた玉依姫なのである。このことは、〝消された氏神〟である佐伯八幡と空海との関係を知るうえで欠かせないポイントになると思われるが、その考察は後にゆずることにしたい。

ともかく、ここで注目しておきたいのは、空海は神と仏が混交する文化の中で生まれ育ったということである。

ルポ(I 四国)の項でも書いたが、空海の生家である現在の誕生院(御影堂)の正面からは自然と香色山および五岳を拝する向きになっている。かつてその裏手、つまり香色山の麓の小丘にあったという祖霊・氏神を祭る社もまた、神奈備《かんなび》である香色山を拝するような形で行われていたと見てよい。神奈備とは、神霊が集まっているとされた場所であり、その多くは平地と接続した円錐型や笠型の秀麗な小山だった。香色山がその典型であることは言うまでもない。加えて、東西や南北の軸よりも五岳の連なりの延長線上であることを優先させたと思しき境内の配置を見てみると、五岳と氏神の社、そして生家、氏寺が一体のものとして理解されていたことがわかる。

佐伯直家の信仰は、この自然と一体になっ

◉善通寺東院の金堂。白鳳期の佐伯氏の氏寺に由来するとされ、空海が唐の青龍寺《しょうりゅうじ》の金堂をモデルにして建立したと伝えられている。本尊は丈六の薬師如来像。元禄期に再建されたとき、白鳳期の礎石を使って四方に石垣を組んだとみられている。

た祖霊信仰のうえに、白鳳期の氏寺仏教が重なって形成されたものと考えられる。

ともあれ、幼少期の空海にとっても、氏寺の本殿に安置されていたといわれる丈六《じょうろく》（一丈六尺、およそ四・八メートル）の薬師三尊および四天王像は、圧倒的な存在感だったにちがいない。また、その仏を礼拝する儀礼の荘厳なる情景は、少年の目を奪わずにはいられなかっただろう。なにしろ、庶民の住居は竪穴《たてあな》に草《くさ》葺《ぶき》の屋根を被せたようなものだったと思われるこの時代、瓦《かわら》葺きの寺院伽藍自体が特別なものであった。

とすれば、先の②のエピソードにあるように、少年が先進的にして巨大な偶像に魅せられるのはむしろ自然なことではなかったか。そこに超自然的な呪力がこめられているとすればなおさらである。

そんな少年空海が、自分の足で行動範囲を

◉四天王に守られた少年真魚が、戯れに泥で仏像を造ると、それを見た勅使がただならぬ様子を感じ、拝している。（「弘法大師行状絵伝」法楽寺蔵）

◉四国霊場七十一番、弥谷寺《いやだにじ》の仁王門。標高382メートルの弥谷山の中腹の窟の行場に接続する形で大師堂や護摩堂、奥の院などの堂舎が建つ。岩壁には苔むした五輪塔などが霊域の佇まいを伝える。

◉山の斜面に建つ弥谷寺の大師堂の奥は求聞持窟とよばれる修行場がそのまま残されており、少年時代の空海像を中心にさまざまな石仏が長い信仰の名残りをとどめている。

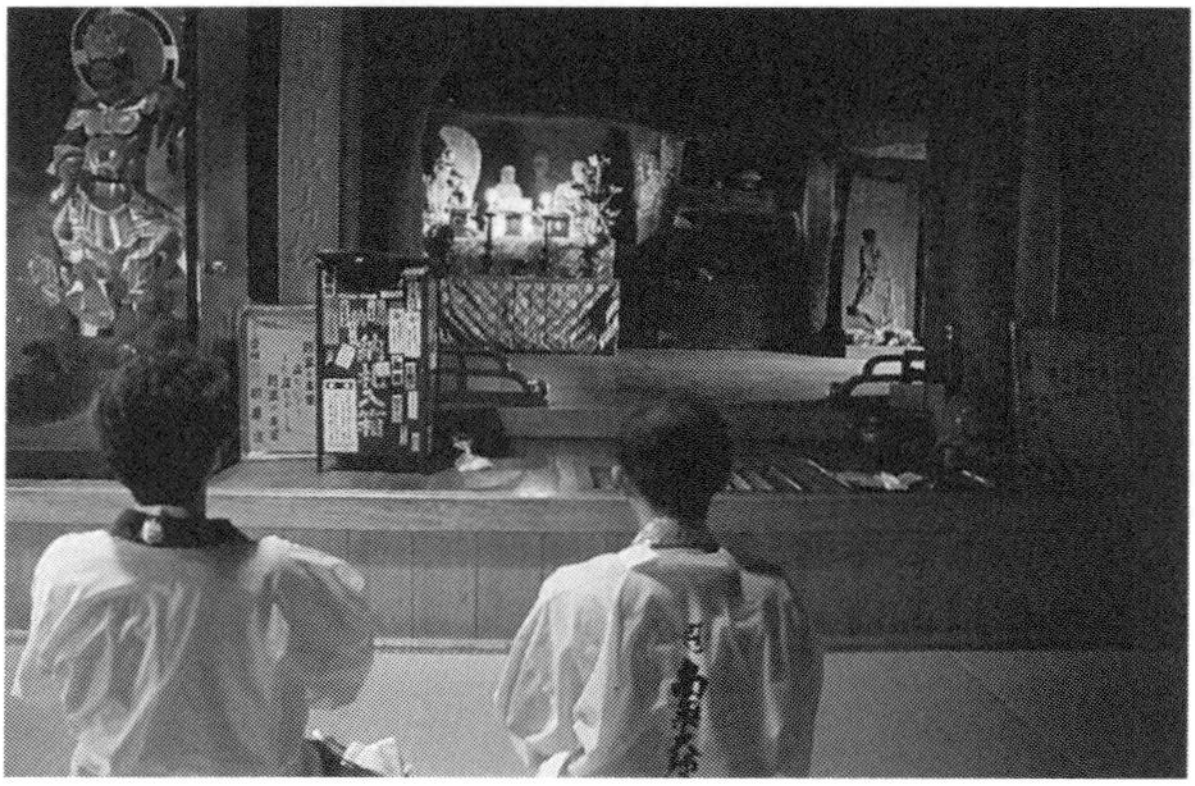

◉白衣のお遍路行者が入れ代わりやってきては、大師堂の御前にてご宝号《ほうごう》を唱え、般若心経《はんにゃしんぎょう》を誦していく。位牌堂には無数の位牌が祀られ、死者供養の霊域として今も機能している。

広げるようになると、③でいう我拝師山や弥谷山に出掛けたというエピソードは少しも不思議ではなく思える。前者の捨身嶽に関しては前述したが、弥谷山もまた、この地域における特異な聖地としてもっと注目されていい。

弥谷山は五岳の北に位置し、現在八十八箇所の七十一番札所・弥谷寺のある場所である。低山ながら露岩が剝き出しの山容をしており、大小の窟《いわや》が岩壁に穿《うが》たれた恰好となっている。寺の本堂はその自然の窟に接続された形で造られ、本尊が窟の中心に鎮座する。そこに七歳の空海像も安置されている。開山は行基《ぎょうき》菩薩とされ、空海の時代にはすでに行場として開けていたとも考えられるが、興味深いのはその信仰だ。

「この地方では死者が出ると、近親の者が弥谷山の参り、持ってきた死者の遺髪と着物とを寺に納めていく風習がある。このとき墓へいって「イヤダニに参るぞ」と声をかけ、まるで生きている人を背負うようにして弥谷山にのぼる土地もあったという。要すれば、弥谷寺はこの地方に生きた人々の霊魂が死後集まっていく山だったのである」(真野俊和氏)

弥谷山は、まるで後に空海が開く高野山《こうやさん》を彷彿とさせる霊場だった。開山の行基は、空海以前、諸国を巡り歩いた聖として各地にその足跡が伝えられている。彼は四国にも足を延ばしたといわれ、みずから開いたという四九の道場の多くは、死者供養の場だったといわれている。とすれば、確かにここはその人ゆかりの場所にふさわしい。また仮に行基その人が訪れなかったとしても、行基に代表される「私度僧《しどそう》」の多数がこの山を拠点にしていたとも考えられる。空海はやがてそんな山林修行者のひとりとなるが、その原風景がこんな場所にあったのかもしれない。捨身嶽と同じく、善通寺から徒歩で二時間ぐらいの距離である。

そしてここから山道を抜け、北の海岸よりに向かうと、海岸寺《かいがんじ》奥の院に出る。

近世に記された『四国辺地《へじ》日記』には、この小山に「一切経《いっさいきょう》七千余巻ヲ籠サセ給ウ経塚《きょうづか》アリ」という記述がある。つまり、埋経《まいきょう》信仰の盛んだった古代末から中世にかけて、ここが行道の場であり、聖地とされていたことを物語っている。

現在の海岸寺奥の院には母方阿刀《あと》氏の実家があったとされ、その産屋にて空海が出生したとも伝えられている。その是非はともかく、海水面が今より内陸に入り込んでいた時代、この場所は海に突き出た岬のような形状になっていたと考えられる。とすれば、今ある遍路修行のもととなった辺地修行、「海の修験」が行われていた（五来重氏）という古代においては、ここは海に向かう遙拝所《ようはいじょ》のような場所だったのかもしれない。

おそらく、弥谷山からの行者も多くここを訪れたであろうし、「善通寺を本寺とした〝海の奥の院〟」（五来重氏）とされたのかもしれない。もっと想像を膨らませれば、ここで空海とその家族は、宝亀七年（七七六）の遣唐使《けんとうし》の渡航を見送ったかもしれない。というのは、

◉海岸寺奥の院からの瀬戸内の眺望。波静かな海に漁船の航跡がトレースされていく。目前の海は、情報や文物が行き交う流通路であり、はるか唐の国へと続く、まさに海の道だった。

その船には佐伯氏族の出世頭である佐伯今毛人《いまえみし》が遣唐大使として乗船していたからである。結果的に、次回の遣唐使船に空海が乗船することになるのだが、三歳のときのこの淡い記憶がやがて空海の入唐《にっとう》への決意につながっていくのだとしたら、一人間のドラマとして見ていくうえでは面白い。

ややや想像が先走ったかもしれないが、幼い空海が目の当たりにしたであろう原風景をたどってみた。ここで整理してみよう。

少年真魚は、おそらく毎日五岳の山並みを仰ぎ見、丈六の薬師仏を拝ぎ見ただろう。そして足を伸ばしては、聖山である我拝師山の岩壁を望み、行場である弥谷山の窟を訪ね、その先にある遙拝所から海を眺めたのではなかったか。これらすべては善通寺からの徒歩圏内にある。その変化に富んだ風景とそこにある信仰文化を見ていくと、決して広くない一帯に、のちの空海の歩みのすべてが凝縮してあったように思えてならない。

仏教、祖霊信仰、そして険峻な岩山や窟、辺地などの修行文化。空海は、神や仏が濃密に入り交じる古代の宗教文化のただ中にいた。それは都の官寺にはない在野のダイナミズムに満ちたものだった。幼少期の原体験、原風景がどれだけ人間に影響を与えるのかはわからない。ただ、空海においては、あまり多く語られない幼少期の環境に、のちの空海を解く鍵が隠されているといってもよいのではないか。

そして冒頭④の十二歳のとき、のちの空海に影響を与えることになる事件が都に起こっていた。

新都長岡京《ながおかきょう》の造営長官である藤原種継《ふじわらのたねつぐ》の暗殺、そしてその余波というべき早良親王《さわらしんのう》の絶命である。このとき中央の佐伯・大伴氏の多くが連座し、処罰されている。

十二歳といえば、当時は将来の身の振り方を考えるべき時期にあたっていた。伝説ではこのとき両親が空海を仏弟子《ぶつでし》にしようと考えていたというが、おそらく空海自身も仏弟子たらんことを夢見、翌年に控えた都の大学入学には消極的だったと思われる。しかし、貴物といわれた空海の才には、いつしか一族興隆の期待がのしかかるようになっていたのである。

そのとき、母方の舅《おじ》で伊予《いよ》親王の侍講を務めていた阿刀大足《あとのおおたり》は、揺らぎはじめた一族の命運を託すためか、空海にこう諭したという。

「たとえ仏弟子になるとしても、大学に入り文書を習って身を立てるのが最上である」(『御遺告』)

こうして、空海の歩むべき道は大きく迂回することになる。

『三教指帰』

空海は十五歳のとき母方の舅である阿刀大足について学問に励み、十八で都の大学に入学。ところが思うところあって出奔し、修行、あるいは流浪の日々を送ることになる。

そして二十四歳にして『三教指帰《さんごうしいき》』という書を著す。三幕立ての戯曲の形式をとっているこの書は、空海の出家の決意書であると同時に、出家の志望を周囲に説得するための書でもあった。寓意的なキャラクターを設定し、該博な知識と華麗な文体をもって儒教・道教・仏教の思想を批評する思想劇として読める体裁となっているのだが、そこには空海の、仏道にて立つにいたる精神の彷徨《ほうこう》が濃厚に反映され、当時の自分の状況が生き生きと記されている。

したがって『三教指帰』は、空海の若き日々を知ることのみならず、宗教者としての原点を知るうえで唯一にして最重要の書であることは知られているとおりである。以下、この書を読みながら、空海個人の前半生をたどっていきたい。それは以後の「空白の七年の謎」を解くことにもつながってくるであろう。

まずは、『三教指帰』の草稿とされる『聾瞽《ろうこ》指帰』の冒頭に注目してみたい。

そもそも強烈なつむじ風は突然発生する。発生することは虎が吼《ほ》えるようなものである。はげしい雨はあふれ流れて大雨になる。大雨になることは兎(月)が畢《あめふりぼし》を離れるのでわかる。これをみてもわかるように、悠々と赤い鳳《おおとり》が空を高く飛ぶことにも必ず理由がある。くねくねと進む赤い龍も、自然の因縁を感じてやってくる。……(村岡空訳)

まずは、溢れんばかりの感情を一気に叩きつけるような文章の気概を感じ取りたい。「われいかにして仏道を志すに至ったか」を表明する文章の書き出しにしては、あまりに大仰に過ぎる感もある。止むにやまれぬ思いの高まりゆえか、あるいは直截な表現がはばかられる事情があるためか。いずれにせよ、「われにとってそれは必定《ひつじょう》の道であり、因縁のしからしめる業なり」といった強烈な自負と使命感がこの数行からも伝わってくる。

とはいえ、これではあまりに不案内であると思ったか、完成稿というべき『三教指帰』ではこのような文章に改まっている。

人が文章を書くのには必ず理由がある。天が晴れていると、天文のいろいろの現象があらわれるし、人間が感動すると、筆をとって文章を書く。……(中国の伏羲《ふっき》や老子《ろうし》のような)聖人とわれわれ凡人とでは人間がちがい、昔と今とでは時がちがっているけれども、私は私なりに煩悶《はんもん》を除くために心に思うことを言わずにはいられようか。

（山本智教訳、以下同）

そして、簡単に自分の来し方を振り返る。いわく十五のとき母方の伯父について都の大学に進学するための基礎的な学問を修め、十八で大学に入学。古人の努力を思い、首に縄をかけ、股に錐《きり》を刺して眠気を戒め、勉学にいそしんだのだと。そして、突如としてこんなことを白状するのである。

ここにひとりの修行僧がいて、私に「虚空蔵求聞持《こくうぞうぐもんじ》の法」を教えてくれた。この法を説いた経典によれば、「もし人が、この経典が教えるとおりに虚空蔵菩薩の真言を百回となえたならば、ただちにすべての経典の文句を暗記し、意味内容を理解することができる」という。……

こうして「この仏の真実の言葉を信じて」修行精進を行い、前記の大龍嶽と室戸岬にて修行し、その実をあげたというのだが、興味深いのは、世の無常を感じ、何かを求めてさまよった結果修行者と出会ったというのではなく、まずは記憶力、読解力を増進させるというところに魅力を感じたと思われる節があることである。つまり、この時点では出家の志があったとは書かれておらず、修行を行うことで効験を確信し、さらに修行を重ねることで密教の世界に魅せられ、手段が目的化していったように思われることである。

しかし、大学を放棄し、修行にのめり込めばのめり込むほど、自らの身が引き裂かれるような思いにとらわれる。それは、結果的に親や一族の「孝」に報いることができないのではないか、という気持ちである。その悔いは、常に空海の頭を離れなかったようで、いかにその思いを振り切り新たな仏の道へと旅立つかが『三教指帰』の隠れたテーマにもなっている。

それも仕方がないほど、空海は一族の期待の星であった。郡司レベルの田舎の土豪では都の大学に入ること自体異例であり、母方の舅とはいえ、親王の御前で講義を担当するほどの人物をつけて勉強させたのは期待の大きさゆえのことであった。それは空海の明晰さがそうさせたともいえるのだが、佐伯直一族の存亡が空海にかかっていたと思われる状況もあった。佐伯氏を束ねる中央の佐伯連、および同系の大伴連という軍事氏族が、相次ぐ都の内紛や蝦夷の造反、反乱で苦境に立たされていたからである。両氏族は没落の瀬戸際にあった。

例外は佐伯今毛人で、彼は何代もの帝から信任を受けた有能な官吏である。一族の浮沈は今毛人のように子弟が中央官僚として出世するかどうかにかかっており、空海であればそれが可能な逸材だと見込まれたのである。空海もそれが痛いほど分かっていた。

しかし、空海にとって大学生活はどんなものだったか。

元来、神童と呼ばれ才気煥発な青年である。大学に入っても田舎者的な屈折や劣等感を感じることはなかったと思われる。しかし、入った明経科《みょうきょうか》という学科は、中国の古典に通暁することのみが目的であり、一字一句その文句を暗唱できるかどうかが優劣を分ける基準であった。ひとつの事象からその原理を追求し、その背後にあるものに目が向いてしまうようなタイプの人間にとって、あまりに退屈にすぎるように思えたにちがいない。また、社会情勢も混迷を極めていた。平安京から長岡京への遷都のごたごたがあり、氏族と皇太子を巻き込んだ抗争も激化。貴族間の主導権争いやスキャンダルによって都はざわざわした空気に覆われていた。智慧なくして高い官にあり、謀《はかりごと》にて保身を図る——そんな貴族の子弟らに、学才を競うような相手はおらず、優秀とされる学匠らの中に、空海の問いに満足な答えを与えてくれる者はいなかった。

『三教指帰』には、こんな言葉が見える。

愚鈍なこの私はすすんで仕官するか、退いて沈黙するか、進もうとしても才能はないし、退こうとすれば親にせめられる思いがする。進退両難におちいって、歎息するばかりである。

文章としては自分の才のなさを嘆いているように思える。しかし、冒頭のほとばしる感情を思い起こしたい。これは「前途に道なく、戻るに道なし」という進退窮《きわ》まった者の叫びにちがいなかった。かの孔子だったら、それでも君子の道を信念として胸に抱き、チャンスを窺っただろう。しかし空海は、「庶生《しょせい》の児」であり劣等感をバネに仕官の道を探った孔子とは異なるパーソナリティの持ち主だった。頭ではそうしようと思っても、体は進まなかった。才能の発揮を求める脳味噌が、箱詰めにされることを拒んだ。こうして、結果的に奇矯ともいえる行動となってしまったのである。

青年空海、出奔す――。

山林修行

さて、『三教指帰』は、前記したように儒教・道教・仏教の優劣を明らかにする思想劇である。その構成は、〈蛭牙公子《しつがこうし》〉という劣等な子弟の行状に困った〈兎角《とかく》〉が、〈亀毛先生《きぼう》〉と〈虚亡隠士《きょぼういんし》〉、そして〈仮名乞児〉に更生の道を問う形で展開していく。

まず上巻では、亀毛先生が「忠孝」を説き、立身出世の道を説いていく。続いて中巻では、虚亡隠士が亀毛の俗物なるを嗤《わら》い、超俗の神仙道——不老長寿の道を説く。そして下巻では仮名乞児が、前二者の議論を超え、仏の教えこそもっとも優れたものであることを説き明かす。兎角と亀毛はありえないものの意味で架空の人物であることを表し、虚亡はニヒリスト（司馬遼太郎氏は〝すかたん〟と表現している）、蛭牙は生き血を吸う者（公子には貴族の子という意も）、仮名は名もなき坊主といった意味を含ませている。

この三つの思想は、孔子・老子・釈尊を三聖と呼んで対比させた中国古典の書に材を求めたかもしれないし、空海自身、都にて儒教道徳的なものを強要された経験から、そこから逃れるための思想として道教（この場合は神仙道というべきだが）という対立項を持ち出したのかもしれない。また、そこから仏教へという流れは、空海自身の思想遍歴を物語るとも考えられる。

さて、亀毛は怠惰と放縦とを戒め「こうあるべき」道を諄々《じゅんじゅん》と説きながら、もろもろの徳目に準じれば現世的な喜びもまた望みごおりだよとたたみかける。それはもうしつこいほどの饒舌さである。しかし、これこそ空海をして「進退両難に」陥らせ、「歎息」をつかせたものの正体であった。したがってその饒舌は、結果的に現実における〝徳なき建前のしらじらしさ〟を浮かび上がらせる結果となっている。このあたりに空海の芸の細かさが見て取れる。

それに対し、浮世の些事《さじ》へのとらわれを捨て、しかるべき知識と術法をマスターすれば、永遠の境涯を楽しみ、神通力も思いのままだと語りかけるのが虚亡隠士である。前項に続き、驚くべきは次々と披瀝《ひれき》されるその知識である。そのほんの一部を挙げてみよう。

白朮《はくじゅつ》、黄精《こうせい》、松脂《まつやに》、穀実《こくじつ》などの除病延命の仙薬を服用すると、身の病を除き、蓬《よもぎ》の矢、葦《あし》の戟《ほこ》、神符、呪禁《じゅきん》などは外からの難を防ぐ魔除けの道具である。呼吸するには夜半より日中までとし、季節に応じて調節する。天門にあたる鼻孔をたたいて、醴泉《れいせん》である唾をのみ身をうるおす。地中より玉石を掘り出して、仙薬として飲む。朝は霊芝《れいし》の類の草芝《そうし》、それに肉芝《にくし》を服用して飢えをいやし、夜は松の根にできる伏苓《ぶくりょう》や、松脂からなる威僖《いき》で疲れをいやす。日中に姿をかくし、夜半には目が見えて字を書く。地面のものを透視し、水上を歩くことができる。鬼神を使役し、火龍と駿馬《しゅんめ》に乗る。刀をのみ火をのみ、風を起こし、雲を起こすような不思議な術も不可能ではない。どんな悩みでもかなえられる。

訳文のためそのニュアンスは伝わりにくいが、リズムよくたたみかけられる文体は、四六駢儷体《しろくべんれいたい》という当時唐で流行していたスタイルである。修飾が華美なのはそのせいだといわれるが、空海自身一を言おうとすると次々と言葉が溢れだし止まらない質だったと考えてもよい。それにしても、その博識ぶりはどうだろう。四書五経《ししょごきょう》といった教科書の類ならまだしも、本草《ほんぞう》、鍼灸《しんきゅう》から法術《ほうじゅつ》にわたる知識を読書によって得たのであれば、大変な濫読《らんどく》家だったのかもしれず、それがよどみなく出てくるとしたら、それはやはり求聞持法の効験ゆえというほかはないのかもしれない。

神仙術方面だけをとってみても、右以外に辟穀《へきこく》、服餌《ふくじ》（ともに食事法）、胎息《たいそく》（呼吸法）、内丹《ないたん》法（気を操作する秘術）、房《ぼう》中《ちゅう》術（性による養生術）、煉丹《れんたん》術（霊薬精製の秘法）など多岐にわたるが、これらの術法は当時渡来系の氏族を通じて山林修行者のなかに秘かに伝わっていたとされ、幾人かの役《えんの》小角《おづぬ》のフォロワーが当時吉野や葛城《かつらぎ》といった山域に跋扈《ばっこ》していたとも考えられる。そして、それらの術ゆえに奇《く》しき業《わざ》を操るものとして朝野《ちょうや》から畏怖され、崇《あが》められてもいただろう。当時の空海が彼らをどう見ていたかはわからない。書で目にした程度だったのか、それとも都人の噂話で聞いていたのか。いずれにせよ、好奇の対象には入っていただろう。「すごい人もいるかもしれない。しかし、たんなる苦役逃れの逃亡者や、ハッタリやイカサマで世渡りする有象無象《うぞうむぞう》もいる」そんな程度の印象だったのかもしれない。仏教で得た験力で権力のなかに深く入り込み、あわや自ら天皇の位にまで昇りつめようとしたあの道鏡《どうきょう》も、かつては山で禅行を行った者のひとりだったのである。奇しき力の持ち主であるがゆえ、験者らの毀誉褒貶《きよほうへん》もまた極端であったにちがいない。

当初空海にとっては、虚空蔵求聞持法もそういった奇しき力を得る秘術のひとつだったのかもしれない。しかし結果的に、出会ったのが呪術に秀でた神仙道方面の輩《やから》ではなく、〝求聞持〟の法を奉持する仏道修行者だったことは大きな意味をもつことになった。

それにしても、「一《ひとり》の沙門《しゃもん》」とだけ書かれた〝ひとりの修行者〟とは何者だったのか。ほかの多くについては饒舌にすぎる空海が、ここではその素性を一切述べず、あえて匿名性を強調しているようにも思えるのである。しかし、彼こそは空海の生涯を変えた重要なキーパーソンであった。なぜならこの出会いが、空海の出家のきっかけとなり、ひいては真言密教の誕生へと一直線につながるからである。

その鍵は、空海直筆の『性霊集《しょうりょうしゅう》』に見える次の言葉にある。

「空海少年の日、好んで山水を渉覧して、吉野より南に行くこと一日、さらに西に向って去ること両日程にして平原の幽地あり。名づけて高野という」

これはのちに天皇に高野山の拝領を奉る手紙の中の文面だが、ここから若き日の空海が吉野を起点にしてあちこちの山野を駆けめぐっていたと見ることも可能だろう。法を授けた沙門の拠点が吉野だとすれば、それはいかにもありそうな話である。そして注目すべきことは、この吉野の地に、求聞持法を修していた沙門のグループがいたということである。この、空海の先行者ともいえる謎の修行者らとその信仰とは何だったのか。この興味深い疑問については、のちにふれることとする。

先に述べたように、空海の当初の目的は記憶力増進だったと思われる。「聞持」とはすなわち「いったん耳にしたものは永久に忘れないこと」を意味していたからである。『三教指帰』を読めば十分うかがえることなのだが、空海は元来知的欲求が高い青年であった。やや知識に淫していたきらいもあるほどである。ともあれ、そんな〝魔法〟があればぜひ体得したいものだとストレートに思ったとしても不思議はない。

しかし、たとえ意識のうえではそうだったとしても、空海の内面では、知らず知らずのうちに名状し難い〝渇き〟に襲われていたのだと考えたい。その頭脳の器は、無味乾燥のものだけを入れておくことには堪えられなかったのだと。でなければ、結果的に親一族の期待に反する行為には打って出られなかったはずである。そんなとき、〝その男〟が現れた。男が体現する何かが深く空海のなかに刻印された。たんなる立ち居振る舞いだったか、しゃべるときの物腰だったか、あるいは、仏者としての彼に、数多《あまた》の呪術者とは異なる匂いを感じたのか。いずれにせよ、空海は男のいうことを信じた。自分はその法を成就できるのか、法を体得したらごんなことになるのか、やってみずにはいられなかったのである。

明星来影ス

そして、『三教指帰』にあるように、地元四国の太龍寺と室戸の岬に向かった。

しかし、最初からその地を目指したのか疑問は残る。本来なら、法を授かった吉野（と思われる地）の付近で行うのが自然だからである。吉野の比蘇《ひそ》寺に実際修していた沙門がいたのであればなおさらである。また、閑静・清浄な地を選ぶのであれば、そこから南に向かえばのちに修験の聖地となった金《かね》の御嶽《みたけ》（大峯山《おおみねさん》）、さらに西に向かえばのちに自ら修行の地と定めた葛城山（金剛山《こんごうさん》）がある。また、そうであれば、右の『性霊集』の言葉を裏付けることにもなる。しかし、結果的に四国に赴いたところを見ると、吉野周辺の山での修法は不首尾に終わったのかもしれない。

あるいは「一の沙門」との間で、こんな会話があったのであろうか。

「その法は、どこで行ったらいいでしょう」

「そなたの縁ある場所で行ったらよかろう」

そこで空海の脳裏に、故郷の山野で目にしたであろう行者たちの姿が浮かんだのかもしれない。思えば少年真魚が駆けめぐったと思われる場所には、捨身行の岩山もあれば籠もりの行を行う窟《いわや》もあった。そこで行者らから「阿波や土佐にはもっとすごい行場がある」という話を聞かされていたかもしれない。もとよりただならぬ行であることは授法の沙門から聞かされていた。しかし青年はそこで怯むことはなかった。解き放たれたい衝動を打ち消すことはできなかった。そこに空海の精神の強さを見る。

吉野川を下れば、今の和歌山市に着く。空海は、人に知れず淡路島を経由して阿波から四国に入ったのだろうか。とすれば、それは四国八十八箇所の巡礼の起点と同じである。鳴門《なると》の湊《みなと》から太龍嶽までは直線距離にして四十キロ足らず。しかし、東西に延びる山脈が平行に続くこの島で、南に下るのは容易ではなかった。

太龍嶽は高度はさほどではなかったが、山の西側に那珂川が流れ、東から南はなだらかに開け、はるか海を眺めることができる。『密教事相体系《みっきょうじそうたいけい》』には、どんな場所を行場に定めるかについて、「空閑寂静のところ、あるいは山頂樹下……見晴らしがよく東、南は開けている。修行者は東方、あるいは南方に向かう。これは明星を虚空蔵菩薩の化身として拝むためなり」と記している。場所としては申し分ない。あるいは、ここにも先行者がすでにいたのだろうか。

さて、『三教指帰』には、「法に依って」、「大聖《だいしょう》(仏の真実の言葉)の誠言《じょうごん》を信じて」行じたとある。では、その法とはどのような内容だったのか。少々長いが、薗田香融氏の論文より、『五十巻鈔』と呼ばれる真言宗のマニュアルを引いてみたい。

一、画像法。白い絹布に満月を描き、その中に、金泥《こんでい》で宝蓮《ほうれん》に半跏《はんか》した虚空蔵菩薩の像を描く。
二、分別処法。空閑静処・浄室・塔廟・山頂・樹下の場処を選び、西面に像を安置する。
三、作曼荼羅法。曼荼羅とは壇のこと。香木で作って像前に置く。
四、供具法。五種の供具、すなわち塗香《ずこう》・諸花・焼香・飲食《おんじき》・灯明を用意する。
五、欲具弁供物法。朝早く浄水をもって洗い清めた手で、右の供具を壇上に並べる。
六、印相法。手を洗うとき、右手の五本の指を仰向けに伸ばし、親指と人指し指を一緒に捻じ合わせた印を結ばねばならない。これを「虚空像菩薩如意宝珠成弁一切事印《にょいほうじゅじょうべんいっさいじいん》」という。
七、往詣像所法。こうして行者は像前に赴き至心に礼拝し、正面して半跏に坐する。
八、護身法。ついで「護身印」を結ぶ。親指と人指し指は先ほどのままで、他の三本の指を握った形。これを頂上において一遍、右肩において一遍、左肩および心喉において各一遍、「能満諸願《のうまんしょがん》虚空像菩薩最勝心陀《さいしょうしんだ》羅尼《らに》」すなわち
南牟《ナウボ》阿迦捨掲婆耶《アキヤシヤギヤラバヤ》唵《オン》阿唎迦麼唎慕唎莎縛訶《アリキヤマリボウリソワカ》
という陀羅尼を誦する。

九、浄供物法。この印のままで浄水を承け、陀羅尼を誦しながら壇上にふりかける。
一〇、結界法。右手を護身印のままぐるぐる三回まわし、上下を指し、体を動揺させ、礼の陀羅尼を七遍くりかえす。
一一、思惟法。次に目を閉じて、この像と菩薩の真身がつゆ異りないことを思惟する。
一二、奉請《ぶじょう》虚空蔵菩薩法。陀羅尼を二十五遍くりかえし、菩薩を招く。護身印の親指で招くようなしぐさをするのである。
一三、作花座法。菩薩を招いたから、陀羅尼を三遍誦して、蓮華《れんげ》を座とする。
一四、作想法。真身の菩薩は目に見えぬが、こころの中で、この花座の上に坐わるのだと思うのである。陀羅尼三遍、手印は前に同じ。
一五、塗香法。陀羅尼一遍、塗香を壇に塗る。
一六、献花法。同じく一遍、水を壇上に撒布する。
一七、献焼香飲食灯明法。この三種の供物をそれぞれ陀羅尼一遍を誦しながら、壇辺に捧げる。
一八、運心供養法。これで供養の用意ができたから、菩薩様ごうぞお受けくださいと念言する。陀羅尼一遍、手印また同じ。
一九、掐誦《とうじゅ》法。陀羅尼の遍数を数えておくために、念珠《ねんじゅ》をつまぐる。
二〇、念誦法。目を閉じ、菩薩の心の上に一満月がある。そして誦するところの真言の字がその月の中に現れ、すべて金色に輝きはじめ、やがて羽が生えたように月から飛び出し、行者の頭頂にふりそそぎ、再び口から出て菩薩の足もとへ帰ってゆく、と想念する。否、そのように想念される。息もしないで陀羅尼を誦し、この循環が限りなく続く。修法はまさにクライマックスに達する。

二一、休息法。息がこらえきれなくなったとき、この念誦が終わる。すなわち礼拝して、満月菩薩及び周辺の法界を観想《かんそう》したのち、座を立つ。

二二、発遣法《はっけん》。作法は終わった。菩薩のお帰りを願わなくてはならない。陀羅尼三遍、親指で送り出すしぐさをする。

二三、成就法。日蝕もしくは月蝕の際、常に倍した供物を用意すれば、功徳は倍加する。

二四、悉地念誦法。その際、蘇《そ》(チーズ)を用意して、木の枝で攪拌《かくはん》しながら、日蝕もしくは月蝕の間ずっと手を停めない。この間ひっきりなしに陀羅尼を誦唱する。そうすると、この蘇は神薬となり、この薬を食べたものは、いったん読んだ経の文句は絶対忘れないという智慧を授かるのである。

これが、善無畏三蔵《ぜんむいさんぞう》訳の「虚空像菩薩能満諸願最勝心陀羅尼求聞持法」すなわち求聞持法の一巻である。興味深いのは、最後の二項目である。実際にこの法を修した哲学者の上山春平氏によれば、その方法は「三通りあって」、また「日蝕もしくは月蝕の……」以下の方法は、「ふつうの求聞持法次第では抜いて」いるのだという。ちなみに、念のためと参照した手元の『続日本紀《しょくにほんぎ》』には、延暦一〇年(空海十八、あるいは十九歳のとき)六月一日に日蝕があったという記載がある。もうひとつ重要なことは、右の次第には「百万遍唱える」とは明記されていないことである。しかし、空海がそうしたからであろうか、真言宗でいうところの正行では百万回念誦という形が定型化しているようだ。この場合、一日一座一万回の念誦で百日、あるいは一日二座で五十日というのが慣例の方法とされている。

また、修行者は、行を行うにあたって、厳密な精進潔斎《しょうじんけっさい》が求められる。

行者は修行中ほかの請待を受けず、酒、鹽《しお》(塩)の入りたるものを食はず、惣《そう》じて悪い香りのするものは食はず、信心堅固にして、沐浴《もくよく》し、持斎《じさい》生活をし、妄語《もうご》、疑惑、睡眠を少なくし、厳重には女人の調へたものを食はず、海草等も食はず、寝るに帯を解かず茸《きのこ》等食ふべからず、但し、昆布だけは差し支えなしと云う、要するに淫と、無益な言語と、酒と疑心と睡眠と不浄食、韮大蒜《にらにんにく》等臭きものを厳禁せねばならぬ、浄衣は黄色を可とす。

（「行者用心」『密教事相大系』より）

これらはいわば、修行者の体を浄化させる一般的な方法である。古代の苦行者といわれる人たちは、これに五穀断ちなどを加えることもあった。ともあれ、食の戒は往々にして修行者を極度の栄養失調に陥らせる。しかし、この種の行はたいていの場合、行の期間に生理的限界を超え、修行に適した心身に生まれ変わってからが本当の行だといわれる。

行の目的にして成就したか否かの分かれ目は、右の次第の二〇のような境地を経験しうるかどうかに尽きる。成就のあらわれ方としてはこの記述通りである必要はなく、要は〈仏と一体化できたかどうか〉にあると考えてもよいだろう。また、その境地は行の開始すぐに現れるようなものではなく、百万回を成満してもその境地に至らない

◉四国霊場二十二番、平等寺境内の霊水の井戸。別名は白水山医王院《はくすいざんいおういん》であり、本尊は薬師《やくし》如来。空海の伝説が、「万病に効く」という霊水の信仰と結びついた典型的な霊域である。昔も今も、病者の平癒祈願のために遍路《へんろ》修行を発願する人は多い。

こともある。むしろ、途中巻き起こる邪念、妄想などの魔によって我が身を滅ぼすことも十分ありえるのである。したがって、よほどの人でなければ、師僧などの見守るなかで行われるのが、この種の行の常道にちがいない。しかし、空海の場合行中に師はいなかった（が、幾人かの道友がいたらしいことは『三教指帰』の記述から見て取れる）。

さて、太龍嶽での空海はどうだったか。『三教指帰』には、わずかに「谷響きを惜しまず」とコメントしている。これは一般に打てば響く反応があったという意味で解釈されている。つまり十分な手応えがあった、あるいは、大いなる成就への予兆が起こった、と見ることができるだろう。ちなみに『弘法大師行状絵詞』に見える伝説ではこうある。

「いつしかあたりに異光が薫《くん》じ、天空が明るくなったと思うまに、雲に乗った宝剣が壇の上に飛来した。一心不乱に祈った口誦《くじゅ》の真言

◉求聞持修行の窟の近くに建つ高さ21メートルの「青年大師像」。19歳のとき、ここを訪れた空海は、どういう思いで眼前の海を見つめただろうか。

が、霊験を現したのだった」

太龍嶽で一度行満した空海は、ここで満足しなかった。つかんだ手応えを確かなものにしたかったか、あるいはもっと確たる成就を得ようとしたか。さらに山を下り、〝地の果て〟に向かって南下したのだった。

今の八十八箇所霊場でも徳島・日和佐《ひわさ》の二十三番薬王寺《やくおうじ》から室戸の二十四番最御崎寺《ほつみさきじ》までは七十八キロほど離れており、徒歩でまる三日かかる。その間、当時であればなおさらまともな集落はなかったであろう。生まれ育った穏やかな讃岐の浜とはまったく様相が異なり、「鬼が棲む」といわれた土佐の海岸べりへと赴くときの空海の心境はどうだったか。

実際に歩いて巡礼した人はこんなことをいっている。

土佐の国は、距離が長いんです。一

◉四国霊場第二十六番、金剛頂寺《こんごうちょうじ》本堂。最御崎寺が東寺と呼ばれるのに対し、約10キロ離れた行道岬から登った場所にあるここは、通称西寺。かつては両寺を往還する行道が室戸の修行スタイルだったと考えられている。修行を妨害する天狗らを調伏した伝説が伝わる。

番こたえるのは足の裏です。阿波の国で水膨れ、血豆ができているのですが、ここでは、足の裏の皮と肉が別れてしまうのです。そして、一歩一歩が地獄の苦しみなんです。ここでは荷物が肩に食い込んできます。ここで遍路は、人間の精進努力とか、忍辱持戒《にんにくじかい》の誓いというものはたかが知れているし、すぐにこわれてしまうものである、と知ります。……土佐は自然は豊かです。ところが豊かなるがゆえに、遍路は景色を見るどころではなくなるのです。土佐の夏の海浜の暑さは人間が歩く範囲を超えていますし、また、冬の寒さは太平洋の風が差し込んで、それを受けて歩くことは難しく、風を受ける顔の肌なんかは、真っ黒でだらだらになってしまうのです。とても夜は寒くて野宿などできません。

（安楽寺貫主・畠田秀峰氏）

修行の成就とは、ある種自我の鎧《よろい》を取っ払うことから始まるのだとすれば、ひたすら歩くこと、つまり行道は、すぐれた前行になったにちがいない。

向かった先、室戸岬は、赤茶けた岩塊が断崖をなし、風雨と波濤が遮るものなしに打ちつける、まさに人外魔境だった。途方に暮れたであろう空海は、やがてしつらえたように東向きに穿《うが》たれた窟《いわや》が、大がふたつ、小がひとつあるのを発見した。窟は人が籠もり雨露をしのぐに適当な大きさであり、東向きに開かれていた。そのうちのひとつは岩壁に地下水も染みだしていた。籠もって行を行うにはまさに絶好の場所だった。

しかし、それは修行を容易にするという意味ではもちろんなかった。心身を浄化させると言葉ではいうが、修行者にとってはそんなきれいごとではない。むしろ、自覚的には魔境に苛まれ、おののく日々であった。室戸の西寺（二十六番札所・金剛頂寺《こんごうちょうじ》）には魔物を封じたという伝説が残されているが、これは修行中の空海につきまとったであろう魔との闘いを物語っている。ひとり空海だけではない。古今東西の修行者はみなこの通過儀礼を経ている。それはブッダやイエス・キリストの伝記を見るまでもなく、イタコや拝み屋さんにいたっても例外はない。苦行とはすなわち、内なる悪魔との闘いなのである。

それにしても死に物狂いの修行であったと思われる。法は万人に等しく開かれていても、修行する側に立って観察すると、必ず適不適がある。とりわけ求聞持法は決して誰でも真言行人ならば修するべきという修法ではない。かえって魔境に陥って高慢心の飾りを一層募らせて成満する行人も存在する。あるいは、つたなき行を華美な言葉で宣伝したがる若人もいる。

（浅井覚超氏「高野山時報」より）

神秘体験とは、きわめて個人的な体験である。であればこそ、空海は自らの体験を最低限の言葉でしか語らなかったのかもしれない。

——明星来影ス。

神秘体験

虚空蔵求聞持法の成就によって、空海のなかで何かが弾けた。

それはどういうことなのか。もう一度『三教指帰』の冒頭に戻ると、明星の奇瑞《きずい》が起こったという記述の後に、こんな言葉が続いている。

こうして私は世俗の栄華を一念一念に厭《いと》うようになり、山林にたちこめるもやを朝夕に慕うようになっていった。軽くてあたたかな衣服を着、肥えた馬にまたがり、流れる水のように速い車に乗る暮らしを見ては、稲妻や幻のような無常のありさまを歎く心がたちまちに起こり、醜い者や貧しい人を見ては、前世の業《ごう》の報いを悲しむ心がやまなかった。目に触れるものはみな私に出家をすすめた。吹く風をつなぎ止めることができないように、だれがこの出家の志を止めることができようか。

青年の中で、価値観の大転換が起こっていた。ブッダは世の無常を感じて出家し、修行の道へと出たが、空海は修行をすることによって無常観に目覚め、発心《ほっしん》するに至ったということになる。「一切の教法の文義、暗記することを得」るための修行を行った青年は、結果的に世界観そのものを根底から揺さぶられることになったのである。この前後のギャップははなはだしい。いったい空海のなかで何が起こったのか——しかし『三教指帰』にはその間のことが一切記されていない。

鍵を握るのは先の神秘体験だったにはちがいあるまい。であれば、空海にとって、その体験がもたらしたのは何だったのか、そして、室戸の体験から『三教指帰』を書くまでの間に何があったのかが問題となってくる。

つまりそれは、同書に〝書かれていないこと〟を探ることにほかならない。

ルポの項で、求聞持法が今も修されている現場についてふれた。もちろん中を見ることは許されていなかったため、余計に修行者らがそこで何を実感したのかを知りたいという思いが残った。このためいくつか書かれているものを調べていくことになったのだが、その中に『行に生きる・密教行者の体験日記』という書があった。著者の田原亮演氏は、二度成満《じょうまん》した虚空蔵求聞持法や、九度にわたる八千枚護摩行、三週間の断食行などの苦行、難行の実践を通して、ブッダ以来の仏教の正道というべき禅定《ぜんじょう》——つまり「悟《さと》り」の境地——を追求した記録を綴っている。その中に見落としてしまいそうなこんな記述があった。

「（求聞持法の修法中）念誦二千五百過ぎごろより額の丁度白毫《びゃくごう》あたりに温かみを感じる。そこの部分だけである。十分ぐらい続き、それから感じなくなった。七千過ぎてからまた感じた」

　白毫とは、眉間《みけん》のくぼんだところにあたる。この変化は、一日一万回のダラニの念誦を一日二座、計五十日にわたる求聞持法に入って五日目、ちょうど身体の痛みと疲労の最初のピークを過ぎた時期だったという。そして、十一日目にはこうある。

「行のときにつねに現れるのだが、眉間の白

◉求聞持法を修法して、宝剣を感得する。太龍嶽での事跡を描く。（「弘法大師行状絵伝」法楽寺蔵）

毫のあたりが赤紫色になった。しばらくして消える」

同様の指摘は浅井覚超氏（高野山紫雲寮寮監）も述べているのだが、興味深いのは、浅井氏によれば、空海の記した「谷響きを惜しまず」という太龍嶽での記事は、まさにこのことを表しているのだというのだ。

「（〝谷響〟にはふたつの解釈があり）二義として、谷は谷神を指し、谷神とは道教で眉間、即ち心眼《しんがん》の位置を示す。谷とは肉の盛り上がっている間の意味、その谷神のところが霊光燦々《さんさん》としてやまぬ（響）という内容である」（「高野山時報」より）

眉間の白毫とは、三十二相とよばれるブッダの肉体に現れた聖なるサインのひとつで、ほとんどの仏像の顔面にそれを認めることができる。ブッダはここから「清浄にして鮮やかな光を発している」といわれている。一方ヨーガでは、その場所を第六のチャクラ、すなわち〈アジナーチャクラ〉と呼ぶ。インドのシヴァ神像などではその部位を「第三の眼」として描き、三次元の視覚にとらわれず、自在に物事を見通す能力を象徴するという。前記の「心眼」とはまさにそのことを指しており、仏教ではとくにその能力を「天眼通《てんげんつう》」と呼んでいる。

興味深いのは、〈アジナーチャクラ〉の覚醒法は、半跏趺坐《はんかふざ》の坐法にて、親指と人指し指を合わせる手印を結ぶとあり、求聞持法の次第とまったく同じなのである。そして、その覚醒法を行うと「眉間のある部分が振動したり、熱くなったり、または何とも微妙な感覚がします（「チャクラの開発法」）」とある。同じインドのヨーガ（密教でいう瑜伽《ゆが》）の脈絡で見れば、両者の共通性は明らかだろう。そして、こう続く。

「……そこに意識を集中し、吸う息、吐く息とともにオームを唱え、プラナ（気）をアジナーから出入りさせているうちに、アジナーチャクラは次第に活性化され、何ヵ月、何年かのちには遂に目覚めに至るのです」（前掲）

一方、医学的な用語では、「第三の眼」にあたる部位は脳内の内分泌器官である「松果体《しょうかたい》」にあるとされる。松果体は脳のほぼ真ん中にある松毬状の部位で、メラトニンというホルモンを分泌する。そのはたらきは光によって抑制され、夜、とくに深夜に分泌のピークをむかえるという。鳥類や爬虫類では感覚器官のひとつとして脳の上部、皮膚の下に位置しているのだが、哺乳類は脳のほぼ真ん中に位置しており、ために「進化の残り物」のような扱いを受けていた。しかし近年の研究では、松果体は一日二十五時間周期の「体内時計」を調整する役割を担っているとされ、その分泌ホルモンは、免疫力を高め、老化を防ぐはたらきがあるとして注目を集めている。

一方、先端の東洋医学的知見では、松果体には「対象物質からの電磁波的作用を受信」し、「現人類が認識できない意識下の〝価値的情報〟を得るシステム」が内蔵されているともいわれている（松岡伯菁氏による）。要するに、下意識レベルにおいて「対象物が自分にとって有益か否か、重要かそうでないかを峻別する、動物的本能ともいうべき能力」を松果体が司っているというのである。その「価値的情報系」がどう対象物を感知したかを知る方法を「Oーリング法」といい、一部では難病の診断治療に応用されている。つまり、投薬や療法が当人に適合するかどうかを知るひとつの指標となっているのである。Oーリングとは親指と人指し指を合わせた輪を意味し、それが外からの引っ張る力にどう反応するかによって適不適を判断するのだが、その指の形こそ、まさに求聞持法の手印と同様のものであった。

興味深い符号はまだある。鍼灸では眉間のツボを「印堂穴」と呼び、その部分にモノをあてがったとき、身体が必要としているものとそうでないものを分別することができるともいわれている。それはまさしく「第三の眼」であり、その機能はまったく「Oーリング法」と同様である。

ちなみに、松果体を「精神の座」と呼んだのは、かのデカルトだった。あらゆる現象世界に懐疑の目を向けた結果、「我れ思う、故に我れ在り」という言葉を残すに至った近代哲学の祖が、「心(精神)は脳の松果体に宿る」と考えたのは示唆に富む。

情報が錯綜してきたので、整理しよう。

求聞持法の瑜伽(ヨーガ)行がもたらすものとは何か。それはつまり、脳内の松果体の機能が活性化され、その「目覚め」によって、五感を通じて入ってくる粗雑な印象に依存することなく、世界を直観的に識ることができる回路を獲得する——言い換えれば「心眼を開く」あるいは「第三の眼＝天眼通」を開発する——ということだったのではないか。そして、その前触れとなるシグナルが、白毫(アジナーチャクラ、印堂穴)の反応だったのではないか、ということである。

ヨーガでは、「目覚め」の状態を、頭頂部に位置する「サハスラーラ・チャクラ」が〝開く〟と表現するのだが、そのことと求聞持法の次第の二〇にて「菩薩の真言が頭頂部にふりそそぎ」という表現には、共通するものがありはしないか。それ以上に、求聞持法のクライマックスが「日蝕あるいは月蝕」の真闇になされることと、松果体のホルモンの分泌が深夜にそのピークを迎えるということは、無関係ではないのではないか。

神人誕生

いうまでもなく、ここでは空海が得たとされる神秘体験と「求聞持」の正体を探ろうとしている。そのハイライトは、室戸岬での未明における「明星来影ス」であった。この明星とは何か。先の求聞持法の次第には明星のことは一切触れられていない。であれば、それはあくまで空海の個人的体験というべきものなのだろうか。

ただし、求聞持法とは別系統の『虚空蔵菩薩法』なるものがあり、そこにはこんなことが記されているという。

応《まさ》に後夜《ごや》に於いて至心《ししん》に合掌して東方に向かうべし。……明星に請うて曰く、明星よ、明星よ、大《だい》慈悲《じひ》を成し給え。汝、今初めて出でて閻浮提《えんぶだい》(人間世界)を照らす。大悲《だいひ》をもって我を護《まも》らん。我が為に虚空蔵菩薩を白《もう》すべし。願くは夢中に於いて我に方便《ほうべん》を示さんことを。

求聞持法は元来、夜空に輝く星座と合一する瑜伽行であるともいわれている。とすれば、行者にとって夜明け前の闇を貫き、大いなる太陽の前触れとして輝く明星(金星)は、特別の存在だったといえるかもしれない。それがシンボル論にとどまらず、「金星の光は人体の松果腺(体)に影響している」(浅井覚超氏)のだとすれば、次の指摘はより興味深いものになる。

「釈尊が大悟《だいご》せられたときは明星の出る時という伝承があった。明星は成道又は福智に関係あるものとされ、福智の本誓《ほんぜい》である虚空像菩薩の眷属《けんぞく》又は化身《けしん》とされた」(八田幸雄氏)

明星が体を貫いたということ、それは、

空海は明星を媒介に虚空像菩薩と神秘的合一を果たした。

もっといえば、

「明星来影」がスイッチとなって、空海は成道《じょうどう》した、つまり悟りを得た。

そう理解すべきなのかもしれない。

では、そこで得た「聞持」とは何だったのか。

それは「一切の教法の文義、暗記することを得」ることのみを意味しなかったようだ。空海自身、弟子にこんなことを説いている。

「一に聞持とは謂《いわ》く、耳にこの一字の声を聞いて具《つぶ》さに五乗《ごじょう》の仏教及び顕教密教《けんきょうみっきょう》の差別《しゃべつ》を識《し》り、漏《も》らさず、失わず、即ち妄《ぼう》(忘)聴《ちょう》せざるなり」(『梵字悉曇字母并釈義』)

文義とは表現だけでなくその内容も含むことを考えれば、空海は、求聞持法の体験によって経典の本質を直観的に体得できる能力を得た——そう考えたほうが、のちの業績を考えるうえでも納得しやすいように思える。先の文脈でいえば、「心眼を開いた」ということであり、「価値的情報」を感知できるようになったということである。

思えば、釈尊=ブッダの悟りも、大いなる智の開《かい》顕《けん》であった。

仏伝には、魔の軍勢を退けた釈尊が夜半深い瞑想

◉御厨人窟の向かって右に穿たれている窟が神明窟《しんめいくつ》と呼ばれ、空海がここに籠もって求聞持法を成満《じょうまん》させたといわれる。ここから東面し、ひたすら真言《しんごん》ダラニを誦する行を行ったのである。神明窟には天《あま》照大神《てらすおおみかみ》が祀られ、海の彼方から上る太陽信仰の場所であったことをも示している。

に入り、プシャの星座（明け方と夕方に光る星＝金星といわれている）が輝きだしたころに悟りを開いたことが記されている。そこで釈尊は、天眼を開いて人々が無限の生死の循環にあることを想起し、一切は「苦」だという認識を得、「十二因縁」と「縁起」の法を悟ったという。

空海が自らの神秘体験をブッダの成道譚になぞらえたかどうかわからない。しかし、結果として「こうして私は世俗の栄華を一念一念に厭うようになり……」という「回心」のきっかけとなったのだとしたら、そのことが空海をしてブッダを強く意識させる契機になったといえるのではないか。

それにしても、いったいあの体験は何だったのだ……。

当初、空海は自問自答したにちがいない。ついこの間まで奈良の大学で『論語』や『詩経』を暗記していた自分が遠い昔のように思えたにちがいない。

後に弟子の真済《しんぜい》が記したとされる「空海僧都伝《くうかいそうずでん》」で

◉土佐の室戸にて、求聞持法を修法し、明星が飛び来たりて空海の口に入る様子。（「弘法大師行状絵伝」法楽寺蔵）

は、空海はこう言ったとされる。

我の習《なら》ふところは古人の糟粕《そうはく》なり。目前、なお益なし。いわんや身斃《たふ》るるの後をや。この陰《おん》、すでに朽《く》ちなん。真を仰《あお》がんには如《し》かず。

習った学問は昔の人のかすであり、目前の役にたたない。死後においてはなおさらである。肉体はやがて朽ち果てる。真理を追い求めずにはいられない――この空海の無常感は、観照《かんしょう》や内省によってもたらされたものではない。あくまで自身の強烈な体験が悟らしめたものにちがいなかった。この文のポイントは、何が有用か無用かにあるのではなく、生死の果てにあるものに気づいたというところにある。それをもたらしたのは中国の古典ではなく、インドから中国を経て日本に伝わっていた善無畏三蔵《ぜんむいさんぞう》訳の密教行法であった。しかし見方を変えれば、それは空海に元来備わっていたシャーマン的資質が目覚めたことをも意味していたのかもしれない。

それが南の果ての室戸岬にてなされたことに注意する必要がある。若き行者は、穀断ち、塩断ちの厳しい精進潔斎を行いながら、四国の辺地を行道した。それは非日常＝死への旅にほかならなかった。たどり着いたそこは、死の世界への入り口であるとともに、神の来臨する場所でもあった。海の向こう、すなわち常世と向き合う窟に籠もった行者の身体は、すでに罪穢れを祓い浄化されている。闇のなか、極限に達した肉体と精神から発せられる神聖なるロゴス＝ダラニは、彼方の世界と交信をつづけ、ついに、神の光がわが身に入り込んだ――ここでいうダラニを言霊《ことだま》と読み換えてもいい。言霊とは現実世界を動かす霊力をもった言葉（ロゴス）であるとすれば、真言ダラニはまさに効験著しき舶来の言霊であった。実は、空海が回心にいたる体験は、わが国伝統のシャーマン＝神人誕生の過程とほぼ同一のものであった。ブッダは、苦行を無意味なものとして退けたが、日本の山林修業者にとって悟りを得るためのプロセスは、身体にまとわりつく罪穢れを落とし、「死と再生」神話を再現する苦行によってなし遂げられるべきものだった。いわば、日本的な修行の伝統のうえに仏教修行のシステムが接続されたのである。

繰り返しになるが、空海は室戸岬で生涯を決する体験をした。それは回心の体験であると同時に、求道《ぐどう》の道を志した青年空海が、神人となって生まれ変わったことをも意味していた。

壮絶な修行

ともあれ、十九歳（ごろと推測される）の空海は、まだ自分の体験が何だったのかを説明する言葉をもたない。しかし、それが仏の道に通じるものだという自覚は強烈に抱いていた。そして以後、三十一歳で唐に渡るまでの十年以上の長きにわたって、みずからの体験を確認し、深め、理解することに費やされることになる。その時間の流れのなかでは、二十四歳のころの著書とされる『三教指帰』は、周囲に自らの決意を伝えるけじめの書と位置づけることができよう。

では、「室戸後」の空海は、何を考え、どこへ向かおうとしていたのか。

三巻からなる『三教指帰』の巻の下は、亀毛先生の儒教論、虚亡隠士の道教論につづき、仏教の教えを開示する「仮名乞児論」である。それはいかに仏教がすぐれた教えであるかを仮名の乞食行者《こつじきぎょうじゃ》に語らせるという体裁をとっているが、その行者こそ空海の分身にちがいなかった。したがって、その行間からは、流浪する青年行者の息づかいを聞くこともできるし、当時の空海を知る鍵も隠されている。

「仮名乞児論」の内容を大まかに分けると、前段に行者乞児の肖像、次に「孝」をめぐる亀毛先生と乞児の対話、そして乞児による仏教論の開陳へと続く。後段には仏教を讃える詩文が続き、一同仏道に帰依するという形で大団円となる。

まず印象に残るのは、乞児の壮絶なる日々である。要約すればこんな調子である。

――頭髪を剃り落とし、土鍋のように日焼けしてしかも目はくぼみ、およそうるおいはない。栄養状態が極度に悪く、やせ衰えた脚は「鷺《さぎ》の脚のよう」、持ち物はといえば、割れてつぎあわせた托鉢《たくはつ》用の木の鉢と数珠に鐶の取れた錫杖《しやくじよう》、肩には木の枠に縄を張ってつくった背負子《しよいこ》、腰には草で編んだ座具をいつもぶら下げている。

つまり、とぼしい生活用具の一切を身につけ、移動するスタイルである。それは、苦役《くえき》を逃れて諸国を移動し、山に入って行をしつつ、里に現れて食を乞うといった、乞食行者の有り様を思い起こさせる。もちろん、修行者になった今では、清貧こそが是であり、苦行こそが指針であった。反エリートとしての道を歩む以上、中途半端な俗物であることをみずから許さなかったのである。

ともかく見た目には異様な風体にはちがいなかった。

――「市場のそばの乞食も恥ずかしくて頰をおおい下を向」き、「牢獄のそばの泥棒も膝をかかえて上をむいて歎くほど」みすぼらしい有り様で、「たまたまこの人が市場に入るときは瓦や小石が雨のように落ちてくるし、渡し場を通れば馬糞を投げられる」。

こうなると、いささか卑下がすぎるような感もある。確かに、貴者と呼ばれていた幼少期と比べるとこの状況は天と地ほどのギャップがあったのはまちがいない。しかし、みずからを貶めるだけ貶《おとし》める記述をしておいて、修行者としての誇りを語るところが心憎い。

——（山中で野宿をすると）青空がわが家の屋根だから、部屋をつくる必要はない。白雲が白い帳幕《とばり》のように山にかかるから、とばりは要らない。夏はゆっくりした気持ちで襟をひらいて爽やかな風に向かい、冬は縮まって裾を覆い、燧帝《すいてい》がはじめてつくった火を守る。……小欲知足の生活をおくり、何曾《かそ》のようにうまいものを食べたがらないし、田子方《でんしほう》が賂《おく》ったあたたかい皮衣などを望まない。人であり、男であり、長寿を保つことを三つの楽しみとした老人や商山の四人の白髪の老人も、その質素無欲な生活ではこの人にはかなわない。外形はおかしいけれども、志操《しそう》は堅固《けんご》である。

「志操は堅固である」と語るところに、青年の気負いを感じるか、やりぬいた自信を感じるか。おそらくその両方あったただろう。ともかく、苦闘するべき相手は周囲の目ではなく、自らの内奥から湧き上がってくる煩悩《ぼんのう》の炎だったにちがいない。ありていにいえば、性欲の疼《うず》きである。こんな記述もある。

——あるときは住吉の漁婦を見て、心がゆるんで気になり、またあるときははこべの尼を見て、惹かれる気持ちを無理に捨てた。

たとえば中世人の文章であればそこにウエットな情緒が入り込むのだが、空海の場合そうではない。古代人の文体ゆえ感情の発露が見えにくいのかもしれないが。ほかならぬ空海であれば、自らの性欲を対象化し、超克する術を身につけようとしたのではないか。禁欲で自らを縛るだけのやり方は、空海には似つかわしくないように思う。

とすれば、行に向かうことで煩悶を鎮めたであろう。

ヨーガの書に興味深い記述がある。先ほどふれた半跏趺坐の座法の効用をこう説いているのである。

この座法は自動的に、性と関連しているふたつの精神的肉体的繋縛、ムーラバンドハとバジュロムドラを活性化させます。両者は、性的衝動力を脊髄を通して脳にまで昇華させる働きをします。これは実修者に性的能力の統制力を与えます。この統制力は、性的エネルギーを霊的な目的のために上昇・昇華させるためにも性的機能をコントロールするためにも用います。そして、全精神系に安静作用をもたらします。

（「チャクラの利用法」）

当然ながら、仏教徒にとって煩悩を退けることは修行の最大の眼目である。そんななか、瑜伽行が結果として「性的エネルギーを霊的な目的のために上昇・昇華させる」はたらきを持つものだとしたら、どうだろう。空海はのちの親鸞《しんらん》などとはキャラクターがちがう。煩悩に罪業感を抱くことなく、プラスに転化できることをこの時期の空海が〝実感として〟つかんでいたとしたら興味深い、と思う。

ここに注目するのはほかでもない。よく知られているように、真言宗では「煩悩即菩提《ぼんのうそくぼだい》」（煩悩がそのまま悟りの機縁となる）という現世肯定の論を唱導し、「男女の交わりの恍惚境、それは菩薩の境地である」という冒頭の文で知られる『理趣経《りしゅきょう》』を密教の極意としているからである。

しかし、それは想像者の遊戯の域を出ないのかもしれない。実際は、煩悩を振り切ろうとして行に入っても、余計に激しい妄執《もうしゅう》に悩まされることが多いようだ。『行に生きる』の中で、田原亮演氏はこう述懐している。

行に適応できる身体になると、湧き上がってくる煩悩・妄想との闘いとなります。煩悩・妄想を静めるのは念誦しかありません。念誦に集中して三昧に入るしかないのです。

四国八十八箇所の寺には必ずといっていいほど、修行大師像が建っている。その姿はどれも、右に引いたように錫杖に数珠、あるいは喜捨を乞うための鉢を手にしている。畠田秀峰氏(安楽寺住職)にいわせると、こ

◉修行大師像。右手に錫杖《しやくじよう》、左手に数珠《じゆず》(加えて行乞のための鉢を持つ場合も)がその定型。空海もダラニを唱えながら歩き、数珠の珠を繰っていったのだろうか。(東寺境内)

れは「まさに求聞持法の行者のお姿」なのだという。求聞持法には、先に挙げた儀軌《ぎき》だけでなく、本尊や壇などの道具立てもいらず、ひたすら真言ダラニを念誦するという方法もある。そのとき唯一の法具といっていい数珠は、真言行者にとってはダラニの数を数える算盤《そろばん》である。であれば、若き行者空海は、ひたすら念誦の行を行いながら、土佐から伊予、そして讃岐へと放浪していたということかもしれない。それは案外的を得た考えのように思える。

若き空海の霊験譚

「行に終わりなし」という。

五穀断ちや塩断ちは激しく肉体を苛む。基礎エネルギーの補給となる穀物はもとより、ミネラル分の不足は細胞の代謝機能の衰えによる疲労感の蓄積となって、行者の身体を萎えさせる。したがってここからは気力と体力の相剋《そうこく》となるわけだが、この過程によって心身を清浄を保つことなしに、三昧の境地は訪れない。そして、一度三昧を覚えてしまうと、次も〝入りやすく〟なり、より深い三昧を求めるようになる。そのためには、清浄な身体を維持すべく、苦行の日々が続く……。

それを続けさせる動機付けとなるのは、三昧の境地において訪れる法悦にちがいない。あれほど疲労と脱力に苦しんでいた身体がふっと軽くなり、あらゆる感覚のとらわれがなくなり、世界・宇宙の広がりを視覚し、全身を歓喜が包み込む、もしくは光に包まれ、清浄《しょうじょう》きわまりない状態を味わうこともあるという。その時間の長短、境地の深浅もまたさまざまだが、行を積んでいくことで、さらなる高み、深みへと導かれるようになるといわれる。とすれば、我が身を犠牲にしても三昧《さんまい》の境地に耽りたいという心情もわからないではない。

しかし、もっとも重要なことは、行的エクスタシーに耽ることではなく、身体的実感とともに大いなる〝気づき〟を感得することであった。

（九度目の八千枚護摩行を終え）お堂の戸を開けた。木の上で鳥が数羽跳ねていた。それを見たとき、如来のいのちの輝きだと実感した。木々の緑の葉を見たとき、葉は生き生きと呼吸をしていると実感した。如来のいのちの顕われだと実感した。そのとき、歓びが涌いてきて、とめどもなく涙があふれ出てきた。全人格が歓びとなった。ただ如来に合掌するだけであった。

（『行に生きる』）

仏教経典に記されていることは、あくまで覚者《かくしゃ》（悟りを得たブッダ）によって書かれているものであるがゆえ、その内容はあまりに形而上にすぎ、ただ読んだだけでは真に理解できるものではない。ありていにいえば、知識と智慧は異なるものなのである。

であればこそ、修行が必要となってくる。そして、行を積むことによって、経典の文言が、ダラニそのものが感覚的に実感できる瞬間を迎える。または、難解に思えた文言が確かな実体となって顕れる。あるいは、行者の心に飛び込んでくるようになる（しかしそれもまた、第三者に伝えようとしても伝わり難いものでもあるのだが）。空海にとっても、それは同じだったにちがいない。確かに、室戸岬の出来事は激しい衝撃だった。それにより、自分にとって何が重要か、その本質は何かが明確になったにちがいない。

しかし、それは結論だけをポンと出されたようなものだったかもしれない。

四国放浪時代の空海が、知識としてすでにいくつかの仏教経典に触れていたかどうかはわからない。しかし、ダラニを唱え続けるというある種不合理な行(修行の本質は不合理な実体をつかむことにあり、それは求めようとして得られるものではない)によって、虚空蔵菩薩という大いなる智と一如《いちによ》になる経験をした。しかし、その体験そのものは仏教の扉を開けただけにすぎず、その前には、ブッダの「智慧《ちえ》の森」が広がっていた。そこにはまた開けられるのを待つ無数の扉が続いていた。おそらく空海は、「その先が知りたい」と思ったにちがいない。そしてそのためには、修行を続けることがもっとも近道であることを実感していた。だからこそ、空海は、行をして歩いた。「室戸後」は、そういう日々だったということもできる。

真言密教の行の基本は、「三密《さんみつ》」にあるといわれる。それは〈身《しん》、口《く》、意《い》〉と呼ばれ、具体的にいえば、手に印契《いんげい》を結び、真言ダラニを唱え、意識をマンダラあるいは本尊に向けるということである。そしてそれらが一体となって行が成就する。空海が最初に行った求聞持法は、はからずもこの密教の基本形式をすべて備えていた。

そこで行われることをごく単純にいえば、結界を巡らせた壇上に本尊を迎え、身、口、意による瞑想を行うことで、内なる仏と本尊たる仏との合一(入我我入《にゅうががにゅう》)をはかることにある。密教のそれがただの瞑想法と異なるのは印や真言をともなうところにあり、空海密教があえて「真言宗」と名付けられたのもその独自性にある。また、印や真言を駆使するというところに密教における土俗性や呪術性が認められ、日本古来の巫術《ふじゅつ》と共通する要素を秘めているのだが、こういった身体的な修法の中にこそ、人間の眠っていた生理的機能を活性化させ、潜在能力を引き出すための秘密が隠されているのである。

ともあれ、こうして行者は超人間的存在と一体化する、つまり、わが身がそのままで仏(神)になる(即身成《そくしんじょう》仏《ぶつ》）ことが可能となる、ということであった。

在家の大師信仰のよりどころとなった『弘法大師行状絵詞』では、もちろん、そのポイントを見逃していない。

「室戸後」から、超人空海の霊験譚が全開となるのである。

いわく、室戸にて、海中より毒龍出現し、異類の形を現して行法を妨げた。大師はひそかに呪語を唱え唾を吐き出した。すると毒龍、異類がことごとく退散した。

いわく、金剛定寺（現在の室戸市・金剛頂寺《こんごうちょうじ》）にて、競い合ってさまざまに障りをもたらした魔物たちに対し、大師は「我ここにあるかぎりはこの場に現れるべからず」と、楠の巨木の洞に自分の〝形代《かたしろ》〟を置いた。すると魔は足摺《あしずり》の崎まで追い込まれた。

いわく、播磨にて出会った老嫗は、「わたしはもと行基《ぎょうき》菩薩の弟子の妻で、その者が亡くなるときに、某日のちに菩薩が現れると言い残した。指折り数えて今日がその日でした」といい、飯盛りの鉢を差し出した。この庵を出るとき大師は柱に「天地合」の三字を柱に書き残していった。以来、その柱を削ったものを飲めば重い病がたちまち癒えた。

いわく、魔障が跋扈《ばっこ》していた伊豆修善寺にて、大師は虚空に『大般若経』「魔事品」を書き記したところ、経の文字がありありと浮かび、風に乱れることがなかった。以後魔縁長く絶ち、仏法ますます広まった。

——こういったエンタテイメント化した伝説が空海伝の中に盛り込まれ、一般にさかんに広められることになった。もちろん現在の正統的な伝記では無視され、カットされているのだが、ほかならぬ空海直筆の『三教指帰』に、超人空海（仮名乞児）が現れていることはあまり知られていない。

場面は、見すぼらしい有り様の乞児が、ある家の軒下に食を乞うために立ち寄ったときのこと。そこで激論を交わしていた儒家と道家の先生の話を聞き、乞児はやれやれとため息まじりに「自分は仏陀《ブッダ》法王の子である。私の虎や豹のような強大な鉞《まさかり》もって、あの人たちのかまきりの斧を砕いてやらねば」とつぶやくのである。

そこでとうとう彼は仏教の悟りの智慧の力をとぎ、弁舌の泉をわかし、なにごとにもたえる忍耐の心を鎧《よろい》とし、仏教の智慧の馬にまたがり、速くもなくおそくもなく、亀毛の陣に入りこみ、驚かずま た憚《はばか》ることもなく隠士の軍勢に対陣する。……指揮官は恐れおののき、兵士は戦意を失って、みずから後手になって降伏した。だから刃《やいば》に血塗る必要はなかった。

こうして、まだいくぶん疑心を抱いていた両先生に、「仏道の大綱」を述べるのである。まるで大魔神さながらの荒ぶるカミである。しかし、その姿こそ、密教でいう修法本尊の明王・天部の神々そのものの現れとみることができる。不動明王がその体に表すところの「教令輪身《きょうりょうりんじん》」である。ともあれ、ここまではマンガ的な比喩として済ませるのが大方の読み方であろう。しかし、次の表現は検討の余地がありはしないだろうか。

そこで亀毛先生らは、梅酢が百石も鼻に入ったときのように酢っぱい思いをし、苦菜が数斗も喉に入ったように肝《きも》が爛《ただ》れるほどの衝撃を受けた。……一度は恐ろしさでたまげ、一度は悲しみのために気絶してしまった。そこで仮名乞児は水瓶をとり、水をまじなって顔一面にふりかけた。しばらくして息を吹きかえした……。

ここには、ふだん「住まいである石窟」にて過ごし、食が尽きたら「托鉢に」行き、求められたら「水をまじなって顔一面にふりかけ」るといった呪術を行う、若き行者空海の姿が浮かんでくるようである。里人らは、「金《きん》の嶽《みたけ》（吉野金峯山《よしのきんぶせん》）」や「伊予《いよ》の石槌《いしづち》の山（愛媛石鎚山）」で修行を積んだこの若くしてただならぬ行者を、大魔神に相対したかのように「額《ぬか》ずいて丁寧に礼拝」したということはあったのではないか。

つまり空海当人も、「仏陀法王の子」を自称し、「善をなさねば牛頭・馬頭などの地獄の鬼らが現れて苦しみを与える」といった聞きかじりの「仏道の大綱」を唱導しながら、布施《ふせ》を集める名もなき聖のひとりだったと思われるのである。当時はそのような、里人の病を治し、勧進《かんじん》活動を行う山林修行者が少なくなかったのである。

では、そんな青年修行者・空海は、何を目指し、どこへ向かおうとしていたのか。『三教指帰』の次の文章がそれを余すところなく伝えている。

> そこで私は告文の趣旨をうけたまわって、馬に秣《まぐさ》をやり、馬車に脂をさし、旅支度をととのえて仏道に入り、昼夜の別なく弥勒《みろく》の浄土《じょうど》兜率天《とそつてん》に向かうところです。その道中には困難が多く、人煙ははるかに絶えている。道路はいくつにも分岐して、どの道に行けばよいのかよくわからない。……ある者は馬を駆り、先にすでに出発した。だから私はこまかい道具を捨てずにただ一人で担って行く。

「告文の趣旨」とは、原文では「激旨（仏の遺された教え）を」たまわったと解されている。

空海は仏の後継者であることを自らに任じた。そして、向かうべき先は「弥勒の浄土兜率天」へと見定めた。室戸岬で神から受け取ったシグナルの意味を、空海はそう受け止めたのである。

こうして、神人空海の新たな旅が始まった。それは一般に「空白の七年」と呼ばれている。

ちなみに、神からの受信機というべき(?)眉間の第六チャクラの名前である「アジナー」の語意もまた、「師からの命令」であった。

【第二章】

密一乗の教主

空白の七年

二十四歳の終わり（七九七、延暦《えんりゃく》一六年）に『三教指帰《さんごうしいき》（聾瞽《ろうこ》指帰）』を書き上げた空海は、遷都したばかりの山背《やましろ》（京都）の京に赴き、阿刀大足《あとのおおたり》のところに向かったとみられる。阿刀大足は、十五のころより学問の手ほどきを受けた厳格な舅《おじ》である。

そのとき空海は、人生の重要なふたつの選択を迫られていた。

ひとつは、親一族の期待する道を放棄するか否かであった。なぜなら、大学を出て官吏の道へ進むためのタイムリミットが目前に迫っていたのである。当時の令では、二十五という年齢が、大学卒の官吏登用のための受験可能な年齢の上限だった。もちろん、当時の大学は官吏養成のためのものであるから、二十五になって大学に戻ることはできない。

とはいえ、もちろん官僚になるなどとは、空海の選択肢に入っていなかった。だからこそ、『三教指帰』を書いて進退を明らかにする必要があったのである。しかし、それは容易な決断ではなかった。同書に「いまだ思うところに行けないいまま、たちまち二十四年を過ぎてしまった」とあるように、仮名乞児《かめいこつじ》の名を借りて逡巡する内面ものぞかせてもいる。

いわば、『三教指帰』は、空海なりの卒業論文だったのである。戯曲の体裁をとりつつ儒・仏・道の三教論を展開することになったのは、籍のうえでは学生だった空海の、六年間もの〝学び〟の総決算の意味合いもあった。もちろん、目的は仏教の優位性を解き明かすことである。当時の仏教界の思潮をふまえ、術語を縦横に駆使し、仏教宇宙の広大さ、仏の慈悲深さを語りつくす内容となっており、だめ押しともいえる仏教礼賛の詩文で、叔父を唸らせる意図があったと思われる。どうか、これをご覧いただき、私の決断を了とされよ――

そんな思いがひしひしと行間から伝わってくる。さしもの当世第一級の知識人であった阿刀大足も、苦虫を噛みつぶしたような顔で黙らざるをえなかったか。

もうひとつの選択は、得度《とくど》し正式な国家認定の僧になるかどうかであった。出家の決意をしたのであれば、そうするのが当然だろう。また、ふつうそれしか選択肢はあるまい。ちなみに『御遺告』などを見ると、すでに二十歳のとき和泉国槇尾山寺《いずみのくにまきおさんじ》にて勤操《ごんぞう》より沙弥《しゃみ》戒《かい》を受け、二十二で東大寺戒壇院《かいだんいん》にて具足戒《ぐそくかい》を受けたことになっている。前者は仏道への入門剃髪《ていはつ》、後者は正式な僧（比丘《びく》）になったことを意味しているのだが、これは信用するに値する史料がなく、後世の潤色であるとされている。

また、別な意味で得度は焦眉《しょうび》の急だったはずである。明くる延暦十七年四月には年分度者《ねんぶんどしゃ》制度が発布、各官

◉空海が和泉・槇尾山にて勤操について受戒する様子を描く。『御遺告』の記述に基づくもの。（「弘法大師行状絵伝」法楽寺蔵）

寺ごとに出家者が決められ、やみくもな出家者の乱発にストップがかけられることになったからである。しかも施行されると、三十五歳以上にならなければ出家すらできないという決まりだった。平安京を築きはじめたばかりの桓武《かんむ》天皇による、南都の旧仏教の弱体化をねらった政策の一環である。とはいえ、速やかにどこかの官寺に入っておけば問題はなかった。しかも寺には後述のようにコネクションもあったのである。

しかし、空海はそうしなかった。

空海は、ふたたび優婆塞《うばそく》という非合法の仏道修行者の道を歩むことになった。三十一歳のときに入唐者の列に加わるまでの七年間、その足取りがぷっつりと途切れるのである。この期間は、空海伝のなかでももっとも謎とされている。それは単に空白だからという意味ではない。再び記録上に現れた空海が、二年の入唐を経て、これまでの仏教諸宗の教えを包括し、かつまったく新しい体系を完備したたったひとりの宗教者として歴史上に登場することになったからである。いったい入唐までの間、空海に何が起こったのか。その事跡がまったく伝わっていないという意味で、謎なのである。

名もなき優婆塞から真言宗第八祖へ。この跳躍はただごとではない。その間の消息を、いくつかのキーワードをもとにイメージできたらと考えている。

まず、空海に影響を与えたと考えられる人物に注目したい。

空海には決まった師がいなかったと前記したが、それは空海がまったく孤高の人だったということではない。法相《ほっそう》、三論《さんろん》、華厳《けごん》といった仏教学派からなる奈良の仏教関係者の多くと知友を結んだことが空海の書いた文章によって明らかになっている。しかし、その中にも一切記されることなく、かつ空海との関係が注目されている人物がいる。

名前を戒明《かいみょう》という。空海と同じ讃岐《さぬき》の出身で、大安寺《だいあんじ》に住した。華厳の教えを学んだのち入唐し、六年ほど修学、延暦九年末か十年初頭に帰国したとされている。大安寺は、奈良で空海が寄寓したとされている佐伯院（佐伯今毛人《さえきのいまえみし》の建立した私寺）の隣に位置しており、戒明の帰国当時、空海は十七〜十八歳だった。大学入学前後のもっとも多感な時期にあった空海が、入唐帰りの同郷の先人を眩しい思いで見つめたことは想像にかたくない。しかも、戒明が見てきた唐の宗教界は、中国密教を大成した不空《ふくう》の死の前後にあたり、密教が最後の光芒を放った時期でもあった。当時の日本はまだ密教の体系が導入されておらず、わずかにダラニや儀《ぎ》軌《き》（修法のテキスト）が断片的に請来されるにとどまっていたが、それでも、新来の効験高き修法の情報は注目度が高かった。戒明も「その密教に接しうる可能性は十分にあり得た」（高木訷元氏）と考えられている。

しかしこの戒明の事跡には、陰の部分が目立つ。当時の記録に「兼ねて異聞を採る」人物と評されているのが暗示的である。ストレートにいえば、〝偽経《ぎきょう》の輩《やから》〟という評判である。というのも、戒明が請来した『釈摩訶《しゃくまか》衍論《えんろん》』が当時の日本の学問僧たちからニセモノというレッテルを張られ、当時偽作か否かで長年の論争となっていた別の経典に関しても、主流派の法相グループの排撃論に対しひとり異を唱えたことが伝えられている。

おそらく戒明は、それらの経論のなかに仏の真実を見たのだろう。しかし、彼の批判者は、その経論が正統なものであるかどうかに固執し、自分たちの学解《がくげ》に適うものであるかどうかだけを問題とした。それが対立の背景にあったと思われる。

一方、空海における戒明の影響は明らかである。『三教指帰（聾瞽指帰）』の記述に『釈摩訶衍論』から引いたと思われる文章が認められ、のみならず、後に真言宗の始祖として地歩を固めた時代になっても、『釈摩訶衍論』を必修の典籍として重視しているのである。また、空海における華厳経の位置づけや弥勒《みろく》信仰のエッセンスも、戒明の影響と考えれば納得できる部分も多く、研究者のなかには、長く論争の的になっていた例の「一の沙弥」の正体も、ほかならぬ戒明であろうと想定する人もいる。

ところが――、

「偽作問題が起こってからの戒明の動向はまったく知るところがない。同じように、『聾瞽《ろうこ》指帰』を著してからの空海の軌跡もまた、煙霞のかなたに消えて杳としてわからない」(『空海』高木訷元著より)

という事態になったのである。

結果的に、空海は戒明を追い落とした奈良の学問僧たちの世界に背を向けたのであろう。それは、有力貴族と結びつき、学閥的勢力争いに明け暮れる状況への批判というだけでなかった。仏教者としての本質的な問題意識に根ざしていたのである。

つまり、人はいかにしてブッダ(仏)になれるか、という問題である。おそらく空海はかつて強烈な見仏(神)体験を得た。自分は直接仏とつながっている。仏弟子という言葉を、一般にいう比丘(僧)の代名詞ではなく、まさに字義どおりに自認していた。俗世の法など自分の縛りにはならない、そんな青年らしい気負いもあったであろう。

しかし、どこへ向かえばいいのか。

再び山へ向かう

仏弟子であるわたくし空海は、仏にならんと心をはげまし、すべての根源である仏の境地にたどりつこうと願っているが、たどりつくべき道を知らず、あまたの道のいずれかを択ぶかに迷い、いくたびとなく涙にくれた。

（『性霊集』巻第七）

当時の仏教の常識では、真の成就を得るには、三阿僧祇劫《さんあそうぎこう》という無限に近い時間にわたって菩薩《ぼさつ》の六つの完成の徳目（布施《ふせ》、持戒《じかい》、忍辱《にんにく》、精進《しょうじん》、禅定《ぜんじょう》、智慧《ちえ》）を実践し、みんなことごとく実践を完成して仏の悟りを得る、というのが建前だった。しかも、法相や三論の教えでは、人には能力の差があって全員ブッダになれるとは限らない（五性等格別）という立場をとっていた。

――そういう大寺の坊主らは経典の解釈に明け暮れているだけではないか。それはただの出家エリートだ。しかし、そんな彼らが仏道を成就したというのか。せいぜい天皇や貴族に経典を講釈して僧侶としての出世栄達を望むのが関の山だ。それでは形を変えた俗世そのままではないか。

空海は、のちに自らをこう振り返っている。

「私、空海は、弱冠（二十歳）から知命（五十歳）にいたるまで、山林を家とし、禅黙を心としてきた。世の俗事には経験がなく、煩わしい些事には堪えられない」

やはり、自分の還るべき場所は大自然の道場だった。実際は迷うこともなく再び山に向かったのではないだろうか。

当時、山林修行に励む仏教者は実際多かった。僧侶資格の乱発を取り締まり、苦役逃れの優婆塞《うばそく》（私度僧《しどそう》）の禁圧に躍起となっていた桓武朝政権は、一方で奇妙なことに、「およそ僧尼は、禅行修道をし、寂静の境地を乞い願う意志があり、俗に交わらずに山居を求めて服餌《ふくじ》（神仙道に由来する不老不死の仙薬を服用すること）しようと欲する」者を容認するという「僧尼令」の方針を堅持していた。むしろ、そんな清行、浄行の僧を賞揚する傾向すらあった。「持戒賞するに足り、看病の名声著しい」山林修行者（禅師）十人を召し抱える「十禅師」の制度が設けられたのは、前代の光仁《こうにん》朝にあたる宝亀《ほうき》三年（七七二）のことであった。

ではなぜ修行者は山に赴いたのか、なぜ山で浄行する者は一目置かれることになったのか。そこには日本人独特の自然観、宗教観がその根底にある。

太古、日本人が里に生活領域を定めて以来、山は神秘の領域となり、礼拝の対象となった。なぜならそこは死者の霊が生者を離れ、昇っていくところであり、無数の先祖霊が鎮まる場所であった。また、高くなればなるほどそこは天に近くなり、神が降臨する場所と見なされた。一方で、里にないさまざまなものをもたらす源でもあった。その代表は水であり、木材や鉱物であり、薬草であった。しかし、恵みを与える一方、神霊に対して正しい祭祀儀礼を怠ると、容赦なき罰を蒙るとされてきた。

したがって、入山にあたっては、厳格な精進潔斎《しょうじんけっさい》を必要とした。人間的な営みの多くは神代の世界から見れば穢《けが》れ多きものである。したがって、穀物を断ち、草葉や蔦《つた》などで編まれた原始的な衣に身を包み、懺悔《ざんげ》を怠りなく行ってはじめて参入が可能とされたのである。それは、大陸から神仙方術思想や仏教がもたらされる時代になっても同様だった。現代人から見たら異常に思えるタブーや苦行の数々は、いわば霊界参入のための通過儀礼なのである。その定めを犯す者は、たちまち魔怪のバッシングに遭うとされ、正しい行いをなす者（つまり浄行の者）だけが、非日常世界から超人間的な力をいただくことができると考えられていた。その基本は、海岸沿いを巡る辺地《へじ》修行においても同じである。

空海が『三教指帰』で「断食して苦労した」と語った石鎚山《いしづちさん》には、すでに先行の行者がいたことが知られている。『日本霊異記《にほんりょういき》』の結に見える寂仙《じゃくせん》なる聖者がその人である。

伊予《いよ》の国神野《かみの》の部内に山あり。名を石鎚山という。これすなわち彼の山にましますＳ鎚の神の名である。その山高くけわしく、凡夫《ぼんぶ》は登り到ることを得ない。ただし浄行の人のみ登り到って居住していた。聖武《しょうむ》、孝謙《こうけん》天皇の御世、かの山に浄行の禅師がいて修行した。その名を寂仙菩薩という。その時の世の人道俗、かの浄行を貴んだがゆえに、その名を称えて菩薩とよんだ。

つまり、空海は寂仙に倣って凡夫が登攀《とうはん》できない聖山に赴き、修行を行ったのであり、断食も辞さない「浄行」を行ったことで、空海も里人から菩薩のように見なされていたことが想定できる。

では何ゆえ彼らは貴ばれたのか。『日本霊異記』の中に見える禅師らは、「浄行を勤修して、病を看るを第一とした。死すべき人も効験を得てさらに蘇った。病者をまじなうごとに奇異(奇跡)をなした」といわれている。これは特殊な例ではなく、山林修行者が共通して備えていた属性と考えてもよい。そして、当時の人々にとってはこれらは現実感をもって受け止められていた。ここで『三教指帰』に、仮名乞児が「水をまじなって顔一面にふりかけ」ると、亀毛《きぼう》先生らが「しばらくして息を吹き返した」という記述があったことを思い返しておきたい。

空海の一世紀以上前の人物である役《えん》の優婆塞《うばそく》(役小角《えんのおづぬ》)が必ずしも仏教者ではなかったように、『霊異記』の記述だけでは寂仙が仏教者かどうかはわからない。とくに空海以前の日本では、仙道方術の輩が仏教のダラニを唱えたり、仏道修行者が神仙の術を習得するという具合に、両者が渾然とした状態で山中に秘教世界を形成していたと考えられる。ただし、里人にとってはそれは問題ではなかったのだろう。ともあれ、寂仙のような在野の行者が「菩薩」と呼ばれていたところに、当時の禅師に対する人々の理解がうかがえる。

もっとも八世紀になると、仏教を正式に修めたと思われる禅師が史書や説話に次々と登場するようになってくる。その代表が行基《ぎょうき》菩薩だろう。行基は、大官大寺（大安寺）で得度《とくど》した法相宗の僧で、橋をかけ堤を築き、道を拓くなど数々の事業を行ったことが知られているが、彼もまた、三十七歳に至るまでの期間、山林

◉「求聞持法《ぐもんじほう》」の本尊である虚空蔵菩薩《こくうぞうぼさつ》画像。満月の中に光り輝く姿で蓮華上に半跏趺坐《はんかふざ》し、右手は五指を垂れた与願印、左手に如意宝珠のある蓮茎を持つ。幽玄な大自然の描写と一体に描かれている。（東京国立博物館蔵）

にて浄行を積んだ時期があったという（『行基年譜』）。

行基のなかでは数々の事業も弥勒の兜率天《とそつてん》に至る菩薩行《ぼさつぎょう》の一環だったと思われるが、その一方で、彼とその一派が「みだりに罪福を説き」「火を灯して焚き、臂《ひじ》の皮を剝いで経を写した」（『続日本紀《しょくにほんぎ》』）といった側面があったことに注目しておきたい。ここからは山林で培った奇しき力で呪術祈禱を行い、民衆を教化していった「菩薩」の姿を思い浮かべることができる。空海が行基の生まれ変わりの「菩薩」として見なされていたという伝説があることは先述した。空海が人々からどのような存在と見られていたかを知る一端がここにある。

また、行基に続くように、この時期全国各地で同様の山林修行者が活動を行ってた。九州・豊前《ぶぜん》の国の法《ほう》蓮《れん》や白山《はくさん》の泰澄《たいちょう》がその代表で、その活動は必ずしもつまびらかではないものの、ともに病気平癒祈禱の面で効験著しく、のちに各地で発展した修験道《しゅげんどう》の始祖的な位置づけを与えられている。そして興味深いのは、両者奇しくも虚空像《こくうぞう》菩薩を本尊（本地仏《ほんじぶつ》）とする仏堂の由来が伝わっていることである。日本における虚空像信仰は、まず山林修行者によって始められたのであった。

自然智宗

以上、奈良の官寺にいた僧侶とは対蹠的な、反律令的な実践宗教者の群像を概観したのだが、忘れてはならないのは、八世紀には大寺に籍を置く学問僧でありながら、奈良の都の周縁で山林修行にいそしんだ僧侶たちがいたことである。それこそがこれまで再三ふれた、吉野の山寺にて虚空蔵求聞持法を修法したグループである。彼らは世に言う南都六宗とは別に、奈良の裏仏教というべき一流派を形成していたとされる。

その名も「自然智《じねんち》宗」という。ただしそのような名前の宗派があったということではなく、「自然智」というキーワードのもとに参集した僧侶の系譜というべきかもしれない。

その元を探ると、七世紀末に唐から来日し、自然智という言葉を初めて用いた神叡《しんえい》と、七一八年に中国で漢訳されたばかりの虚空蔵求聞持法を請来した道慈《どうじ》という、ふたりの僧に行き当たる。

両者は奈良時代の初期、「釈門《しゃくもん》之《の》秀《しゅう》」つまりもっともすぐれた仏教者として称えられた学僧である。前者が元興寺《がんごうじ》法相派、後者は大安寺三論派（華厳派とも）という学派の別はあったが、当時の学派はのちの宗派とは異なり、たがいに交流し、兼学する伝統があった。そして、神叡が元興寺の別所として居住した吉野の現光寺（比曾寺、現在の世尊寺）に、大安寺の道慈の流れを汲む者たちが入山するようになり、やがて、「虚空蔵求聞持法の修行を行うことで自然智を得る」という修行スタイルが確立するのである。

先に少しふれたが、そのスタイルは次のようなものであった。

「月の上半は深山に入って虚空蔵法を修し、下半は本寺（元興寺）にて宗旨を研精す」

この記録は元興寺の護命《ごみょう》という僧についてのもので、その事跡はこう伝えられている。

「護命はこの法（求聞持法）を勤修《ごんじゅ》し、自然智を得る」（『百巻抄』）

つまり、護命は求聞持法の行と経典研鑽とに等しく日時を費やし、そして虚空蔵菩薩に祈り、自然智を得たというのである。このことは、経典の学問では得られなかった智慧が、求聞持法を修することで得られたということをも意味している。しかし、その内実はどのようなものだったのか。神叡や護命の記録を見ても、ただ「自然智を得る」としか記されておらず、その消息を知ることはできない。

ここで、元興寺・神叡の法流と、大安寺・道慈の法流を示してみたい。

神叡――尊応――勝悟――護命

道慈——善議——勤操
　　　└慶俊——戒明

問題は、空海と彼らとの関係である。実は右図の末端に現れた三人、つまり護命、勤操、戒明は、いずれも空海の先達《せんだつ》なのである。戒明については先に記したが、護命、勤操については、『性霊集《しょうりょうしゅう》』にて空海は再三名前を挙げて称えている。勤操にいたっては、吾が師という言葉さえ使っている。ただし師弟関係にあったわけでなく、年の離れた法友であったことはその文章を読めば明らかである。おそらく戒明を通じてふたりの先達と知り合い、「自然智」をめぐって肝胆《かんたん》相照らし、親交を結んだものと想像される。

おそらく、空海と彼らとの関係はこのようなものではなかったか。

——『三教指帰』を執筆したのち、経典の疑義を解決すべく空海はふたたび吉野に赴いた。戒明の仲介もあり、そこで護命や勤操らの修行者と交わり、彼らに多くを学び、影響を受けた。そして吉野を中継点として山林修行に向かい、折りにふれて元興寺や大安寺に入り込んで経典を閲覧した。

ここで、「自然智とは何か」を考えてみたい。それは空海の「仏となるためには」という課題と無関係ではないと思われるからである。

自然とは、「おのずからそうであること、本来そうであること、ひとりでに」といった意味である。つまり、自然智を得るとは、「後天的な学習によって獲得される『学知』と対照せられるような、『生知』すなわち『生まれながらの知』を獲得すること（薗田香融氏）」を意味している。この、生まれながらの知に目覚めるということこそ、実は仏教の悟りの本質であった。ところが、密教以前の日本仏教には、この〝体験知〟を得る実践的方法論が欠けていたのである。

虚空蔵求聞持法はもともと「一切の経典の文義を暗記することができる」ことを謳っていたのだが、その本質は実はダラニを媒介に仏と一体となる瑜伽《ゆが》の行にあった。そして、学僧らは、大自然の中に身を置いて修行していくうちに、「自らが仏の智慧と平等一枚の境地となる」体験智があることを実感したのである。それこそは神叡のいった「自然智」にほかならない――それが求聞持法と自然智を結び付ける経緯だったのであろう。

田原亮演氏はその実感をこんな言葉で表現している。

するとと、急に眼の前の視野が広がり、明るくなった。心は解放感に満ちあふれ、安楽であった。呼吸は深くてゆるやかであった。眼の置き所は一点ではなく、視野全体であった。心は、限りの無い広がりであった。そして、自己は、その広がりの中に坐わっているとの思いで一杯であった。

（『行に生きる』）

求聞持法の行者らは、行の過程で、ある瞬間ストンと自分をとりまく世界のもろもろと融通無碍《ゆうづうむげ》に通じ合う境地を実感した。そしてその瞬間、経典に書かれていた言葉がありのままに了解できた。それは求めようとして得たものではなく、自分の内から湧き上がってくるような実感だった――。

それこそは、空海が自らの身を賭して獲得した体験智にちがいなかった。それは経典の理解とは別次元のものであり、山岳や辺地にて大自然の霊力と一体になった感覚そのものだったのである。しかし、自然智宗の者たちは、そのことを言い表す言葉を持ちえなかった。一方空海は、その体験智の根拠は仏典のどこに書かれているのか。それが「仏となる」こととどうつながっていくのか、そのことを突き止めずにはいられなかった。求道者空海の最大の疑問はその一点に集中していたといってもよい。

そのヒントは『華厳経』の中にあった。

釈迦の悟りの境地を壮大なスケールで描写する同経は、その体験智にもっとも近いものであった。その真髄は、「一即一切、一切一即」という言葉に集約されている。

――われわれひとりの中に宇宙があり、生命の流れは個々より宇宙に向かうが、同時に宇宙から個々に対しても流れている。われわれの内面の宇宙は、そのまま外部の宇宙につながり、一体融合し、無限の大きな円環を形作っている。

『大日経』との出会い

しかしそれは「仏となる」ための答えとしては十分なものではなかった。空海は薄暗闇のなかを彷徨《さまよ》い、仏典の山の中から自分を導く光を求めつづけた。

そして、ついにそれを発見する。

夢枕に人が立って、「ここに『大毘盧遮那経《だいびるしゃなきょう》』という名の経典がある。この経典こそそなたの求めているところのものである」と告げられた。聞くやいなや、夢の御告げにしたがって、経典のなかの最高の経典である『大日経《だいにちきょう》』を求め得ることができた。それは第日本国高市郡の久米寺《くめでら》の東堂のもとにあったのである。

(『御遺告』)

『大日経（大毘盧遮那経）』悉地《しつじ》出現品《しゅつげんぼん》にこんな短い一文がある。

　――悉地は心より生ず

　／（実践者の）修行のすぐれた成果（悉地）は、（他から得るのではなく）自らの心から生じるのである（福田亮成訳）。

探していたものは、ほかでもなくおのれの内にある――『大日経』に記されていたのは、つまるところ、そんなシンプルな真理であった。悉地とは「成就」の意味である。ここでの成就とは「悟りを得て仏と成る」ことにほかならない。『大日経』では、法身《ほっしん》（宇宙の理法そのものとしての仏）のブッダが、仏とは原因と条件がそなわって「成る」のではなく、本来それぞれの内に「成っている」と説いているのである。

「成る」のではなく、すでに「成っている」――そうだ、そういうことなのだ。

空海の中に衝撃が走った。だれもが仏に成ろうとしている。どうすれば仏に成れるかを追い求めている。そうではないのだ。われわれの内にはすでに仏の資質が備わっているのだ。それこそが「自然智＝おのずから備わった智」にほかならなかった。

のちに空海は、『大日経開題』にてこんなことを述べている。

　覚るとは、真実ありのままの知見が眠ることなく開花しているという意味である。……これは本来もともと得ていたところの覚りである。

空海はすでに、みずからと大自然が融け合う絶対的な境地を体験していた。しかし、そのことを語る言葉を持たなかった。その体験を個別特殊的なものではなく、普遍的な真理つまり仏の法として捉えようとしたところに、空海とこれまでの仏者とのちがいがあった。そして『大日経』はそれに応えてくれた。つまりそれは「即身成仏＝即ち身に成れる仏」ということであると。

しかもそれだけではなかった。

経典には、法界の秘密語である梵字《ぼんじ》の真言《しんごん》や印契《いんげい》、曼荼羅《まんだら》の建立法《こんりゅうほう》など、成仏《じょうぶつ》のための具体的な方法論らしきことまで書かれているのである。しかし、これらは文章化が困難であるばかりではなく、肝心な部分はサンスクリット語（梵語）で記されている。したがって、経典を読むだけではどうしても理解することはできない部分が出てきたのである。これらは、唐にいるであろう、この秘密の法門を奉持する者に直接授けてもらう（面授）しかない。

最後の扉を開ける鍵は、まだ見ぬ師が握っている――ここで入唐という目標が、空海の前に明確に現れることとなったのである。

◉久米寺の東塔にて『大日経』を開見する空海。（「弘法大師行状絵伝」法楽寺蔵）

◉奈良県橿原市にある久米寺。寺伝では、インドから中国に密教をもたらした善無畏三蔵がここに住し、多宝塔を建立し仏舎利と『大日経』を納めたという。

以上、空海はなぜ優婆塞の道を選んだのか、なぜ山に向かったのか、彼が向かった山とは何だったのか、そして山林修行者は何を目指したのか、歴史上の禅師の系譜を追っていくことでその世界を概観してみた。ここから読み取れるのは、有史前からのさまざまな山岳宗教の系譜が、やがて仏教化されていく過程であり、逆にいえば、日本の仏教が、山林修行を通じて日本的に深化していく過程であった。そしてその究極の到達点が、空海が経典の中に発見した「即身成仏」という言葉であった。

われわれが知るべきことは、これらのさまざまな求道の系譜が、空海というひとりの優婆塞《うばそく》に集約されていったということである。彼の中には、山林修行によって得た験力《げんりき》を発揮する菩薩としての面があり、同時に仏教学の知識と修行の体験を一致させる浄行《じょうぎょう》の僧という面があった。言い換えれば、空海ひとりの中に、行基や寂仙が、さらには護命《ごみょう》や勤操《ごんそう》がいるということである。そしてこの優婆塞は、さまざまな仏教経典、学派の流れを自らの中に咀嚼し日本化させていくための基礎作業を、この空白の七年間で完了させたのであった。

こうして空海は、豊かな収穫の季節を迎えるのである。

❖

異例の乗船

延暦二十二年（八〇三）四月十六日、藤原葛野麻呂《ふじわらのかどのまろ》を大使とする遣唐使船四艘が難波住之江の港を出向した。

前回はあの佐伯今毛人を大使とする出航だったから、実に二十四、五年ぶりのことである。一艘あたり百二十人ほどというから、合計五百人足らずの乗船だったと思われる。そのなかには、請益僧の最澄《さいちょう》、留学生の橘逸勢《たちばなのはやなり》らの名前もあった。

しかし、空海の名前はそこにはなかった。

ひさびさに遣唐の船が出航するらしい——そのニュースを空海はどのような思いで聞いていたのだろう。当時はもう『大日経』と出会っていたと思われる。とすれば、暗号のような真言の梵字の配列を呆然と眺めていたか、あるいはまだ見ぬ大マンダラの図像を思い浮かべていたか。それとも仏の姿を我が身で表すという印契を知る人を捜し求めていただろうか。ともあれ、この報に三十歳の空海は激しく刺激されたにちがいない。唐に入って、秘密の法を知る師匠に教えを乞いたい……しかし、優婆塞の空海がどうしてその一員に成りえただろうか。

ところが、歴史の悪戯がここから始まる。出航した船が、わずか五、六日で暴風雨に遭い、渡航不能となったのである。四艘のうちのいくつかは転覆して幾人かは海の藻屑と消え、最澄らの乗った残りの船も破損しながらやっとの思いで筑紫の港に寄港したと伝えられる。こうして使いものにならなくなった船はいったん帰還し、再度の出航を期して船の修復と人員の補充が図られることとなった。「たとえ溺死を免れたものでも、沈没した船に乗っていた留学生らは忌み嫌われて、再度の乗船は許されなかった」(『空海』高木訷元氏)という。

そして一年後の五月、あるいは六月某日、再度四艘だての遣唐使船が出航する。

その第一船に、何と空海の姿があった。

一年前には、リストに名前が挙がることすら考えられなかった空海が、なぜそれに乗りえたのか。この経緯には、いくつもの謎が秘められており、従来さまざまな説が立てられてきた。瑣末な問題はここでは省くとして、結果的に空海は、乗船のほんの一か月前の四月七日に出家得度し、二日後には東大寺戒壇院にて具足戒を受けたとされている。

それが史実であれば、異例中の異例としかいいようはない。

当時は、年に何人の得度者を認定するかの数は決められており（三十五歳以上という規則は、その三年前に改定されていたのだが）、その年に得度者の一員に列することができたとしても、通常は二年ないし三年の沙弥行を積んだうえでの受戒というのが規定であった。さらに受戒後は一夏の間の戒学を履修しなければならないとされている。こうしてはじめて一人前の僧侶と認められるのだが、これらのことがすべて省略されているのである。あたかも、後世の人がそんな事情をまったく無視して、留学生が優婆塞の身分ではまずいと記録上の体裁を整えただけのようにも思える。しかし、空海伝においてもっとも信用性の高い国の公式記録である『続日本後記《しょくにほんこうき》』に、「年三十一にして得度し、延暦二三年に入唐留学す」とあるため、事実は動かない。空海三十一歳の年は、延暦二三年なのである。

考えられることは、空海は入唐留学のために法令や慣例をも曲げる形で駆け込みで得度受戒し、留学生の追加選考のなかにもぐり込んだということである。

しかも興味深いのは、出航直前と思われる五月十七日付けで、「これから得度におよぶ者は、旧年に正しく試験を受けておくこと。こののちは改替は受けつけないから、嘱託もしないように」という詔勅が下されていることである。これは何を意味するのか。要は、「延暦二三年の年分度者のなかには、嘱託によって改替せしめられたものが幾人か含まれていた」（高木訷元氏）ということである。よほど留学生の人数合わせに苦慮したか、あるいは何者かが強引な口添えを行ったのだろうか。

ちなみに、空海が僧籍の留学生であったかどうか疑わしいという説もある。四艘のうちでもっとも安全性が高い第一船に乗船し、しかも大使の藤原葛野麻呂の側近におり、唐で役人との折衝の際代筆や通訳を行ったらしいことから、通訳の資格で乗船したのではないかというわけである。だとしたら、空海入唐ののちにだれかが役所の記録をでっち上げたことになる。事実、空海の得度を認めた公式記録（度牒）の日付は延暦二四年の日付になっており、「これによると、空海は優婆塞のまま入唐したが、後事を託された友人か後援者が、空海渡航後に留学僧の資格をつくるために、玄蕃寮《げんばりょう》（仏教行政をあつかう役所）にはたらきかけて、この度牒をつくってもらったことになる」（五来重氏）。確かに、大使は用が終われば帰国の途に着く。役目を終えて留学僧に転じてしまえば、最大二十年の間現地に残ることができる。とすれば、空海としては「行ってしまえばこちらのもの」ということだったのか。そうするには、「後のことはどうにかするから」という協力者は不可欠である。一方、高木氏のいうように、役所の度牒はしばしば交付に遅滞が生じていることから、このことに不自然さはないのかもしれない。が、後から体裁を取り繕ったような印象もまた否めない。

いずれにせよ、臨時の得度者として認めるにしても、通訳として推挙するにしても、あるいは渡航する空海に資金を提供するにしても、その周囲に何者か、有力者の後押しが不可欠であったことはまちがいない。

空海の周囲にだれがいたのか。一連の動きを眺めながら想像してみる。

まず第一に考えられるのは、玄蕃寮に影響力をもつ高僧の存在である。真っ先に思い浮かぶのは、大安寺の勤操である。先に述べた「自然智」の系譜につながり、空海が師のように慕った高僧である。三論の学僧であり、山林修行に裏付けられた浄行《じょうぎょう》の僧として、奈良の仏教界だけでなく官界からも朝廷からも敬慕される存在だった勤操の口添えがあれば、その影響は大なるものがあっただろう。というのも、空海は勤操の「近仕」として奈良の大寺に出入りしていたと考えられるからである。

次に考えられるのは、叔父の阿刀大足《あとのおおたり》や佐伯一族である。この場合は、実家の讃岐佐伯氏だけではなく、故佐伯今毛人を筆頭とした一族も含まれよう。空海が奈良で佐伯院に寄寓しただろうということは先述した。「唐に入って、秘密の法門を私が本邦で最初にもたらすのだ」といったプレゼンテーションを彼らに行ったとすれば、空海に期待をかけ、その背中を押すぐらいのことはしただろう。また、のちに経典群や曼荼羅、法具一式を携えて帰国したことを考えれば、かなりの資金的裏付けがなくてはならない。とすれば、阿刀氏が官界工作を、佐伯一族がスポンサーを担当したということも考えられる。このあたりの経緯を見ていると、空海はまだ「貴物＝恐るべき子供」と呼ばれていた時代の名残りが残っていたように思われる。周囲の人を引きつけ、期待を抱かせる何かが空海には備わっていた。

スポンサーという面でいえば、もうひとつ、鉱山師《やまし》・空海像につながる知られざるラインも想定できるかもしれない。

伝説によれば、空海は入唐の前、航海の安全を期して宇佐の八幡宮をはじめとした神々に祈願したという。なかでも豊前国《ぶぜんのくに》香春《かわら》大明神は「聖人、仏法を重んじ、命を軽くしてついに大唐に赴こうとしている。まことに結構である。願わくば吾れ聖人について共に入唐し、必ず護持なすべし」と神託を下したといわれる。それにしてもここでなぜ宇佐八幡や豊前香春大明神が登場するのか、空海のこれまでの事跡から考えればいささか唐突な感もぬぐえない。

ちなみに香春大明神とは豊前香春岳の神であり、香春岳は、往古、現在の福岡の北から大分の西部にいたる一帯を支配していたという秦《はた》王国の神山であった。銅の古い産出地として知られ、宇佐八幡宮の神鏡がここで鋳造されるなど、香春山と宇佐は一体の宗教圏を形成していた。秦氏は五世紀以降に日本にやって来たとされる新羅《しらぎ》系の渡来氏族で、鍛治や鋳造、養蚕機織りなどの技術集団を擁し、朝廷の蔵を管理したとまでいわれる。今の言葉でいえば一大コンツェルンというべきであろうか。平安初期のこの時代は、桓武朝廷と結び、山背（京都）の灌漑技術や土木事業などを行う殖産氏族として歴史の裏面を支えていた。ちなみに「自然智」つながりの勤操や護命も秦氏の出身である。

つまり、八幡宮、香春大明神への祈願が何らかの史実を反映したものであれば、それは入唐スポンサーとしての秦氏との関係が背景にあったのではないか、ということである。これはあくまでも淡い想像にすぎないのだが、そういうコネクションを想定しなければならないほど、持参していたとされる金品は莫大だったということでもある。

それにしても、「共に入唐し、必ず護持なすべし」という神の託宣にはひとかたならぬものがある。ただの航海安全ではなく、みずから守護神たらんと宣べているのである。それはのちに空海の知られざる信仰として浮上することになるが、その脈絡で言えば、この託宣がきっかけの役割を果たしている。では空海は、どのような経緯でこの神と縁を結ぶことになったのだろうか。このあたりは謎としかいいようがない。ただ、結果的にいえるのは、入唐を決意してからの空海が、まるで天の計らいが作用したかのように、驚くべき運の強さを発揮したということである。

そして、もうひとり、香春大明神に詣でたといわれている人物がいる。

最澄である。

最澄が初発の便で筑紫の港に一時寄港したことはすでに述べたが、最澄はこのとき京都にもどらず、一年間筑紫に待機していた。その間、香春大明神に詣でたという。

空海とともに平安新仏教の祖となった最澄は、のちに空海とはさまざまな因縁を繰り広げるのだが、その運命が最初に重なるのが、この遣唐使においてであった。

とはいえ、このときの空海と最澄の立場には雲泥の差であった。最澄は空海のような留学僧ではなく、短期の還学生《げんがくしょう》であり、請益僧《しょうえきそう》という立場にあった。通訳も付き、経典の請来も国費でまかなわれている。当時の最澄は、新都の宗教政策を担うリーダーにほかならなかったのである。その拠り所となったのは、『法華経』こそがあらゆる立場の者の成仏を可能にするとした天台の教学だった。最澄の胸の内には、これによって日本を法華《ほっけ》一乗《いちじょう》の仏国土《ぶっこくど》にするという遠大な夢が秘められていた。

一方、桓武帝にとっても、旧体制と結びついた仏教勢力を排するうえで、最澄の新仏教に期待するところは大きかった。為政者にとって、仏法は国家を霊的に守護する呪力そのものだった。そして僧は、その呪力を帯びた人柱である。そういう意味で「僧は国の宝」なのだった。ともすれば世俗化し、権力の内部に浸食するようになった奈良の仏教界に対し、山林の浄行を旨とする最澄の姿勢はまことに好ましいものと映っていた。

つまり最澄は、国家の支援を背景に、順風満帆にて入唐の航海におよんでいた。この時点では、時代の風が最澄を後押ししていたのである。

その最澄と、香春の神、および八幡神とを仲立ちしたものは、おそらく和気広世《わけのひろよ》であったであろう。和気氏は最澄の最大の外護者であり、和気氏と八幡神といえば、先代の和気清麻呂以来の強い縁で結ばれていることはよく知られている。それを決定づけたのは、妖僧・道鏡を八幡神の託宣によって失脚に追いやった、あの「道鏡事件」である。もとより八幡神は、これより半世紀ほど前、東大寺大仏殿完成を受けてにぎにぎしく入京を果たし、一ローカルの神という存在を越えて、鎮護国家の仏教の守護神としてその存在感を示している。その流れを受けて、のちに天台、真言の平安新仏教を担うことになる者がともにこれらの神と結縁しようとしたというのは、歴史的に見れば偶然ではないのかもしれない。

ただし、空海がもたらそうとしているものは、この時点で空海自身にしかイメージできないものであった。もちろん、このとき空海は新米の（あるいはもぐりの）無名の仏者にすぎなかった。理解者はいたものの、彼らにしたところで後に空海がどんな存在になっていくかなど想像すらしていなかったにちがいない。それは空海本人も同様だっただろう。

しかし、準備は怠りなかった。これまで日本にどんな経典がもたらされているかをくまなく調べあげ、その中で何が欠けているか、自分が求めるべきものは何かを明確に意識していたことは特筆すべきである。さらに、空海はその目標達成のために語学が不可欠であることも知っていた。大学には音韻科という中国語の学科があったが、空海が進んだのは明経科である。入唐の決意から乗船にいたるまでどれだけの期間があったのかはわからないが、いつのまにか日常会話レベルの中国語をマスターしていたとしたら、驚くべき才能というほかない。もとより文章技法は若くして達人の領域にまで達していた。これらは、中国に上陸したその時点から証明されることになる。

ともかく、空海は第一船、最澄は第二船。乗船の場所も異なったため、最初の接近はすれ違いに終わったと思われる。意外なことに、それは中国に到着してからも同様であった。ふたりが相まみえるのは、まだ先のことである。

異能の人

ある意味、遣唐使の船に乗船することは「捨身行」のようなものであった。あえてそんな行為に挑もうとするのは、求道に燃えた仏者ぐらいだったという意味でもそうだった。要は、入唐帰りという栄誉と引き換えにするには、あまりにもリスクが高かったのである。事実、仮病を装って乗船を拒否したり、途中で逃げ出したりする者も多かったという。先の託宣の表現を借りれば、まさに「命を軽んじた行為」だった。

なにしろ当時の日本人は、造船の技術にしろ、航海術にしろ、本気で外洋に出て航海しようと考えていたのかすら疑われるレベルだった。当時外洋に乗り出していたアラビア船や中国船はおろか、朝鮮船に比べてもそのお粗末さは際立っていた。日本人にとっては、外国に渡航するということは他界への旅立ちと同義だったのかもしれない。つまり、比喩でもなんでもなく、神仏の加護がなければたどり着けないものだったのだ。

このときも朝廷は、住吉大神《すみよしだいじん》に奉幣《ほうべい》して海上の安全を祈願せしめている。ときには臨時に度者《どしゃ》を下《か》賜《し》して、渡海の人びとの無事の帰国を祈らせたりもした。大使の藤原の葛野麻呂は自ら本朝の百七十八か所の天神地祇《てんじんちぎ》に、それぞれ『金剛般若経《こんごうはんにゃきょう》』一巻ずつ書写し、供養することを誓って船旅についている。最澄もまた、白檀《びゃくだん》の十一面観世音菩薩《じゅういちめんかんぜおんぼさつ》を彫像して、航海の安全と無事帰国を祈った。

（高木訷元著『空海』より）

航海守護の神として住吉大神が遣唐使派遣の際に厚く祀られたのは恒例のことだったとしても、臨時の得度者を出して祈禱させるなど、神官僧侶あげての国家祈願とはただごとではない。それだけではなく、葛野麻呂個人が全国の天神地祇に経典を奉納したというのがいかにも異様である。神社に経典を奉納するというのは、当時としては実は意外なものではないのだが、その数が半端ではない。これは、命さえ助かれば何でもすると言っているようなものである。また、最澄が彫ったという十一面観音は、水の神として、航海安全の仏として信仰されていた。仏者であれば、自分のためはもとより、ほかの乗組員のためにも船中では観音の呪を唱えたことであろう。「何のために坊主が乗っているか」というわけである。

肥前《ひぜん》田子《たご》の浦《うら》にて出航した四艘だったが、何ということか、早くも第三、第四の船は翌日には消息を断っている。各船はかがり火を焚いて連絡するのが常だったが、これでは連絡するまでもない。やがて最澄の乗る第二船ともはぐれてしまった。どのような航海だったかは、空海自身の言葉で実況いただこう。

こうしてひとたび本国の岸を離れて中途にまでおよんだころに、暴風雨が帆を破り、大風が舵を折ってしまった。高波は天の河にしぶくほどとなり、小舟は波間にきりきり揉むありさまとなった。南風が朝に吹いてくれれば、済州島の人たちの狼のような心に肝を冷し、北風が夕方に吹き来たれば、琉球の虎のような民たちの性質に胆を失ってしまった。猛風が吹き来たれば、これに顔を蹙《ひそ》めて、そのまま死んで葬られて大亀の口に入るのではないかと覚悟し、大波に眉をひそめて、終《つい》の住みかを鯨の腹の中に定める気になった。

（『性霊集』）

大仰《おおぎょう》な形容のためかやや芝居じみた印象を受けてしまうが、そういわしめた状況はよく伝わってくる。こうして三十四日間の「水はつき人は疲れた」航海のすえ、空海の乗った第一船は「八月十日に福州《ふくしゅう》 長渓県《ちょうけいけん》赤《せき》岸鎮《がんちん》已南《いなん》の海口に到る」と『日本後紀』は記している。赤岸鎮は、現在の福建省の省都福州の北、約二百五十キロメートルに位置するいわば僻地の港である。通例であれば、もっと北の揚州や蘇州に到着の予定だった。が、もともと到着の港を定められるほどの航海術がないから仕方がない。最澄の乗る第二船も何とか明州に着岸した。第三、第四の船は唐にたどり着くことはできなかった。その意味では、ふたりの僧には神仏の加護があったといえるかもしれない。

それにしても空海の船はずいぶん南に流されてしまっていた。帆は破れ、舵の折れた幽霊船のような遣唐使船を迎えた赤岸鎮の民は、不審な面持ちではじめて見る日本人を見つめたにちがいない。

空海は、福州にて早くも異才ぶりを発揮している。

一行はなんとか上陸を果たしたものの、困った問題が発生していた。知らせを受けた役人らが駆けつけたものの、大使の藤原葛野麻呂は自らの身分を証明する割符《わりふ》や印璽《いんじ》を所持していなかったうえ、福州の観察使(長官)が任命されたばかりでまだ福州に着任しておらず、上陸の許可を与えるわけにはいかなかった。まったくの足止めを食らい、上陸すらままならない状態が五十日ほど続いたという。

空海が弟子に語ったことをまとめたという『御遺告《ごゆいごう》』によれば、業を煮やした藤原葛野麻呂は、自ら親書をしたためて観察使に送ったが、その書状は開かれたとたん捨てられ

◉入唐を果たすも、地元民の不審の目にさらされ、上陸を阻まれる様子。(「弘法大師行状絵伝」法楽寺蔵)

てしまったという。しかも、それが二、三度繰り返されたのだと。それだけではなく、船中の検分を行うため、全員船から出されたうえ、湿砂の上に放置されるという有り様だったらしい。どうやら一行は密航者の疑いが掛けられたようだ。正式な国使の船がその中を検分されるというのは、それだけで国辱的な扱いである。しかも検分が終わったら終わったで、一行は船の中で閉じ込められたままだった。

そんな窮地を救ったのが空海だった。その事情を、『御遺告』の文章をそのまま引いて見てみよう。

> この時、大使述べていはく、切愁《せつしゅう》の今《とき》なり。そもそも大徳《だいとこ》(空海)は筆の主なり。書を呈せよと云々。ここに吾《わ》れ書様を作って大使に替って彼の州の長に呈す。(長は)披《ひら》き覧《み》て咲(笑み)を含み、船を開き問を加ふ。

今や事態はどうしようもないところにきている。あなたは能筆だと聞いている。私に代わって書を書いてくれぬか

◉遣唐の大使に代わって空海が文章を著し、唐の観察使に上陸を許可される様子。(「弘法大師行状絵伝」法楽寺蔵)

といわれ、書いて差し上げたところ、長官はとたんに態度を変え、みずからやって来て話を聞いたと、そういうことらしい。どうやら観察使の閻済美《えんさいび》は、空海の文章を見てその壮麗な文章に驚いたようだ。

「中国は文章を偏重し、文章こそは文明の基礎であり、政治の基本であり、歴史を通じての不朽の盛事であるとし、官吏の登用は文章力をもってはかった。……閻済美には水準以上の鑑賞眼があったにちがいなく、それだけにかれの衝撃も大きかったと思われる」(司馬遼太郎氏)

その長文の書状は『性霊集』に収められており読むことができるが、さすがに唸らせる文章であることはまちがいない。いかに唐が聖君が治める徳の高い国であるかを延々と強調しておきつつ、我が国は格別な上客として扱われていたと主張、官吏であれば厳格な処置は致し方ないが、こんな扱いはかつて受けたことがないと憤慨してみせ、再びあなた方の徳の高さを信じているとして結ぶのである。したたかで要求はしっかり通しながらも相手のプライドをくすぐり、相手の行動を促すという、政治的な文章技法としては完璧なものといえる。原文の流麗な筆致を目の当たりにするとなおさらであっただろう。

この大徳おそるべし——一変した相手の待遇に、葛野麻呂は空海の才に感激するとともに空恐ろしさすら感じたのではないか。

ともかくやがて長安に派遣した使いが戻ってきて、一行は無事上陸を果たしたうえで、長安行きの途につくことになった。ところが、またもや困った事態が生じた。観察使の閻済美が、自らの権限で空海を福州に引き止めようとしたのである。その能才を惜しんだのである。空海にとって、自らの才が今度は仇《あだ》となった。そこで空海はまた閻済美に宛てて、入京を乞う書状を新たにしたためる羽目となった。

空海の書に関しては、別の有名なエピソードがある。とはいえこれは、能才というより異能というべき話であるが。
話は空海の死後十八年後の仁寿《にんじゅ》三年（八五三）に飛ぶ。母親が空海の姪で、天台宗寺門流の祖である円珍《えんちん》が入唐したときのこと。円珍は福州の開元寺に一か月滞在し、インド人の僧より密教の秘伝を授かり、梵字経典などを貰い受けたりしているのだが、このとき円珍は、寺主の恵灌《えかん》より耳を疑うような話を聞いている。

寺主恵灌は借問して、五筆和尚《ごひつおしょう》は在《いま》すや無《ない》やと。円珍、語は是れ大僧正弘法大法師のことなるを知りて、便《すなわ》ち、亡化《ぼうけ》せらるると答えたり。恵灌は胸を槌《たた》いて悲慕し、（弘法大法師の）異芸の未だ曾《か》って倫《たぐ》いあらざるを称しぬ。
（『入唐求法行歴の研究』）

寺主は五筆和尚はまだご存命かと聞く。だれのことかと思案したのち、弘法大師空海のこととわかり、すでに亡くなったと答えたら、胸を叩いて残念

◉唐の帝の前で、口と両手両足に筆を持ち、五行の文を書き、五筆和尚と称される。（「弘法大師行状絵伝」法楽寺蔵）

がり、あれほどの天才はいなかったと嘆いたというのである。当時円珍が空海の「五筆和尚」のエピソードを聞いていたかわからないが、実際に福州で、空海のことを生々しい記憶として話す唐人の僧がいたと、日本人の円珍のほうが驚いたという話である。

「五筆和尚」のエピソードとは、こんな話であった。

——唐の宮廷に、三間の壁があり、晋の書聖・王羲之《おうぎし》の筆跡が残されていた。ところが壁は長年の間に傷み、文字が見えなくなっていた。そのうち二間を修理することとなり、皇帝は、大師に揮毫《きごう》させようと決めた。勅命を受けた空海は、参内《さんだい》するや左右の手足に筆を執り、口に筆をくわえて五か所に五行の文字を同時に書き上げた。残る一間には、墨を盥《たらい》に入れ、壁の面に注ぎかけると、自然に「樹」という字が出来上がって、壁間を埋めた。皇帝も臣下らも、これを賛嘆し、帝は空海を「五筆和尚」と命名した。

まさかこの話がそのまま事実であったと思うわけにはいくまい。五筆とは「筆法五法」を駆使したという意味ではないか、あるいは「御筆」ではないかと、いろんな解釈がなされている。しかし、重要なことは、半世紀後という伝説化するには期間が短く、同時代の記憶としては時間が経っている微妙な時期に、唐で空海が「五筆和尚」という評判で広く知られていたらしいということである。そして、もっと驚くべきは、帝が空海と直接相まみえたらしいということである。『御遺告』には、皇帝が空海にこんな言葉を述べたとある。

朕は、この僧をとどめて自分の師にしようと思っていた。しかし引きとどめるわけにはゆくまい。この念誦をもって朕の形見であると思え。

たしかに空海は、多くの弟子を差し置いて師の恵果《けいか》への碑文を書いており、長安の名だたる名士らと詩文の交換をしていることは事実である。とすれば、評判は皇帝にもおよんだとしても不思議ではないのかもしれない。

毎日新聞の佐藤健氏は、一九九〇年に空海の中国での足跡を訪ねる調査団に加わり、その模様を『ルポ空海』の中に書いているが、その中に、蘇州の霊巌山寺にて二体の空海の像を発見したことを記している。明時代のものとされるその像がどういう経緯で作られたかは不明だが、いずれもはっきりと「空海」という銘が残されているという。

空海の唐の滞在は、実はたったの二年だった。ところがその間に、つい前年までは小国の一介の優婆塞だった男が、大唐の国際都市を舞台に縦横に異才を発揮していったのである。もちろん、書や詩文をしたためてばかりいたわけではない。

金剛乗《こんごうじょう》(密教)という仏教世界の、法王の座に登りつめたのである。

恵果と不空

ここに於いて城中を歴《へ》て名徳を訪ふに、偶然として青龍寺《しょうりゅうじ》東塔院の和尚、法の諱《いみな》は恵果《けいか》阿闍梨に遇《あ》ひ奉る。その大徳はすなわち大興善寺《だいこうぜんじ》の大広智《だいこうち》三蔵の付法の弟子なり。

——長安の西明寺を拠点に長安城中の高徳名僧をたずね歴訪していくうちに、たまたま青龍寺の東塔院の和尚である恵果阿闍梨にお会いし、そのご尊顔を拝することができました。この大徳こそ、大興善寺の大広智不空三蔵の付法の弟子その人でありました。

この文章は、空海が唐から帰国した際、朝廷に差し出した『御請来目録《ごしょうらいもくろく》』に見えるものである。以下、空海がいかにして師匠である恵果から密教の法を授かったかを記すのだが、ここで論議の的になっているのが、「偶然として」という表現だ。

現代語訳では「たまたま」とするほかはないが、以下見ていくように、空海と恵果の出会いはいろんな意味で「たまたま」ではありえないのである。ではなぜそんな表現をあえて採ったのか。この違和感は、すでに見てきた『三教指帰』の「ここに一の沙弥あり」という記述と通じるものがある。

空海には膨大な書簡や詩文のたぐい、著書などがあるが、決定的な事柄をあえてさりげなく表現したり、あるいは多言しないと思われることがあまりに多い。

おのれの人生を決定付けた重要な人物をあえて「一の沙弥」とした。同様に、おのれの生涯を導く運命の必然をあえて「偶然として」と表現した。この時代、このタイミングでしか逢うことができなかった出会いの不思議さゆえに、空海をしてそんなレトリックを使わしめたのだろうか。あるいは、秘密の教えを標榜する空海らしく、本当のことは言葉で表現しつくせないものだと打ち遣ったのか。

入唐における空海の事跡を見ていくと、綱渡りのような運命の糸に導かれていることがわかる。とはいうものの、その運命を生み出す磁場の中心にいたのは、空海その人である。確かに出会いは僥倖といえるものだった。しかし、そうなるべくしてなったという強い運命観を、少なくとも空海自身は抱いていたのではないか。

運命の不思議は、実は出生のときから始まっていた。

七七四年、空海は讃岐《さぬき》の屏風浦《びょうぶがうら》に生まれたのだが、一説にその日は、六月十五日といわれている。ではなぜ、あえて史料の裏付けのないその日付でなくてはいけなかったのか。

なぜなら、その日は恵果の師である大広智三蔵《だいこうちさんぞう》こと不空《ふくう》が入滅《にゅうめつ》した日だったからである。つまり、空海は不空三蔵の生まれ変わりと目されているのである。日付は後世の付会だと考えるのが自然だろう。しかし、その年であったことはおそらくまちがいない。空海がその事実をどうとらえていたかはわからないが、不空こそ空海がもっとも影響を受けた先人であったことは、歴史が物語っている。

不空の事跡は、どこか空海と合わせ鏡のように思えるところがある。

不空は、八世紀の玄宗《げんそう》皇帝の時代、中国密教がもっとも強い光芒を放ったときにその中心にいた人物である。不空は、七一九年に中インド出身の金剛智三蔵《こんごうちさんぞう》が『金剛頂経《こんごうちょうきょう》』系の密教を携えて長安に到着してまもなく、その弟子入りをしている。数年のうちに師から法を伝授されたが、金剛智は布教の志半ばで死去。不空はその無念をはらすかのように、師の遺命にしたがって海路インド・スリランカに向かっている。最新の密教受法と、経典の請来がその目的である。三年の渡航期間のうち、滞在はわずか一年ほどだったが、その間に膨大な経典を探索し中国に持ち帰っている。

時勢が許さなかったのか、一時長安から遠ざかっていた不空だったが、勅命によって河西に迎えられ、七五五年に大唐を揺るがす「安禄山《あんろくざん》の変《へん》」が起こるや、勇躍長安に乗り込んでいる。賊軍が怒濤のごとく洛陽、長安を占拠するなか、不空は大興善寺にて決死の護国修法におよぶのである。インドから請来したばかりの密教修法を駆使し、卓抜した祈禱能力を発揮した不空の法力ゆえか、八年後に反乱は終結。不空は大呪術者としての地位を不動のものとした。以後、三代の皇帝のもと、幾度となく宮中内道場で護国の修法を行い、数千人におよぶ僧俗に灌頂《かんじょう》を授け、百巻を越える経典を翻訳するなど密教の布教に尽力した。また、五台山に金閣寺を建立し、この地の文殊《もんじゅ》菩薩の信仰を全土に称揚したとされている。その間、祈雨の修法は数知れず、道教の道士と呪術合戦をして打ち負かしたなどという話も残っている。

ともあれ、不空の果たしたもっとも大きな役割は、密教修法を国家鎮護と結び付けたことだった。インドで生まれた密教は、本来瑜伽行によって仏と合一する内的な修法だったのだが、中国では、仏尊との合一によってもたらされる利益が、外敵の調伏に向けられるようになったのである。もとより、密教僧は呪術と無縁ではありえなかった。金剛智や善無畏《ぜんむい》も、皇帝の前で祈雨修法をはじめとする呪術を求められている。金剛智などは一時的にせよ、死者を蘇生させたとまでいわれる。ただし不空の場合、密教の呪術力が月並みな現世利益《げんぜりやく》にとどまらず、国家の安泰に寄与することが実証されたことが大きい。それは、宗教という精神的権威が世俗的な王の権威と無関係に存在しえなかった中国ならではの事情だったが、その図式はそっくり日本に導入されることになる。

その主役は、もちろん空海であった。

「空海がその密教宣布の行動において、不空三蔵の仕事を念頭に置いていたことは、宮中の道場である真言院にしても、高野山の造営にしても、あるいは空海没後に編纂されたものとはいえ、彼の文章を集めた『性霊集』の撰述においても、不空の強烈なイメージなしには存在しなかったはずである」(頼富本宏氏)

それも、「生まれ変わり」を自認していたとすれば、うなずける話かもしれない。

ちなみに、頼富氏は、不空の並外れた行動力を、純粋な漢民族ではなく西域系の混血児であったことと関連付けているが、もしかしたら、それは「佐伯」の出である空海にもあてはめることができるのかもしれない。

天竺僧との出会い

さて、長安の空海である。

大使の藤原葛野麻呂が帰国の途に就くことになり、留学生として残った空海は、さっそく西明寺に向かっている。ここは空海がなにかと世話になった奈良の大安寺ゆかりの寺である。建立はあの玄奘三蔵《げんじょう》で、玄奘がインドの祇園精舎《ぎおんしょうじゃ》で見た寺院がそのモデルとなっている。弥勒菩薩のすまう兜率天内院を模したというこの寺院を、空海はある種の既視感をもって見つめていたにちがいない。というのは、かつてここで学び、日本に虚空蔵求聞持法をもたらした道慈が、この西明寺の一部を模して創ったのが大安寺だったからである。密教全盛の時代の息吹を浴びた戒明が住したのも、ここだったと思われる。不思議な因縁はこんなところにもあった。

さっそく空海は、情報の収集にあたっただろう。なにしろ戒明の情報から十三年ほど経っている。見開くべき経典はどんなものがあるか、まみえるべき師はどこにいるのか。

幸いにも、その意味で西明寺は環境が整っていた。日本からは、大安寺三論宗の永忠《えいちゅう》が在住しており、唐人の僧の中には仏教経典の目録編纂を行い、自らも経典の漢訳に従事していた円照《えんしょう》らがいたといわれる。永忠はこのとき空海と入れ代わりで帰国するのだが、そのわずかな期間を惜しんで、衣の袖をつかみながら長安の仏教事情などを聞いただろう。このとき空海と永忠が知り合ったことは、帰国後の親交からも想像できる。また、円照らからの情報の収集で、「新しく翻訳された経軌《きょうき》(経典・儀軌《ぎき》)の多くが密教のそれであることを知り得た空海は、自らの秘密一乗の求法にますます確信を強めた」(高木訷元氏)と考えられる。

であれば、向かうべき場所は青龍寺の恵果阿闍梨のもとだということはすぐに判明したにちがいない。しかし、ここで空海は回り道をしたといわれる。

なぜここで空海はすぐに密教の本山へと向かわなかったのか。『御請来目録』には、こんな表現が見える。

ひじでにじり進み、ひざで歩くようにして、謹み深く近づき従って、まだ学んでいなかったことを学び、頭を地につけ礼拝し、両手で師の足に触れて礼拝しながら、まだ聞かなかった教えを聞きました。（真保龍敞訳）

文字通り慎み深く、恐縮しながら師恵果と相対していったことを表した文章だが、ここには、空海の物事に対するアプローチが表れているように思えてならない。

空海の事跡を見ていくと、助走と跳躍の対比が際立っているのがわかる。『三教指帰』を書くまでの期間、そして入唐の前の空白の期間、後述する帰国してから都入りまでの期間も同様である。いずれも事を起こす前に水面下に潜む時期がある。この助走の時期に膨大なエネルギーを費やしながら周到な準備を行うのが空海の流儀なのである。

というより、中心を究めながらも同時にディテールも気になって仕方がない性癖ゆえと考えたほうが、この場合はふさわしいかもしれない。

――耳目《じもく》の経《へ》るところ、未《いま》だ嘗《かつ》て究《きわ》めずんばあるべからず

そんな空海の行動パターンは、もはや余芸の域を越えた書跡や詩文に対してもよく表れている。長安にお

いてこの男は、書かれたものの収集にとどまらず、実際に書法や詩文の大家のところに出向いて口授伝授を受け、さらには筆や墨の製造にまで首を突っ込んでいたといわれる。「だからそれは具体的にどうなっているのか」が気になってしまう男なのである。

そんな空海の資質は、高度に抽象化された論理性と、印契やダラニの口誦といった身体性、曼荼羅や法具などさまざまな道具立てを用いる物質性といった多面性をその内に包む密教の請来者として実にふさわしいものであった。「即身成仏」にいたるシステムとは、右に挙げたさまざまな要素を駆使し、いわば全身の毛孔のひとつひとつにいたるまで仏の世界に没入するものである。その世界観をまるごと自分のものにするためには、まだおのれには欠けているものがある、そう実感していたはずである。もとより、頭で理解すればいいというものではないことは、だれよりも理解していた。それは、体験智から密教の世界ににじり寄っていった彼ならではの感性であった。

こうして空海は、醴泉寺《れいせんじ》という場所に向かう。

醴泉寺には、インド僧の般若《はんにゃ》三蔵や牟尼室利《むにしり》三蔵などがいた。とくに七十歳を越えていたと考えられる般若菩薩に親しく師事したことが、『御請来目録』に記されている。

つまり空海はここで、サンスクリット語（梵語）を習得するのである。

サンスクリットとは、「完成された言語」という意味である。複雑な語尾変化と活用をもつ完成度の高い言語であると同時に、その文字群は宇宙の発生と展開に対応するものとされている。また、ひとつの文字には表面に顕れた意味（字相《じそう》）と秘密の意味（字義《じぎ》）が含まれ、その高度な象徴性は、密教でいう種字《しゅじ》と真言の中にあますところなく展開されている。空海自身、のちにこんな言葉で説明している。

仏教は、インドを本としています。西域、中国へと教風の軌範をたれていますが、はるかに隔たりがあります。言語が中国とは異なり、文字も篆隷《てんれい》の書体ではありません。……それにもましてさらに、真言は幽邃《ゆうすい》なもので、一字一字の意味が深いので、音に従って字義を変えてしまうと、音の緩急長短を誤りやすいのです。……この梵字によらなくては、音の長短の違いがわからないのです。原語を尊重する意味は、まさにここにあります。

（『御請来目録』）

思えば、神秘の扉が最初に開く鍵となったのは、虚空蔵菩薩の真言の口誦だった。入唐のきっかけとなった『大日経』の疑義もまた、梵字で書き記された部分にあった。そんな空海にとって、本国インドから訪れた高僧から直に梵字・梵文の真髄を教授されるという幸運は、「偶然として」という表現を超えている。入唐僧がそのような機会を持つことができたのは、空海の後にも先にもなかった。「おそらく日本で最初にサンスクリット語が理解できた最初の人」（『沙門空海』）となったのである。

しかも、般若三蔵はいう。

――少年の頃、仏道に入り、東・西・南・北・中の五天竺を遍歴して教え燈《ともしび》を伝えようと誓って、この国に来た。いま船に乗って日本に行きたいと思うが、縁がなくてこころざすところが果たせない。インド中を巡って仏道を究め、その法燈を伝えるために中国に来たが、もう年をとってしまい、さらに日本に赴くことはかなわない、と般若はいう。そして、

――わたしが新たに漢訳した経典類と貝葉に書写した梵字経典を持っていき、供養してほしい。そしてこの経をもって日本に縁を結び、人びとを救ってほしいのだ。

というのである。

もともと『倶舎論《くしゃろん》』などの小乗《しょうじょう》（上座部《じょうざぶ》）系の教学に精通し、仏教の総合大学というべきナーランダー僧院にて中観《ちゅうがん》や唯識《ゆいしき》を研鑽し、さらに南インドで密教を学んだ、仏教の生き字引というべき長老が、その旅路の果てに、東国の孤島からやって来た空海に自らの教えを授けようというのである。

しかも、唐に来た動機が、「文殊菩薩のいます国に法を伝えたいと志した」とされることに注目したい。『華厳経』には、文殊菩薩の御坐処《ござしょ》は「東北の清《せい》涼山《りょうざん》」にあるとされる。中国ではそれが山西省の五《ご》台山《だいさん》であるとされ、不空が五台山にて文殊信仰を鼓《こ》吹《すい》したことは先に少し述べた。つまりここに、不空が発信したシグナルに呼応して般若菩薩が入唐し、不空の生まれ変わりである空海に教えを授けるという図式を見出すことができるのである。ここにも「偶然」ならざる歴史の意志のようなものが空海に託されている。

◉謎の童子が水上に「龍」の字を書いたが、空海が文字の一点が抜けていることを指摘し、代わりに空海が補うと、たちまちそこに龍が現れ昇天する模様。（「弘法大師行状絵伝」法楽寺蔵）

『弘法大師行状絵詞』には、空海の帰国前のエピソードとして、「流水点字」という奇妙な話が挿入されている。

――川のほとりにひとりの不思議な童子が現れ、川の流れの上に「龍」の一字を大書した。川面に浮かんだまま流れる気配がないその文字に、空海は「最後の一点を打つように」と指摘する。童子が言われたとおりにすると、文字は光を放ち、大音声を発して龍となって昇天した。童子は「われは文殊菩薩なり」と言い残すと消え失せた。

というものである。この謎めいた伝説のモチーフは、「画竜点睛《がりょうてんせい》」の故事にあるのであろう。つまり、空海が長安で密教受法を成就させたことを象徴する話だと考えられる。ともあれ、この話のミソは、少年に姿を変えた文殊菩薩が最後のピリオドを打つというところにある。つまり、不空＝文殊菩薩の化身である童子（真魚？）が、偉大なる成就をなし遂げる、つまり、密教を完成させる――という寓意なのではないだろうか。

灌頂を授かる

長安に到着してから五か月あまり。助走を終えた空海が、最後のピリオドを打つときがやってきた。助走というには、あまりに濃密な五か月であった。その間、実質四か月足らずでサンスクリット語をマスターするというおよそ信じがたいことをやってのけ、般若らからは、『大日経』系とならぶ密教の一法流である『金剛頂経』系の密教の基礎知識をたたき込まれたと考えられる。そのうえで般若三蔵からは、

「密一乗を身につけるのならば、そろそろ恵果阿闍梨のところへ出向かれよ」

と、送り出されたのかもしれない。

空海は最初から密一乗《みっいちじょう》、つまり密教の法統を継承するつもりでいたのだろうか。たとえば最澄のような請益僧であれば、経典その他を携え、仏教の体系ごと持ち帰るということはできただろう。事実、最澄は長安には目もくれず、まっすぐ天台山に向かって天台の教学を移植することに努めている。それだけの資金も国家から持たされていた。しかし、留学生はそんなことは求められてはいない。国に有益な知識を二十年、三十年かけて習得するというのが通例だった。問題は、それ以上の成果、つまり、無名の新米僧にすぎない空海が日本において密教の教主になるというような想定を最初からしていたかどうか、である。

結局のところ、空海が入唐の達成度をどの程度イメージしていたかどうかはわからない。ただし、師匠と弟子の一体一の面授という受法形式をとる密教において、教えを最大限引き出せるかどうかは、おのれの機《き》根《こん》(資質)そのものにかかっている。そのことは十分理解していたはずだ。だからこそ周到な準備を重ねてきたといえる。ただし空海の場合、それ以上に、いかなるタイミングでどのように師匠と対面するかに最大限の注意を払っていたのではないか。

驚くべき強運に守られ、運命に導かれてここまで来た。ここでの出会いが自分にとって決定的なものとなるだろう。それは師匠においても同じでなくてはならない——空海であれば、そんな自意識を持っていたとしても不思議ではない。もしかしたら、ここで空海は、釈尊《しゃくそん》と弟子の摩訶迦葉《まかかしょう》が無言のうちにすべてを了解し合ったという「拈華微笑《ねんげみしょう》」の故事を思い描いていたかもしれない。

空海は、ともに西明寺に止住している志明《しみょう》や談勝《だんしょう》らとともに、恵果《けいか》の住まう青龍寺に向かった。ここでも空海は、第三者の仲介を通して会うという周到な手続きを施している。

しかし、そんな心配はまったくの杞憂であった。

和尚はたちまちご覧になるや笑みを含んで、喜んで申されました。
「私は前からそなたがこの地にこられるのを知って、長いこと待っていました。今日会うことができて大変喜ばしいことです。本当によかった。私の寿命も尽きようとしているのに、法を授けて伝えさせる人がまだおりません。ただちに香華を支度して灌頂壇に入るようにしなさい」と。

(『御請来目録』真保龍敞訳)

驚くべきことに、恵果は会った瞬間に「すべての法を授けよう」と言っているのである。おそらく、自らの死期が迫っていたことを感じ、残された使命をここで果たそうと考えてのことであっただろう。こうして、多くの弟子がいながら、会ったばかりの東国から来た僧に、学法灌頂、胎蔵界の灌頂、金剛界の灌頂、そして密教の最奥の秘法を伝える段階である伝法阿闍梨位《でんぼうあじゃりい》の灌頂を矢継ぎ早に授けたのである。そんな扱いを受けた弟子はほかにはいなかった。そして恵果は、まるですべてをやり遂げて使命が尽きたかのように、空海と出会って半年後に遷化する。八〇五年、十二月十五日のことであった。

この流れを見ていくと、あたかも空海に法を授けるために恵果という人物が存在していたかのように思える。しかし、これは後世の創作でも何でもなく、史実に属する出来事である。事実、その後不空の墓碑の碑文をしたためるなど、空海が弟子の首座にあったことはまちがいない。そしてこののち、密教の正統は日本へと移植されることになったのである。

恵果とは何者だったのか。空海が記した追悼の碑文の文章を交えて略述したい。

恵果は、七四六年、長安の東南に隣接した昭応の地に生まれた。幼きころから仏法を求め、七、八歳のころに大照禅師に入門し、しばらくして師に伴われるようにして不空のもとに入門。幼くして不空から親しく教えを授かり、十四、五歳で霊験を現した。その評判は宮中に伝わり、参内した際、帝より疑義を示されて「法によって自在天《じざいてん》を呼び出し、流れるように難問を解いた」という。

十九にして不空より灌頂を受け、念持仏《ねんじぶつ》として転法輪《てんぼうりん》菩薩を得て、密教布教の資質を認められた。やがて不空より『金剛頂経』系の密教を授かり、善無畏三蔵の弟子の玄超《げんちょう》より『大日経』系および『蘇悉地経《そしつじきょう》』系の密教を授けられたという。そして、自らの死期が近づいた不空の遺命によって、法燈を伝えるべき六人の弟子に選ばれる。以後、六大弟子のなかでもっとも若かった恵果は徐々に存在感を発揮。七八〇年には勅命によって伝法の大阿闍梨となってからは、多くの僧俗に灌頂を行い、法の伝授に努めた。

師と同じく雨を祈り、護国の祈禱なども行ったというが、その性格は不空と対照的に内省的で、不空のように大呪術者として存在感を誇示することはなかったようだ。「貧民を救うには財貨を用い、愚民を導くには仏法を用いた。財貨を蓄積しないことを方針とし、仏法の教授に力を惜しまないことを宗とした」と空海は述べている。

恵果の歴史的評価は、ほかでもなく、『金剛頂経』系の密教と『大日経』系の密教という出自の異なるふたつの大法を併せて奉持し、それが不二一体のものだとする新たな密教の体系を築いたことにある。

胎蔵界曼荼羅に象徴される『大日経』は七世紀の中ごろ、金剛界曼荼羅に象徴される『金剛頂経』は七世紀の末にインドの別々の場所で発生したとされる。長い仏教の発展史において、当時としてはもっとも新しい仏教体系であった。

密教は、呪術を否定した釈尊の没後、長い時間をかけて現世利益の要請から仏教に呪術祈禱が入り込んだ結果、それが仏の教えと混在していた時期（いわゆる雑密《ぞうみつ》の時代）を経て、体系づけられたものである。

その教主は、従来の歴史的存在であるブッダ（釈尊・世尊《せそん》）でなく、宇宙的存在にまで高められた大毘盧遮那《だいびるしゃな》（大日《だいにち》）仏《ぶつ》。『大日経』には、この宇宙に遍満する真理そのものである法身《ほっしん》のブッダを体現する実践修法、つまり印の結び方、真言の唱え方、曼荼羅の描き方など、護摩供養《ごまくよう》や灌頂の方法など、密教としての基本要素がすべて網羅されている。一方『金剛頂経』群と呼ばれる経典には、五段階の瞑想《めいそう》法（五相成身観《ごそうじょうしんかん》）を通じて速時に大日如来と一体化する瑜伽の秘法が記されている。つまり、究極にまで高められた仏教の宇宙観に、ヨーガによる成仏法、そしてその利益を他者に向ける加持祈禱法などが総合された、仏教の最終形がここに成立したのであった。

しかも、恵果の時点でふたつの密教の流れが合流し、そのエッセンスがすべて空海に託されることになった。以後インドでは、呪術祈禱の供給源だった民俗信仰（ヒンドゥー）の波が仏教を覆い尽くし、中国でも密教の法は次第に途絶えていく。つまり、空海が授かった密教は、日本でのみ継承されることになったのである。

恵果は空海に、密教の世界をいちいち説いて聴かせることはなかった。

今、日本の沙門《しゃもん》空海ありて、来たりて聖教《しょうぎょう》を求むるに、両部の秘奥、壇儀、印契を以てす。漢梵たがうことなく、ことごとく心に受くること、なお瀉瓶《しゃびょう》のごとし。

（「恵果阿闍梨行状」）

ここで空海の「助走」が生きる。漢語と梵語をつつがなく理解し、教えをすべて受け止めることができた空海に対して、恵果がやったことは、口伝が必要なところは授け、印契などの動作が必要なところは教えるというものであったという。そしてその授法はあたかも瓶に水を注ぎ込むようなものと表現されている。とはいえ、教えをひとつも残らず書き留め、経典を読み、灌頂の後は授かった真言、密契、梵字儀軌に基づく諸尊の瑜伽《ゆが》行を学ばねばならない。空海自身、「梵字梵讃は休む間も惜しんで学びました」と自ら記している。その間、儀礼の準備にも追われたであろう。恵果と初体面し、すべての伝授が終わるまでの間、空海は人生でもっとも濃密なときを過ごすこととなる。それは入門して十年、二十年の弟子にも授けられない秘密の法を、二か月少々ですべて身につけるという超人的な営みであった。

――六月十三日、胎蔵界の灌頂。

これはいわば「真言の教えを学ぶ弟子としての資格を得るためのもの」(高木訷元氏)とされる。まず胎蔵大曼荼羅が敷かれた壇に入り、目隠しをして華を投じる投華《とうげ》得仏《とくぶつ》という秘儀を行うのだが、このとき空海の投じた華は、「偶然として中台の毘盧遮那如来の身上に着いた」という。このことは空海自身が法身大日如来のあらわれであることを意味し、師からはその印契や真言が授けられることとなる。「不可思議よ、不可思議よ」と恵果は賛嘆したと伝えられる。次いで灌頂壇に向かい、師より加持された五色の瓶の水を中・東・西・南・北の順で頭頂に灌がれ、三密《さんみつ》の加持を受ける。こうして空海は、本尊と自己を感応させる神秘体験を得るのである。

――七月上旬、金剛界の灌頂。

今度は金剛界の大曼荼羅の壇に臨み、重ねて五部の灌頂を受けたとされる。先と同様に行われる投華得仏では、またもや中尊の大日如来の上に落ちたという。恵果はまたもや驚かされることになった。こうして空海は、胎金両部の灌頂を通じて、「一切事物の存在の『本質』をあるがままに体得した」(高木氏)。つまり、両部の曼荼羅に象徴される理法と智慧の一切を授かったのである(両部の大法を受けた者としては、ほかに青龍寺の義明がいた）。

――そして八月十日、伝法灌頂。

めくるめくような二か月を経て、息つく間もなく伝法のクライマックスを迎えた。この秘儀は密教最奥の秘法の伝授であるため、その内実は決して知らされることはないのだが、結果としてこの最終灌頂を終えた空海は、その大法を伝授することができる阿闍梨（師位）の座に登り詰めたのである。師によって授与された灌頂名は「遍照《へんじょう》金《こん》剛《ごう》」。遍照とは大日如来の意訳であった。「そのことは、空海自身が法界大日如来の仏位に登り、かつ教主大日如来の法門を正しく伝承したことを象徴しているのである」（高木氏）

灌頂儀礼のルーツは、インドにおいて地上の王が即位する際、四大海の水が頭上に灌がれたという儀礼に由来

◉青龍寺の恵果阿闍梨に面会する空海。（「弘法大師行状絵伝」法楽寺蔵）

し、その本質は、教主大日如来が菩薩の代表位である金剛薩埵《こんごうさった》に成仏の印信を与える儀式の再現にあった。つまり、金剛薩埵である空海が、大日如来の法を嗣《つ》ぐ恵果から、新たな密教の教主であると認定されたのである。つまり空海は、

大日如来――金剛薩埵――龍猛――龍智――金剛智――不空――恵果

とつづく密教の第八祖として、密教世界の王となったのである。

中国密教の国師が、法嗣《ほっし》を東国の僧に与えようとしている！

そのことは、中国の宗教界に衝撃を与えたにちがいない。

「空海とは何者ぞ?」そんな噂がもちきりとなるなか、宮廷の内道場に出仕する十禅師、つまり唐を代表する密教僧のひとり、玉堂寺の珍賀《ちんが》が、血相を変えて乗り込んできた。

「日本からやって来たという者がたとえ聖人であるといっても、恵果一門のものではないではないか。まずは入門させて基礎から習わせるべきだ。なのにどうして密教を授けようというのか」

その主張はある意味もっともではある。しかも、恵果の弟子らの不満を代表するものであっただろう。抗議は再三にわたった。しかし、残された命の灯を空海への付法に託そうとしていた恵果にとっては、迷惑以外の何物でもなかった。空海も黙して我慢するよりほかはなかっただろう。

ところがある朝、珍賀は青ざめた顔で空海のもとを訪れ、三拝九拝し、非礼を詫びてきたのである。聞けば珍賀、夢のなかに仏教の護法神《ごほうじん》が現れ、戟《げき》や矛《ほこ》でさんざん苛まれたのだという。その護法神は『金光明経《こんこうみようきよう》』に出てくる四天王《してんのう》か、あるいは入唐する空海を守護すると約束した香春神＝八幡神だったか。ともかく、断末魔の苦しみの中で「なぜだ！」と問う珍賀の脳裏に、前日まで「どこの馬の骨が」と目の敵にしていた空海

の姿が浮かんだのであろう。一転、空海を異国から来た神人であったと観念し、許しを乞うがごとく脂汗を流しながら自らの不明を恥じたのであった。

まるで説話さながらの因縁譚だが、又聞きの伝承などではなく、ほかならぬ空海から聞いた話として『御遺告』に載っている逸話である。

すべての法を授け、数多の経典や論書、儀軌、各種曼荼羅や法具の手配を終わり、師の不空から引き継いできた宝具などを渡し終えた恵果は、「早く本国に帰って、この教えを国家に奉呈し、天下にひろめて、人々の幸せを増せ。さあ、帰ってこの教えを日本に伝えよ」と空海に遺戒し、彼岸の人となった。

まさにその夜、道場にて師の冥福を念じている空海の前に、さながら生きているかのような姿で恵果が現れ、空海にこんなことを告げたという。以下、空海直筆の公式文書である『御請来目録』から引いてみたい。

和尚婉然《えんぜん》として前に立ちて、告げていはく、

「我と汝と久しく契約ありて、誓って密蔵を弘む。我、東国に生まれて必ず弟子とならん」と。

わたしとあなたとの間には久しい契りがあって、密教を弘めることを誓い合ったので、今度わたしは日本に生まれ変わって必ずあなたの弟子になろう——恵果がそういったというのである。恵果が「久しい契りがあった」ということは、初対面の空海に対し「長くお待ちしていました」と告げたことにつながっている。ここで空海は、はっと気づかされる思いがしたにちがいない。奇しき運命の不思議に、である。

一の沙弥との出会い、求聞持法の成就、入唐に至る経緯、般若三蔵、恵果阿闍梨との出会い、そしてこれ

らを結び付けた不空との見えない因縁……。それらがすべて一本の糸でつながっていたことを、空海はここではっきりと悟ったのではないか。

それにしても、恵果が「日本に生まれ変わって弟子になる」というのはどういうわけであろうか。その言葉の裏には、「空海こそ不空の生まれ変わり」であり、「その男は東国からやってくる」ということをあらかじめ知っていたということなのか。確かにそう考えれば、恵果の発言もすべて納得できる気がする。

いずれにせよ、すべては「偶然として」起こったことではなかった。

そしてそのことを、空海はだれよりも自覚していた。

II 京都

いくら本や写真で見たことがあるといっても、やはり、実際に見てみるものだ。

東寺《とうじ》といえば、京都駅のホームからもその姿を拝むことができる。目印となる五重塔は総高五十五メートル。現存する日本の仏塔の中でもっとも高いものである。

かつては、これより高い建物を建てることは憚《はばか》られたという。それはそうだろう。東寺の歴史は平安京《へいあんきょう》造営とともにはじまり、現在唯一残る平安京の遺構である。かつては新時代の仏教の力で都を結界《けっかい》し、かつ荘厳《しょうごん》した京都のシンボルにほかならなかったからである。

ところが、かの悪名高き京都タワーが「教王護国寺《きょうおうごこくじ》＝東寺」の制空権を突き破ってしまって以来、今や駅ビルや京都ホテルまでもが追随してしまった。結果、ランドマークの機能は完全に失ってしまっている。

しかし、それは東寺がまったく存在感を失ったということにはなるまい。

何を差し置いても、見るべきは講堂である。その位置づけについて、『東寺の謎』を記した三浦俊良氏（東寺塔頭《たっちゅう》・宝菩提院住職）はこう述べている。

「（境内を）五千分の一に縮小すると東西、南北とも五センチほどになる。この大きさに紙を切り東西南

◉東寺（教王護国寺《きょうおうごこくじ》）南大門。正面に見えるのが金堂、その奥に講堂、食堂が一直線に並ぶ伽藍配置である。数々の火災や戦災をくぐり抜け、唯一今に残る平安京の遺構として威容を誇っている。

北と書き、まず東西を合わせて折る。おなじように南北も折る……そして十字が交わる中心点に真言密教《しんごんみっきょう》の主尊、大日如来《だいにちにょらい》が安置されている」

東寺の中心に位置する講堂の、そのまさに中央に、ひと回り大きな姿で鎮座する大日如来とその四囲を固める如来のグループ。向かって右側には金剛波羅蜜多菩薩《こんごうはらみったぼさつ》を中心とした五体の菩薩グループ、左は不動明王《ふどうみょうおう》を中心とした五体の明王グループ。そしてそれらの周囲に四天王《してんのう》と梵天《ぼんてん》・帝釈《たいしゃく》の天部《てんぶ》六尊。内陣には、合計二十一尊ものほとけたちがところ狭しと立ち並んでいる。

参拝者が通る外陣のスペースが狭いため、写真で見るそれは必然的に斜めからのアングルになる。したがってこれまで、仏尊群はどこか雑然とした印象を与えていた。しかし、改めて拝見すると、実に整然とした配列になっていることに気づく。中央の大日を中心とした五仏が五菩薩、五明王と対応し、かつ、すべてが大日如来のかたちを変えた現れ（応化）であることが実感できるシステムとなっているのである。

これこそが、空海が日本ではじめて現出せしめた立体曼荼羅（羯磨曼荼羅《かつままんだら》）であり、曼荼羅を三次元世界に置き換えたものであった。

ではなぜ、如来はよく知られた薬師《やくし》や釈迦《しゃか》ではなく、菩薩は観音《かんのん》や地蔵《じぞう》ではないのか。

仏像の配置は、しかるべき経典に準拠している。では、二十一のほとけは、どんなお経をもとに選ばれたのか。答えは、五菩薩、五明王、（梵天《ぼんてん》を除いた）五方天は『仁王経《にんのうぎょう》』、五如来は『金剛頂経《こんごうちょうぎょう》』である。

『仁王経』は鎮護国家《ちんごこっか》の秘法を説く経典であり、そこにはこんなことが記されている。

◉東寺講堂内の立体曼荼羅（羯磨曼荼羅）中央に五智如来、その両脇に五大明王と五大菩薩、四方には四天王、左右には梵天、帝釈天を拝する。（写真提供＝東寺、株式会社便利堂）

——動乱外寇、星宿失度、賊、火、水、風の七難に臨んで国を護り……この経を読誦すれば、自然にこれを成就することができる。

まことに著しき〝功徳《くどく》〟というほかない。ただし、経典自体は護国三部経のひとつとして空海以前からすでに知られており、珍しいものではない。ところが、空海は、ここに新たなソフトを導入することによって、従来のものとまったく異なる法会《ほうえ》へとバージョン・アップさせたのである。

そのソフトのタイトルとは、『仁王般若念誦儀軌』(不空《ふくう》訳)。平たくいえば、空海が唐から請来《しょうらい》した『仁王経』の密教版である。つまり、従来の経典の講説と誦経が中心だった護国法会に密教の呪法を加えることで、新時代の国家鎮護にふさわしい法会を実現させたのである。

それを物語るものこそ、講堂に鎮座した不動明王をはじめとする明王(降三世《ごうざんぜ》、軍荼利《ぐんだり》、大威徳《だいいとく》、金剛夜叉《こんごうやしゃ》)群(国宝)である。今でこそ密教寺院でよく見る五明王だが、実はここに安置されているものが本邦初お目見えだったのである。

四天王は見慣れていた九世紀の人も、明王の形相《ぎょうそう》には度肝を抜かれたことは疑いない。火炎《かえん》を背負った多面多臂《ためんたひ》の異形な姿。手にした武器とともに見るものを射抜くいくつもの玉眼《ぎょくがん》。その忿怒《ふんぬ》の表情――以後数多くの明王像が日本で象られることになるが、やはりオリジナルに勝るものはないと思わせる。「そういえば大威徳の足は六本だったか」などと、写真とは違った角度から見ることで仏尊を再発見する楽しみもある。

中枢の如来グループの由来を語る、もう一方の『金剛頂経』は、大日如来の智慧《ちえ》の展開を説いた教えである。五如来は、密教の到達点とされる五つの至高の智慧(五智《ごち》)を象徴するもので、二次元の金剛界曼荼羅では、中心部の「成身会」に描かれているものである。その中尊の金剛界大日が結ぶ印は、一切の煩悩を破り、智慧の堅固さを象徴する「智拳印《ちけんいん》」であった。

この二十一尊に込められた空海の意志とは何だったのか。おそらく、呪術祈禱の効験をアピールする一方で、そのすべては大宇宙の根源である大日如来に収斂するという、「純粋密教(純密《じゅんみつ》)」の一大プレゼンテーションではなかったか。

ちなみに、この寺院の正式名称は、「金光明《こんこうみょう》四天王《してんのう》教王《きょうおう》護国寺《ごこくじ》秘密伝法院《ひみつでんぽういん》」である。金光明とは、『仁王経』と同じく鎮護国家の経典である『金光明経』に由来し、その経典に登場するのが四天王であった。秘密伝法院とは、この寺を空海が真言一宗の寺として他宗の僧の雑住を禁じ、密教付法の拠点としたとされていることを物語っている。

❖

死後一千百数十年経た現代になって、空海の痕跡が次々明らかになろうとしている。

「東寺の国宝仏像頭部に「仏舎利《ぶつしゃり》」——講堂に安置されている不動明王像（国宝）の頭部に、仏舎利（釈迦の遺骨）を入れたとみられる金属筒が埋め込まれていることが、エックス線撮影で分かった」

「京都大の根立研介助教授の話『仏舎利納入は、仏に魂を入れるためと考えられる。今回の不動明王像など平安初期の東寺の仏像が、仏舎利が入れられた仏像としては現存する最古のものだろう。仏舎利は造像時に納入されたと見るのが妥当で、弘法大師が納入に関わっていたとみられ、興味深い』」（京都新聞一九九九年九月二十一日付け）

空海によって唐からもたらされた八十粒の仏舎利は、自ら記した「御請来目録《ごしょうらいもくろく》」によって広く知られている。それらは「東寺舎利」と呼ばれ、奈良時代に鑑真《がんじん》によってもたらされたものに続き、舎利信仰のルーツとなっている。いわば、創始者ブッダに直結する仏教最重要の呪物なのである。とくに「東寺舎利」は、最秘奥の修法である「後七日御修法《ごしちにちみしほ》」にて礼拝され、それが収められた容器は、ときの天皇しか封を解くことが許されていなかったという。実はここからさまざまな謎めいたエピソードや秘説が生まれるのだが、それは後述したい。

また、講堂からは空海自ら護摩《ごま》を焚《た》いた跡とみられる遺跡も発見されている。

「平成の修理も終盤を迎えた平成十二年三月二十一日、大日如来の台座の下を直径二メートルの範囲で掘削していると、現在の須弥壇《しゅみだん》から下へ約九十センチのところに創建当時の須弥壇があらわれた。さらに、そこには窪みがつくられており、薄い木を焼いた跡が発見された。当時創建以来の大発見だった……」

「大日如来像の台座の中心である。ここは東寺のほぼ中心にあたる。ここで護摩を焚くというのは、特別な意味が込められていたのだろう」（『東寺の謎』より）

確かに東寺は、平安初期の空海密教の秘密を今もとどめるタイムカプセルといえそうだ。三浦氏のいう「国宝には国宝

◉東寺の御影堂。高野山と同じく、ここでも毎朝空海の御影に膳が捧げられている。そして壇行事職は舎利袋を手にして参詣者の前に現れ、一人ひとりの額に舎利袋をあてる「御判」を行う。これを受けると無病息災などのさまざまな利益が得られるという。

◉東寺境内の鎮守幡宮。『行状絵詞』では、東寺創時に薬子《くすこ》の変の平定を祈り、このとき八幡神の姿を感得し、その姿を紙に描き取ったという。現在それを刻んだ秘仏の八幡神は御影堂にて秘蔵されている。

級の謎がある」という言葉は確かにまちがいない。

❖

本書では、もうひとつの「東寺の国宝の謎」に注目したい。

それは現在、東寺西院の御影堂《みえどう》（やはり国宝の弘法大師像を安置した、京都の大師信仰のメッカ）にある。長く秘蔵され、一般人はおろか、東寺の僧ですら拝することは叶わなかったという謎の木像である。

その国宝の名は、「八幡三神像《はちまんさんじんぞう》」であった。

現存する日本最古の神像とされる東寺の八幡神（八幡大菩薩）像は、美術史的にもきわめて重要な傑作といわれている。が、ここで注目すべきは、空海が感得《かんとく》し、自らの発願で製作されたのが、ほかならぬ八幡神だったことにある。現存する神像が空海自刻のものではないにせよ、九世紀後半、平安初期の作品であることはまちがいないといわれる。

東寺の縁起や歴史を記した文書では、神像の由来をこう述べている。

「東寺草創に当たり、帝都鎮護のために八幡宮を勧請したが、このときは神体を安置するに至らず、弘《こう》仁《にん》年中（八一〇～八二四）に社壇を建立して再び勧請した。その際、空中に影現した八幡三所の御影を空海が紙形に写し取り、後に木像に刻んだ。その木像は、僧形《そうぎょう》・女体・俗体であったという」（『東宝記』）

ここでいう八幡宮とは、現在、境内の南西、灌頂院《かんじょういん》の手前にある鎮守《ちんじゅ》八幡である。『弘法大師行状絵詞』によれば、弘仁元年、ときの嵯峨《さが》天皇より当時世情を揺るがせた「薬子《くすこ》の変」の鎮圧のための方策を下問された際、空海は「すみやかに、八幡霊神を都の中に鎮座さるべし」と勧め、一心に祈請したところ、空中に八幡神が現れたというのである。結果、薬子の変は無事平定され、「今に至るまで、天子は、ひとえに弘仁の聖主（嵯峨天皇）の子孫であることは、八幡霊神の加護のしからしむるところである」（『絵詞』）と伝えられている。

神像の不思議は、その材料にもあった。

「この三体の神像は、最近の調査で一本の巨大な檜《ひのき》材からつくられていることがわかった。とともに、ふしぎな事実が判明した。三体の神像は、かなり朽ち果てた一本の古木に彫られたものだ、というのである」（『東寺の謎』）

古木であったことは、顔や肩、胸などの部分に別材を用いて補っていることからわかるという。檜材であれば、材料に困ることはあるまい。それでもあえてその古木を使用しなければならなかった理由があるはずである。神木や霊木の類いであったと考えるのが自然だろう。

ではどこの木だったのか。一説には、故郷の現善通寺境内から運ばれたものだともいわれている。先に、空海の生地が日の光を覆うほどの楠の生い茂る地であることを見てきた。またそこには氏神である佐伯八幡が鎮座していたということも知っているが、檜は檜、楠は楠である。そこにどんな空海の思いが込められているのだろうか――。

境内の売店にて購入した『大師のみてら東寺』という参詣案内の裏表紙を何気なく見やると、実に驚くべき文言が記されていた。

東寺の正式名——

金光明四天王教王護国寺秘密伝法院　又は

弥勒《みろく》八幡《はちまん》山《さん》総持《そうじ》普賢《ふげん》院《いん》

前者は先述のとおり、よく知られた名称である。ところが後者はまったくの初見である。それが意味するところは何か。ここには一般に知られる「教王護国寺」とは別の顔が隠されているというのだろうか。

❖

　空海が唐より帰国後、晴れて入京した大同四年（八〇九）、そのとき空海が向かった場所は、高雄山寺《たかおさんじ》つまり現在の神護寺《じんごじ》であった。空海が京都の拠点に定め、もっとも長くとどまったのがここである。京都の中心地から約十キロ。洛西の周山街道に入ってほどなくすると、山と渓流が織りなす別天地にたどり着く。高雄のバス停からゲンジホタルの生息地として保護されているという清滝川へと下り、朱塗りの橋を渡るともう神護寺の参道である。

　川によって結界された修禅《しゆぜん》の地——それがこの寺の第一印象であった。山の中腹までつづく石段の途中には、硯石《すずりいし》なるものがある。かつて空海が、この石で墨をすり、虚空に筆を走らせて、対岸の立石に置いた額に揮毫《きごう》したという。〝五筆和尚〟と呼ばれた空海ならではの伝説だが、それは増水したら使いの者もここを渡れなかったことをも意味している。

　しかし、この一見辺鄙な場所は、名実ともに平安新仏教の誕生の地であった。

空海が入山する七年前には、最澄《さいちょう》がこの寺にて南都《なんと》の高僧らを集め、はじめて「法花会」を行っている。それは単なる『法華経《ほけきょう》』の講説イベントではない。恒武《かんむ》天皇によって開かれた新都の宗教政策を担う、最澄の一世一代の晴れ舞台であった。

ところが、入唐を挟む七年の月日は、空海と最澄の立場を変える。

嵯峨天皇の御世となった弘仁元年、空海はここ高雄にて鎮護国家の修法を行うことを上奏している。先述した「薬子の変」で皇室が大混乱していた時期である。密教祈禱の法験で国を護る役目を担うのは、密教を完全に我がものとした自分以外にない——そう空海が宣言したことにほかならなかった。それは同時に、空海が日本の歴史に登場する最初でもあった。

風格漂う山門をくぐると、急に視界が広がった。山腹を切り開き、均した境内は、堂々たる山上伽藍という風情である。ここでは俗塵のかわりに木々の彩りが変わらぬ自然の営みを伝えている。なるほどここが、空海の愛した光景だったかと納得する。

国宝・重文の寺宝は多いが、白眉はやはり本尊の薬師如来立像

◉紅葉の名所として知られ、山上の閑寂な趣きを漂わせる神護寺《じんごじ》境内。

◉正式名称でいう神護国祚真言寺《じんごこくそしんごんじ》の仁王門。清滝川を渡り、石段を15分ほど登ると、ようやくこの山門にたどり着く。もとは和気《わけ》氏の氏寺だったこの地を空海は愛し、もっとも長く住した。

だろう。どちらかというと静的で慈悲深き表情が持ち味の如来像の中では、異質な尊像といえる。つり上がった眉の下に光鋭い眼光、への字に曲げた唇を突き出すその表情が、見る者を威嚇する。でっぷりと肉付きの良いプロポーションでやや左腰をくねらせた立ち姿は、能動的ですらある。それは願主《がんしゅ》である和気《わけ》氏の事情と時代の緊張がないまぜになって生み出した造形にちがいない。

山内には和気清麻呂《わけのきよまろ》の墓所あることが示すように、神護寺は和気氏の菩提寺《ぼだいじ》というべき寺であった。清麻呂といえば、天皇の座を狙った怪僧・道鏡《どうきょう》の狙いを挫かせた宇佐八幡神《うさはちまんしん》の託宣《たくせん》を引き出し、平安京の造宮太夫《だいぶ》として辣腕を振るった人物である。以来、その子孫は「宇佐使」に任じられ、八幡神のお告げを朝廷に伝える役目を担っている。神護寺の前身となった和泉の神願寺も、八幡神の託宣により造立された寺だった。

実に奈良から平安に至るこの時代、世の帰趨を決する重要な場面で、八幡神の存在がしばしば浮上している。その鍵を握っているのが宇佐使である和気一族だったのだが、嵯峨天皇の御世になって、和気氏がパトロンとなって支えたひとりの僧が、八幡神

◉神護寺金堂。本尊は国宝の薬師如来。慈悲の眼差しを向ける天平仏《てんぴょうぶつ》と異なり、能動的で森厳なる力に満ちたその像は必見である。その両脇には日光《にっこう》、月光《がっこう》菩薩が静かに控えている。

◉帰国後の空海の活動拠点だった神護寺に残る大師堂。境内で唯一応仁の乱の兵火を逃れ、重要文化財に指定されている重厚な佇まい。板彫りで正面を向いた珍しい作例の大師御影を安置。

に深く関与したことはあまり知られていない。

いうまでもなく、本書の主役である空海の八幡神との交渉を物語る遺物が残されていた。

ここ神護寺にも、空海が八幡神（八幡大菩薩）を描いたふたつの画像が存在し、その名も「互《たがい》の御影《みえい》」という。実に八幡神が空海を、空海が八幡神を描いたふたつの画像が存在し、現在その写しがセットになってひとつの箱に収められているというのである。伝説では、空海が唐からの帰国の途上、お互いの像を描くことを約束し、ここ高雄の地でそれを実行したのだという。

興味深いのは、空海は高雄山に入った大同四年から弘仁元年にかけてその像を描いたといわれているのだが、それは、先の東寺における八幡神の感得とほぼ同時期にあたっていることである。

このふたつのエピソードは、もとは同じ出来事を意味したのだろうか。それとも高雄で感得した像を東寺に勧請したのだろうか。あるいは、高雄山寺における護国修法に先立つ出来事が、『行状絵詞』に見える八幡影向譚《ようごう》だったと理解すべきなのだろうか。

もとより、伝説と史実をむりやり接合させる必要もないだろう。重要なことは、東寺・神護寺双方に空海と八幡神を結び付けるモチーフの伝説が存在し、それを物語る文化財が遺されているという事実である。しかもそれらが空海の時代とそう離れていない時期に造られ、ともに長年秘されているということである。

このことは、どう理解すればよいのだろうか。

空海は弘仁元年のうちに東大寺別当《べっとう》を、翌年には乙訓寺《おとくにでら》別当を相次いで任命されている。高雄山寺での護国修法ののち、嵯峨天皇の空海への傾斜、依存がますます高まったことがうかがわれる。それにしても不可解である。東大寺は常住の必要はなかったからまだしも、なぜ高雄に腰を落ちつけたばかりの空海に、乙訓寺に住職せよというのだろうか。

今は住宅地の一角にひっそりとした佇まいを残している乙訓寺だが、その歴史は古い。創建は太秦《うずまさ》・広隆寺《こうりゅうじ》と同時期の七世紀初頭といわれ、その前身は六世紀前半の継体《けいたい》天皇の宮跡にまで遡るという。

歴史的には、恒武天皇が奈良からの遷都を決意したとき、最初に都を構えた「長岡京」の主要寺院として

◉乙訓寺《おとくにでら》本堂。継体天皇12年(518)当時の宮跡ともいわれ、長岡京遷都にあたって鎮護の寺として重視された歴史を誇る。早良親王《さわらしんのう》事件以来荒廃した寺域の復興を担ったのが、ほかならぬ空海だった。

◉乙訓寺境内の幡社。

その名が知られている。

空海がここに来なければならなかったわけを考えると、どうしても空海の入る二十五年ほど前の、ある出来事を想起せざるをえない。ここ乙訓寺を舞台に起こった、「早良親王《さわらしんのう》の幽閉・憤死」事件である。

ごく簡単にいえば、貴族皇室を巻き込んだ陰謀劇のすえ、時の有力者、藤原種継《ふじわらのたねつぐ》が謎の死を遂げたことが発端であった。そこで種継と対立していた早良親王に嫌疑がかけられ、乙訓寺に幽閉されたのである。無実を訴えた親王は食を断ち、淡路へ移送される途中で絶命したという。ここから、恐るべき怨霊事件が都を揺るがすことになる――。

境内に牡丹の花が咲き誇ることで知られるこの寺のどこに、そんな秘史の爪痕が残されていようか。とりあえず本殿を参拝し、境内を一瞥してから、帰途につくついでに売店兼受付に寄る。ふと、老住職の座っている場所越しに額縁に入った見慣れぬ版画が見える。

「あれは何ですか?」と聞く。

老住職は「ああ、これ?」といいながら、おもむろに答える。

◉乙訓寺の秘仏本尊を版刻した八幡菩薩、弘法大師合体尊像。その顔は空海とは異なる老僧であり、僧形でしかも菩薩の荘厳を身にまといながら、持物は空海のそれという、ほかでは見られない異形な姿で描かれている。

「合体大師像いいましてな、八幡神とお大師さんが合体してますのや……首から上が八幡さん、首から下がお大師さんと言われとります」

一瞬声を失った。そんな尊像があるとは聞いたことがない。もちろん知るかぎり類例もないはずだ。話によると、秘仏になっており、調査の手も入っていないという。「調べれば国宝級のもの」といわれているというが、住職ですら拝することのない尊像の詳細は不明というしかない。そこで、当寺でお参りの人に授けられているという「厄除け合体像」をいただくことにする。寺伝ではその由来をこう伝えている。

「空海がここで自分の像を彫っていると、翁姿の八幡大神（大菩薩）が現れ、『力を貸そう。協力して一体の像を造ろう』と告げ、大神は大師をモデルに首から下、大師は大神をモデルに首から上をそれぞれ彫った。出来上がったものを組み合わせると、寸分の狂いもなく、ふたつの像は合体した――」

お札《ふだ》の絵柄を見れば、確かにその顔はいくつか作例のある正面からの僧形八幡画像にちがいない。そして、右手に五鈷杵《ごこしょ》、左手に数珠《じゅず》を持っている姿は大師像の典型である。

東寺では、空海が感得したという八幡神像の存在を知る。

神護寺では、空海と八幡神がお互いの肖像を描いた「互の御影」なるものと出会う。

そして乙訓寺では、「合体像」の存在が明らかになるのである。偶然にも、取材紀行を重ねながら、空海が八幡神と出会い、交渉し、ついには合体していく様を追うことになってしまったようだ。もちろん、歴史的事実は別にあったのかもしれない。製作年が明らかでない以上、乙訓寺の像は空海の時代なのかどうかもわからない。

しかし、弘法大師空海とは何者だったのかという問いを追求するにあたり、八幡神（大菩薩）というファクターは欠かせまいという思いは、ますます強くなった。それにしても、このことについて多くの空海関連の資料、書籍が沈黙しているのはどういうことか。とるに足らぬフィクションだと一蹴《いっしゅう》してしまったのか。あるいは、密教の始祖が唱えた「純密」を汚すことになると、意識的に見ないようにしてきたためだろうか。

【第三章】

密厳国家への道

日本への帰還

空海は唐で、遍照《へんじょう》金剛として生まれ変わった。より正確にいえば、現世にて生身の人間のままで大日如来の仏位を得た。とはいえ、空海の人生はまだ終わるわけにはいかなかった。秘密仏教の法門がその身に託されたからである。生涯唯一の師の遺命は、「急ぎ本国に帰って法を弘めよ」ということであった。

その声に応えるかのように、日本から一艘の船が到着する。

日本に持ち帰るべき曼荼羅や法具の購入、経典の書写などに膨大な費用をかけねばならなかった空海にとって、残った持ち金はいくばくもなかった。すべてを授かった空海にはもはや唐に残る理由を見出しにくくなっていた。しかし、帰らんと欲しても自分の意志で帰還できるものではない。それは渡航の手段も機会もないということにとどまらず、留学生の身柄が皇帝の保護のもとに置かれていたという事情もあった。つまり、しかるべき筋を通して皇帝に帰国を願い出、許可されることなしに出国は叶わないのである。しかも、滞在期間は二十年と定められていた。

そうなれば、遺命を果たすどころか長安の地で老いてしまうほかないではないか……。

そんな折も折、前年に即位した皇帝・順宗への慶祝のメッセージを携えた使節が日本からやって来たのである。何というタイミング。使節側の事情はともかく、空海にとってそれは、恵果の遺命を果たすべく差し向けられた船にちがいなかった。さっそく遣唐大使の高階遠成《たかしなのとおなり》に、帰国の嘆願書を提出。空海の驚くべき運の強さはまだ続いていた。

伝説ではこんな話が伝わっている。

――帰国船の乗船にあたって、空海ははるか海の向こうの日本に向かって祈った。

「われに伝授された秘密の教法を弘めるにふさわしい場所があれば、今投げんとする三鈷杵《さんこしょ》よ、われより先に日本に至ってその場所を示すべし」と。

空海は三鈷杵を投げた。その金色の密教法具は、インドの龍猛から中国にて不空、恵果と相伝された伝法の印璽《いんじ》である。三鈷杵はたなびく紫雲の間に吸い込まれ、そのまま雲に運ばれ海の向こうに消えていったという。空海との別れを惜しんで集まっていた道俗らは、その奇瑞に驚かない者はなかった。

伝説は、このとき投げた三鈷杵が霊場・高野山に至ったことを告げ、高野山が空海にとって有縁《うえん》の地であったこと、そしてその証拠となる遺跡こそ、山内の壇上伽藍内

◉唐の浜にて、日本に向けて三鈷杵を投げる空海。(「弘法大師行状絵伝」法楽寺蔵)

に今も残る「三鈷の松」であったことを記している。伝説がなにがしかの史実を反映するものであれば、その素材は空海がのちに記したこんな内容の手紙に由来するにちがいない。

この空海、大唐から帰朝の折り、海上でしばしば漂流の難にあい、しばしひとつの誓願をたてました。それは無事帰朝のあかつきには、必ずや諸天（の神々）の威光をまし、国界を擁護し、衆生を利益救済するために、修禅のための一院を建立して、仏法による修行を行いたい。願わくは、善神われを守りたまい、早く本国に着岸せしたまえ、というものでありました。

（『高野雑筆集』）

この手紙は、帰国より九年ほどのちに、「高野山を修禅《しゅぜん》の処として乞う」手紙の中に見える文章である。つまり空海にとって高野山の建立は、帰国時の誓願を果たすことを意味していたのである。ではその誓いとはだれに対してのものだったのか。右の文章には、こんな注目すべき文章が続いている。

こうして神々の霊験が明らかとなり、無事に日本に帰ることができました。……もしもこのときの誓願を果たさなければ、神祇《じんぎ》をあざむくことになりましょう。

仏教で「善神われを守りたまい」といった場合、その神は四天王や仁王といったいわゆる仏の守護神（護法善神）を想像させるが、神祇というからには、それは日本の国土を統《す》べる天神地祇を指すと見なすほかない。先の「諸天」という表現も、インドの神に由来する天部の諸尊ではなく、仏教に帰依した神祇と考えたほうが以下の文脈から見てもすんなりと理解できる。つまり空海は、密教求法の旅の守護を日本在来の神々に託しただけではなく、請来した教えを実現するための寺院を建立することは、「国界を擁護し」、「諸天（の神々）の威光をます」ことと考えていたことがわかる。

この一連の記述には、カミと空海をめぐる無視できない問題が含まれている。

日本出国の時点では、航海技術の未熟もあり、自らの命運を神仏の加護に委ねるという、いわば〝困ったときの神頼み〟的なモチーフだったとも考えられる。それは、大使・藤原葛野麻呂のために代書した願文に「神仏の冥護によらなかったならば、どうして天皇より命を受けた任務を遂げることができようか」と記していることでも明らかである。

ところがその関係は、帰国時に一変している。つまり、自ら請来する密一乗の教えによって日本の天神地祇を利益するという誓願へと変わっているのである。それは、密教の教主となった空海の、精神的な権威の発揚であった。つまり、日本という一ローカルを統べる神祇のはたらきを、国の枠を超える普遍的な仏法で保証しようというのである。ここには、仏法に帰依するカミという、この時代の神仏習合の考え方が色濃く反映されていることはまちがいない。

しかし、空海と神祇との間にあったのは、そんな一般的なものではなく、もっと主体的な一体一の契《ちぎ》りだったようにも思える。でなければ、「誓願を果たさなければ、あざむくことになる」という表現にはならなかったのではないだろうか。

では、その〝密約〟は、どのカミに対してのものだったのか。

カミとの密約

『弘法大師行状絵詞』には、その解答とおぼしき伝説が載っている。

前章で、空海が入唐前に香春大明神に航海安全の祈願をした際、香春の神より「聖人の入唐に付き従って安全を警護すべし」という託宣を賜ったことを述べた。九州博多の港に無事降り立った空海は、太宰府の庁舎にて『御請来目録』を記してそれを高階遠成に託した後、再び香春大明神のもとを訪れている。

そのこと(託宣)を忘れなかった大師は、帰国のときに香春大明神に参拝した。社前にぬかずき、あたりを見まわすと、奇岩が剝き出しの岩山ばかりで、草木は一本も生えていない。

「社というのは、深い木立に覆われた社があってこそ、森厳の気に打たれるもの。木の一本もない社というものがあろうか。わが法力によって、樹木を繁茂させまいらすべし」

大師はそう言うや、灑水器《しゃすいき》にたたえた香水《こうずい》を加持して、岩山のあちこちに散布した。すると、たちまちにして霊験が現れた。一本、二本と生えだした木は、やがて万本にも達した。桜は万朶《まんだ》の花をつけ、昼なお暗い木立の杜《もり》が現出したのである――。

伝説とは、いわば枝葉の情報に首尾や尾鰭がついたものだとすれば、この話から引き出せる事実はさほど多くないのかもしれない。重要なことは、挿話のモチーフは何だったのか、なぜそんなエピソードが挿入されていたかにある。仮に空海その人の何らかの事跡を反映したものとすれば、ごくシンプルに、出国時に行った航海安全の祈願に対する報賽《ほうさい》、つまり御礼参りを行ったということであろう。そういう意味では、無事帰国できたという事実によってエピソードは完結している。

ただし、少なくとも六世紀ごろには筑紫から豊前に至る一帯を支配していた新羅系の渡来人氏族、つまり秦王国の聖地と空海が何らかの縁を持っていたのではないかという想像は許されよう。

この想定は、刺激的かつ魅力的なものがある。

先述したように、この地は奈良時代には銅の産出で知られており、当時の先進技術と情報が集積するセンターだった。日本史でいう仏教公伝以前から私的に仏教がもたらされていたと考えられ、それらが道教的なシャーマニズムや呪術と相まって独自の文化を形成していたことは、『日本書紀』に見える「豊の国の奇巫《あやしきかんなぎ》」や「豊国法師」などの巫医の存在で明らかである。その地の神と結縁《けちえん》し、神域の杜を繁らしたという象徴的な表現は、先の「諸天（の神々）の威光をます」という誓願と響き合うように思える。

もっと具体的に、筆者は、空海が唐を離れる前に急ぎ求めたもののうち、仏教の経典や論書以外の書、つまり「卜《ぼく》（占術）、医（中医学）、五明《ごみょう》（インドの五学）収摂の教え」を、入唐の際に資金を提供したスポンサーにもたらしたのではないか、という淡い想像もしている。ちなみに五明とは、声明（文法学）、工功明（工学、科学）、医方明（医学、薬学）、因明（論理学）、内明（仏教学、ヴェーダ学）

◉香春社前にて、入唐時の冥護に感謝した空海が加持香水の修法を行うと、樹木の枯れた境内に草木が生い茂った。（「弘法大師行状絵伝」法楽寺蔵）

という、インドの知の大系である。これら中国・インドの叡知を空海が持ち帰ろうとしたのは事実だが、実はその消息は帰国後に朝廷に提出した『御請来目録』のリストに挙げられていないので不明である。もしそれらがスポンサーに向けたものであれば、莫大な入唐資金の出所が想定できるのかもしれず、空海の背後にあったコネクションも明らかになるのかもしれない。しかし、謎めいた伝説のみで具体的な情報がまったくない状態では、これ以上の詮索はできない。

一方、ここで述べた北部九州の習合的な宗教風土の中から生まれ、この半世紀ほど前に突如歴史上に浮上したあるカミとの〝盟約〟のほうは、空海伝の後半生に影のように付きまとう存在として注目しておく必要がある。

いうまでもなく、八幡神である。『弘法大師行状絵詞』には、こんな記述がある。

かつて大師が唐土から帰国の際に、海上に八幡大菩薩が影向して「なんじをつつがなく日本の国に送り届けよう」と託宣した。このとき、八幡大菩薩は空海の画像を、空海は八幡大菩薩の神体を描き、それぞれが所持することを盟約した、という。

この盟約は、空海が山背の高雄山寺(のちの神護寺)に入ったときに果たされたとされ、その画像が現在、「互《たがい》の御影」として神護寺に伝わっているのだが、それは同寺の寺伝にとどまらず、東寺や乙訓寺、高野山に伝わっている八幡神との因縁譚の端緒となるエピソードである。伝説や寺伝、古文書ではこのように繰り返し八幡神が登場し、空海と「向き合う」というモチーフが現れるのだが、空海自身の文章にこの神のことを触れた記述が一切ないため、現在の実証史学にもとづく空海伝ではほとんどカットされている。

しかしここで筆者が空海と八幡神にこだわるのは、先の空海真筆『高野雑筆集』に見える「願わくは、善神われを守りたまい、早く本国に着岸せしたまえ」と祈願した相手にもっともふさわしいのは、八幡神をおいてほかにないと思われるからである。

では、なぜ誓願の相手は八幡神でなくてはならなかったのか。

理由は、この神のもつ特殊な性格による。

八幡神のまたの名を八幡大菩薩という。まぎれもなく日本発祥の神祇でありながら、菩薩と名付けられていることに注目したい。これは先にふれた「仏法に帰依するカミ」という奈良時代末期から平安初期にかけての神仏習合思想の深まりにともなって発生した現象であった。菩薩と呼ばれたカミの前例としては、八世紀後半に「今ねがわくば永く神身を離れんがために三宝《さんぼう》に帰依せんと欲す」と託宣を下した多度《たど》大神（多度大菩薩）があるが、八幡神の場合は仏教に帰依するのみならず、仏道を守護するカミという属性を持つようになるのである。

その大きな画期となったのは、七四九年、聖武天皇の発願による東大寺の大仏の造立に際して「日本の天神地祇を代表してそれを守護する」という託宣を下し、華々しく奈良に入京を果たしたことにあった。これによって八幡神は仏教を守護する「護法善神」と位置づけられるようになり、空海のこの時期、つまり九世紀初頭に「大自在王菩薩」、「八幡大菩薩」という菩薩号が贈られている。大自在王とは、ヒンドゥーの最高神シヴァを意味する大自在天という名称に通じる。大自在天は、密教の護法神として曼荼羅に取り込まれることになったのだが、それと同様の護法善神でありながら、かつ天部ではなく菩薩の名称が与えられているところが特徴的である。ちなみに弘仁六年（八一五）には、嵯峨天皇によって「護国霊験威力神通大自在菩薩」とまで称されている。その名前を見れば、この神がどのように見られていたかもはや説明不要だろう。その経緯にはなんらかの形で空海も関与しているかもしれないが、残念ながらそれを示す記録は残っていない。

帰国の船上で八幡神に影向したという伝説は、一般に知られている東寺鎮護の神としての八幡神との因縁をここに設定したという、伝承者による作為だと見るのが大方の解釈だろう。何より空海自身、八幡神をはじめとする神祇に対して具体的に言及していない以上その真意を確認するのは不可能である。

それに反して、伝説はここに多くの情報を与えている。『高野見聞秘録集』では筑紫にて八幡大菩薩が日輪を頂く姿で影向し、守護を誓ったとあり、『山家要略記』所収の「真済僧正記」には、渡海にあたって大師みずから法形《ほうぎょう》の八幡神像を図絵し、頸《くび》に懸け乗船したという記事を載せている。史実かどうかはさておき、伝説がこのモチーフを見逃さないのは、新都平安京をめぐる時代状況から考えても、八幡神の託宣神としての性格と空海のシャーマン的資質とを併せて考えても、その出会いが空海伝を彩る一風景として実にふさわしかったことを物語っている。

そしてそれらは、ある程度事実を反映したものと考えてもよいのではないか。宗教史家の村山修一氏は「八幡神と大師の接触は渡唐の際の宇佐宮参詣に始まったことは認めてよく、あるいは日輪を頂く法形像を大師が感得されるところはあったのかもしれない」と述べている。筆者もまた、先に述べた入唐をめぐる数々の奇遇と強運を背後で支えた守護神として、あるいは後述する密厳浄土建設の構想にかかせない守護神として、空海は以後も八幡神をたのみにした——そういう想定は、十分ありえる話だと考えている。

空海と八幡神。両者を対比的に要約すればこうなる。

密教の教主として、国家を鎮護し、衆生を救済するという大願を果たすために神祇に接近した空海。

天神地祇を代表し、仏教による国家鎮護に寄与する護法善神として、新来の仏教に接近していった八幡神。この両者が「向き合った」というモチーフは、以後千二百年もの間平安京を存続させた知られざる背後力学として、もっと知られてもよい出来事だといえるのではないか。

『御請来目録』

空海の歩みに戻る。

帰国後の空海がまず行ったことは、留学成果の報告書というべき「新たに請来せる経等の目録を上《たてまつる》の表」の起草であった。一般にいう『御請来目録』がそれである。

一留学生という身分でありながら、密教の体系を丸ごと日本にもたらした空海の驚くべき成果は、以下の請来物のコンテンツを一瞥すれば一目瞭然であろう。

一、新訳などの経すべて百四十二部二百四十七巻……うち大部分を占める百十八部百五十巻は大広智不空《だいこうちふくう》三蔵新訳の密教経典や修法儀軌《ぎき》、ほかに、般若《はんにゃ》三蔵から伝授された華厳経の密教バージョンである『新訳華厳経』、護国経典の『主護国界主陀羅尼経《しゅごこっかいしゅだらにきょう》』など。

二、梵字真言讃などすべて四十二部四十四巻……恵果《けいか》から面授されたサンスクリット語の真言、仏菩薩への讃嘆文、修法儀軌類など。

三、論疏章《ろんそしょう》などすべて三十二部百七十巻……経典理解のための論書、注釈書など。

——以上の三種、すべて二百十六部四百六十一巻。

四、仏、菩薩、金剛天等の像、法曼荼羅、三昧耶《さんまや》曼荼羅、ならびに伝法阿闍梨などの影、ともに十舗……うち曼荼羅は五種類二十三幅、祖師像が五種類十五幅。唐の皇帝供奉《ぐぶ》の画工によって描かれたもの。

五、道具九種……朝廷の鋳《いもの》博士に鋳造を依頼したいわゆる密教法具。「仏の智慧を観ずる端緒はこの金剛杵《こんごうしょ》を受持頂戴《じゅじちょうだい》することからはじまります」と空海は述べている。

六、阿闍梨などの付嘱《ふしょく》物十三種……金剛智《こんごうち》がインドからもたらし、不空、恵果へと受け継がれた「伝法の印信であり、生きとし生けるものの帰依すべき」宝物。これをもって正嫡《せいちゃく》の密一乗の法王たることを証明する。なかでも金色の一粒を含む仏舎利八十粒は、仏の呪力を凝縮した重宝と見なされる。

その請来物はおそらく帰国の船を満載にしたと思われる。まさに「虚《むな》しく往きて、満ちて帰る」という形容にふさわしい充実ぶりであった。質的にも、「あるものは最近の訳でまだ我が国に伝えられてはいませんし、あるものは旧訳で名称は知られているものの実際は欠けていて、古人がまだ伝えていないもので、それもほぼこの中にあります」と空海が自賛するに十分値するものであった。この文章からは、その量もさることながら、やみくもに収集したのではなく、過去に請来されていた経典を入唐前に調べ尽くしたうえで、不空訳のものを中心とした新来の密教経典と必要な什器を持ち帰るという、明確な目的意識をもったものだったことを知ることができる。

一般に『御請来目録』と呼ばれるこの上表文の中で、空海は真言密教とは何か、それがいかにこれまでの顕教とは比べものにならないほど有用なものであるかを、簡潔な文章の中に明快に述べ、その意義を高らかに宣言している。その興味深い表現を以下抜粋してみたい。

仏法の世界は本来一味ではありますが、人の機根にしたがって教えの深浅が生じます。機根によって五つの教え(五乗)があてがわれ、器量によって頓《とん》(すみやかな成仏)、漸《ぜん》(長き修行を要する成仏)が生まれます。また、頓教のなかに顕と密があり、そのまた密蔵のなかに源《みなもと》と派《みなまた》(枝葉)があります。古《いにしえ》の法匠は末派の教えに泳ぎ、枝葉を攀《よ》じ登っていました。ところが今、私の伝えた教えは両部の根源を究めたものです。……成仏の遅速と勝劣は、ちょうど神通力の速さと足の悪い驢《ろ》馬《ば》の遅さとに似てます。最勝の法を求める方には、願わくはこの趣をさとっていただきたい。

入京する高階遠成《たかしなのとおなり》に託されたこの上表文を読めば、どんな者でもその内容に驚愕したはずである。その噂は宗教界に一気に伝わり、その幹部たる僧綱たちは青ざめるか狂喜するか、いずれにしても騒然となっておかしくないほどのインパクトだった。一般には無名の僧にすぎなかった留学生が、これまでのような修法テキストである儀軌、陀羅尼の断片ではなく、その価値が不明なままでもたらされた未整理の経典としてでもなく、真言密教という新仏教の体系をそっくり請来したというのである。しかも、従来の仏教は病において対症療法を施すがごとき表面的な教え(顕教)にすぎず、我のもたらした教えこそは、速疾に効き目を顕す特効薬のごとき秘法であると喧伝したのである。しかも、自分こそは、その秘密の法門の正嫡の印信を頂戴した者にほかならないというのである。

しかし、その文書の到着後も入京の命令が下されることなく、空海は長安ですごした時間以上をこの筑紫の地にて送らねばならなかった。そして彼自身も沈黙の時期に入る。『目録』を進献したのが大同元年(八〇六)十月二十二日で、入京し高雄山寺に入るという形で次に記録に現れるのが大同四年の七月十六日。三年近くの間、空白の期間が訪れるのである。

再び空白の期間

空海とその法門は黙殺されたのだろうか。

そのあたりの事情は、政治情勢の変化と無縁ではない。空海帰国の半年ほど前に桓武天皇が亡くなり、平《へい》城《ぜい》天皇が即位。新皇は、進取の気風に富み、密教になみなみならぬ関心を寄せていた前皇のカラーを払拭することに躍起になっていたと見える。たび重なる東国出兵、新都の建設、最澄を表看板に押し立てた仏教政策……急速な自己膨張を続けてきた政権の後に反動と停滞が訪れるのは、歴史の常といえなくもない。

加えて、この国の権力層の間では、奈良時代末から続く精神的ストレスが政権運営を脅かすほどに蝕んでいた。この間都は、有力な貴族層が皇室との姻戚関係を通じて権力争いを繰り広げ、猜疑と謀略がすえた臭いを発する巷《ちまた》と化していたのである。奈良を飛び出した桓武天皇も、その内実は内紛の犠牲となった者たちの怨霊に脅え、怨念の毒から逃げるように長岡京から平安京へと遷都を繰り返してきたにすぎない。長岡京の建都長官だった藤原種継《たねつぐ》が謀殺され、早良《さわら》親王がそれに連座する形で悲憤のままに自死するという事態におよび、みずからの政権の内に怨霊の種を作ってしまったことが平安遷都の誘因だったのである。

内紛は、平城天皇が就任したのちも繰り返し襲った。

大同二年には伊予《いよ》親王の変が起こっている。またも有力貴族が皇族をそそのかした結果、親王の自害という事態へと波及したのである。しかし新皇は前任者のように遷都といったアクティブな方策を講じるでもなく、やがて神経を病んだすえに都を逃げ出し、忌《い》み穢《けが》れを恐れ、陰陽道の方違《かたたが》いの呪法によって住居を点々とするといった性格の持ち主だった。そのか細い精神は、次第に密通した妾（薬子）に籠絡《ろうらく》され、政策を蹂躙《じゅうりん》されるという結果となるのだが、いずれにせよ、新帝には新たな宗教的リーダーに着目する精神的ゆとりはなかったのである。

空海は九州に放っておかれた。しかし空海のほうも、『御請来目録』で自らをプレゼンテーションした後は、様子見を決め込んだ公算が高い。それは長安での空海の行動を見ても容易に想像できる。恵果阿闍梨に「お待ちしていました」と迎えられるまでは、安易に動かず、周到な準備を怠りなかった男である。自ら密教の法王たることを宣言した空海が、政権の行方の定まらない都にのこのこ入っていき、自分を売り込むような愚を冒すはずはなかった。

では、どのように行動を起こすべきか。

空海にとってここは思案のしどころであった。

この時代、王法と仏法という異なる次元の権威はいかに折り合っていたのだろうか。そういう微妙な問題が筆者の頭の中でわだかまっている。ここでいう王法とは世俗の政治や法を指し、仏法とは現世を超えた普遍的な教えを指す。この国の天皇は、三種の神器を継承して王位に就くが、一方空海は、法門の神器に相当する三国伝来の「伝法の印信」を携えている。少なくとも彼の頭の中には、そんな自負はあったと思われる。

日本の天皇は、現世の王でありながら、国を霊的に統べる神の直系として、精神世界の長でもあった。でありながら、奈良時代の聖武天皇は自らを「三宝の奴」と称したのである。こうして仏法に帰依する王という図式が生まれる。これと軌を一にして神仏習合という現象が生まれるのは先述のとおりである。ところがこの時代、天皇はキリスト教の法王に相当するような、王とは別の精神的権威を想定していない。かつては道《どう》鏡《きょう》や玄昉《げんぼう》といった現世の権力をも握ろうという僧も現れたが、彼らは僧でありながら権力に近づいた者であり、精神的な権威と呼べる者ではなかった。

事情は、唐においても同じだった。〝天子〟たる皇帝は、みずからと対抗する精神的権威を認めない。だからこそ、唐において密教の全盛時代を築いた不空も、皇帝に接近することで密教を弘めるという戦略を採るほかはなかったのである。しかも当時の玄宗皇帝は道教の信奉者であったため、不空は呪術の力で密教をアピールする一方、インドにはない鎮護国家という思想を創出し、宮廷内に祈禱道場を築くなどの方策を実行するようになる。が、結果は必ずしも成功とはいえなかった。不空の死後、密教の地位は道教や他宗派と同じワン・オブ・ゼムに戻ってしまったのである。

空海は、これら先人たちの軌跡に多くを学んでいたはずである。しかも入唐帰りの彼は、大都会・長安の重要人物とも面識をもち、〝世界〟を知ってしまった男だった。東国の一小国の天皇に臆するところはなかったのかもしれない。問題はおのれの立ち位置をどこに定めるか、である。とはいえ、俗世にあるかぎり、王権と拮抗するなどという発想はなかっただろう。本来空海は、仏法の法匠としてできるだけ超俗の側に身を委ねておきたかったのではないか。しかし、この国を秘密の仏法であまねく照らすためには、俗世間にも入っていかなければならない。が、ミカドに擦り寄るばかりでは不空を超える実績を残すことはできまい。といっても空海は、この時点では無名の僧にすぎない。普遍的な密一乗の教えによって「国界を守護し、衆生を利益する」という志を実現するシナリオはまだ見えていなかったであろう。

では、三年弱の空白の時間、空海は何をやっていたのか。

一般には、博多の太宰府や隣接する観世音寺に止住し、請来した経典類や道具などの整理に追われていたといわれる。確かに、瓶から瓶へ水を移すように漏れなく法を伝授し、『御請来目録』に記したごとく、その要諦は完全に頭に入っていた。とはいえ、師の恵果と接触した時間は数か月にすぎない。膨大な経典を咀嚼する時間はなかっただろう。この時期の研鑽が、後の多くの論書の執筆につながったとみられる。

その一方、根強く伝えられているのは、筑紫や豊前、さらには四国への巡錫《じゅんしゃく》・遊行《ゆぎょう》である。その流れで空海伝に残っているのが前項で述べた香春大明神への報賽《ほうさい》である。また、これらの地では大同二年の開基と伝えられる真言寺院が多いことも、その説を裏付けている。本書の冒頭に書いた国東の椿堂もこの年に空海が来訪したことを伝え、生地である善通寺の開基もまたこの年とされている。これらの伝承は、入唐した空海が一段とグレードを上げた神人となって帰還した、そんな空海と結縁したい――そんな人々の思いを反映したものだろう。しかし、あながちフィクションではないと思われるのは、（資料の信用性は不明だが）大同二年の秋に和泉国（大阪南部）の槇尾山《まきのおさん》寺に仮住まいせよ、という勅命が下ったとされていることである。そして大同四年七月、入京の勅許が届いたのもこの槇尾山寺といわれている。とすれば、宇佐から四国へ陸伝いに東上し、これらの地を訪れた可能性は十分ある。またその行程を考慮すれば、のちに満濃池修築にあたって空海を迎えたときの民衆の熱狂も理解できるかもしれない。

ともあれ、槇尾山寺といえばかつて勤操《ごんぞう》が山林修行の拠点においた寺で、勤操はここで空海に沙弥戒《しゃみかい》を授けたとも伝えられている。南都の長老で僧綱所《そうごうしょ》にも影響力をもつ勤操が空海をここに呼んだのだとすれば、政治の事情、宗教界の情勢さまざまな情報交換がここでなされたと見るべきだろう。空海はここで、秘密仏教の布教について具体的なプランニングに入っていたと思われる。

最澄と密教

その一方で、空海の入京を心待ちにしていたひとりの僧がいた。

あの最澄である。

空海と同時期に入唐した最澄は、空海の一年前に帰国していた。請益僧《しょうやく》であった彼は、明州に着岸するや長安には目もくれず中国天台宗の聖地・天台山に向かい、天台関係の経典や論書の収集にあたっている。そして道邃《どうすい》より円頓戒《えんどんかい》を授けられ、目的を達した彼は約半年間でこの地を引き揚げている。そして帰国船出航までの一か月半の待機期間を利用して越州・龍興寺《りゅうこうじ》に赴き、そこでたまたま順暁《じゅんぎょう》阿闍梨《あじゃり》と出会う。順暁は善無畏三蔵系の法流の密教僧である。恵果と比べればその密教は傍流にすぎないのだが、ともかく最澄は密教の何たるかを理解する間もなく灌頂を受け、そこで密教経典を書写させて持ち帰っている。

先に述べた『御請来目録』の中で、空海は「密蔵のなかに源と派(枝葉)があります。古の法匠は末派の教えに泳ぎ、枝葉を攀じ登っていました」と述べているが、これは最澄への皮肉ともいわれている。というのも、空海も帰国前に同所に立ち寄り、最澄が順暁から灌頂を受けたことを知っていたからである。「傍流の最澄に先を越された」という思いがそう書かせたとしても無理はない。

空海の懸念は的中し、帰国した最澄を迎えた桓武天皇は、最澄が密教をも請来したと聞くや、狂喜したという。新しもの好きの桓武帝は、玄宗皇帝の寵を受けた不空三蔵の評判などを聞き及んでいたらしい。周囲の敵にも怯まず護国の壇を築き、効験著しい呪法を駆使した不空の評判は、帝に密教への過大な期待を抱かせていた。寿命はまさに尽きんとしていたこの時期、桓武天皇はみずからが重用した最澄に不空を重ね合わせて、内憂外患を攘《はら》ってもらいたかったのであろうか。さっそく高雄山寺にて勅命による灌頂会《かんじょうえ》が挙行されたのである。

とまごったのは最澄のほうだった。彼の念願は自らの法華一乗の教えにもとづく天台法華宗の独立にあったのだが、帝の期待は密教にあった。そこで待望の年分度者、つまり国家公認の僧の輩出枠を二人分確保したとき、ひとりは遮那業《しゃなごう》、つまり密教専修の僧としたのである。それは時勢への迎合にちがいなかった。ともかく好むと好まざるとにかかわらず、自宗の二本柱のうちのひとつに密教を据えなければならなくなったのである。密教の素養に欠ける最澄は秘かに狼狽したにちがいない。

そんな折り、最澄は空海の『御請来目録』を見たのである。

おそらく、これを見てもっとも驚愕したのは最澄だったはずである。『目録』は、みずからの雑駁《ざっぱく》な密教の知識をはるかに凌駕する正嫡の密教の学匠が本邦に現れたことを物語っていた。

しかし彼は、強大なライバルの出現に驚きつつ、それを追い落とすどころか、国師たる自分の身分を顧みず、はるか年下で無名の僧に教えを乞おうという態度で接することになるのである。最澄はそういう性格だった。

つまり最澄は、空海の価値を最初に、そしてだれよりも理解した日本人であった。おそらくは空海に対して、「入京し(最澄が灌頂を行った)高雄山寺に住せよ」という官符が下る背景には、和気氏を通じての最澄の推薦もしくは後押しがあったと思われる。

そのとき都では、別の状況が生まれていた。

風の病、つまり神経症的症状に悩まされていた平城天皇が、みずからの地位を投げ捨てるようにして神美《かみ》能《の》皇太子に譲位したのである。すなわち嵯峨天皇の即位である。それは平城帝のもとで進退窮まっていた空海にとって、浮上の機会を与えるものでもあった。

どうやら状況は変わりつつある——空海もそんな空気を肌で感じていたにちがいない。

嵯峨天皇との出会い

大同四年(八〇九)の四月、嵯峨天皇が即位すると、さっそく七月に空海に高雄山寺への入住という勅命が下る。おそらく嵯峨帝は、皇太子時代に入唐帰りの判官や最澄らから空海の評判を幾度となく聞いていたにちがいない。

書を愛し、風雅を好んだ嵯峨帝は、「空海と申すものは、一年と少々の長安滞在の間に〝五筆和尚〟という異名で文化人のなかでは知らぬ者はいないほどの評判となったらしい」という噂を聞き、しかもその男が和泉の山寺に籠もったままであることを知り、それは聞き捨てならぬものだと思ったにちがいない。内供奉僧《ないぐぶ》であり、桓武帝時代から宮中に参内《さんだい》することが多かった最澄の「本邦での実績はありませぬが、密教という最新の法門については、私よりも究め尽くした者がおります」という話を、人づてに聞いていたかもしれない。

おそらく帝は好奇心をかき立てられるだけかき立てられていたはずである。

最初のコンタクトは、空海への書の献呈の依頼であった。『世説』という当時よく読まれていた中国の六朝文学の書から、秀句を抜粋して書け、というものである。まずはどれほどの男か試してみよう、そんな気持ちだったにちがいない。帝は就任したばかりであり、都は不穏な空気に包まれていたから、本来はそんな暇はなかったはずである。しかし、空海への関心は止められなかった。

空海と嵯峨天皇といえば、橘逸成《たちばなのはやなり》を加えて「三筆」として知られているとおりである。書に関しては、のちのこんな話が『古今著聞集』に載っている。

あるとき嵯峨天皇は、空海に自ら収集した書を見せ、「書いた者の名前は知らないが、唐人の手によるもので、とても真似のできない優れた書跡だと思うがどうだ」と感想を求めた。それを聞いた空海は、「それは私の書です」とあっさりと言った。嵯峨帝は顔から火が出るような面持ちだったであろう。「そんなはずはない、貴僧のいまの書跡とはずいぶんちがうではないか」と意地になって反論した。空海はなおも涼しい顔で言った。

「ではその軸をお放ちになり、合わせ目のところをご覧くださいませ」

そのとおりにすると、「青龍寺に於いて之を書す、沙門空海」という意味の署名が現れたのである。空海はさらにこんなことを帝に言ったという。

「唐土は大国ゆえ、それ相応の筆の勢いがございます。ひきかえこの国は小国なるがゆえ、今の私はこのような筆跡になるのでございます」

――話としては、書聖・空海の伝説というべきものかもしれないが、ここでは年下の嵯峨帝に対して、空海が高みからものを言うような雰囲気が見受けられる点に注目したい。両者の関係は、帝と一僧侶という間柄を越えた、気安い友人関係のようなものだったといわれている。しかもときには帝のほうから空海を仰ぎ見るような風があった。この話のように、みずからは多くは語らず（といっても、けっして非社交的ではなくむしろその逆だったのだが）、自然と相手を平伏させてしまう空海の佇まいは、実際の両者の関係を反映したのではないかと思われる。

さて、嵯峨帝にとって「書ごころではない」事件は、深刻な状況を迎えていた。

世に言う「薬子の変」である。

皇位を投げ捨て、まさに右往左往していた平城上皇は、結局故郷というべき平城京に落ちついた。権力を愛した不義密通の妾である薬子もまだ寄り添っていた。やがて精神状態が安定するや、上皇は新帝に対し、ことごとく優位な態度で接するようになる。住む場所がないといっては宮殿づくりを天皇に命じさせ、側近らを使って朝廷の政治に介入を繰り返し、やがては政令を発するようになり、ついには、都を平城京に遷させよと命じるまでに至った。若くして譲位した上皇に遠慮してか、最初は面従していた嵯峨新皇も、ここに至って腹背《ふくはい》せざるを得なくなっていた。都に緊張が広がり、人心も動揺を隠せなくなっていた。公文書においても「二所朝廷」という言葉が生まれた。だれもが「壬申の乱」の再来かと恐れる異常事態となっていったのである。

ここでやっと空海はみずから動いた。次の文章は、弘仁元年（八一〇）一〇月二七日、鎮護国家の修法を高雄山寺にて行うことを上表したときの抜粋である。

不肖空海の将来した経法の中には、『仁王（般若波羅蜜）経』、『守護国界主（陀羅尼）経』、『仏母（大孔雀）明王経』など、ダラニを念誦する法門があります。これらは仏が国王のためにとくにこの経を説いたものです。七つの災難を打ちくだき、春夏秋冬の四時《しじ》を調和し、国を護り家を護り、己を安らかにし他人をも安らかにするという、仏道において秘妙の経典であります。

私空海は、師の恵果よりこの法を授け得たといえども、いまだ実修する機会はありませんでした。

伏して望みますのは、国家の御ためにもろもろの弟子を率いて、高雄山寺において来月一日よりはじめて法力の成就するまで、人びとに教え、かつ修法せんことを願います。

（『性霊集』）

おそらく空海の頭の中には、不空の事跡がシミュレートされていたはずである。不空にとって、側近の方術士たちに囲まれた皇帝の目を自分に向ける千載一遇のチャンスが、七五五年の安禄山《あんろくざん》・史思明《ししめい》の乱であったように、空海もまた、国を二分する内乱の予感にみずからの浮上の機会をとらえたのである。密教のもつ神秘性とその霊験は、やはり危機的状況にこそ効力を発揮するというものである。

先に挙げた三種の経典のうち、『仁王経』と『仏母明王経』は、ほかならぬ不空が訳出した新来のダラニ経典であった。同名の『仁王経』は従来、護国三部経の一として日本でも知られていたが、不空訳のそれは完全に密教経典としてバージョンアップされたものとなっている。たとえば、旧訳の五大力菩薩だった本尊が、新訳では『金剛頂経』系の密教諸尊に置き換えられ、また、旧訳が経典受持の功徳を述べるのに対して、新訳ではダラニの聴聞によってあらゆる罪障は消え、国内は永遠に災難から免れるなど、即効性を強調したものへと変質している。空海が「これこそ大乱を鎮めた不空三蔵その人の訳出による、霊験著しいダラニです」とでも申し添えれば、天皇が飛びつかないはずはない。東寺講堂の立体曼荼羅における五菩薩、五明王、五方天の配置がこの不空訳『仁王経』をもとにしているのは、先に述べた通りである。

もうひとつの『守護国界主経』は、文字通り国界主＝国王を守護するダラニの経典である。こちらは空海が直接面授を受けた般若三蔵と牟尼室利《むにしり》三蔵の共訳で、般若が「国家と仏教の絆をより深めようとの思惑を込めて創意工夫をこらした」（藤善真澄氏）護国経典といわれる。「国王を守護すれば太子・大臣・百姓の守護などの七つのすぐれた利益がある」と謳った、かなり〝王法〟寄りの内容となっている。ともあれ、いずれの経典も中国独自に発展を遂げた代表的な護国経典である。

もちろん嵯峨帝も手をこまねいてはいない。空海の上表の一か月ほど前、遷都の政令が出るやいなや、それに従うように見せつつ裏で矢継ぎ早に敵対の方策を下している。帝は平城帝のもとにいる大官らの引き揚げを命じ、伊勢、近江、美濃三国の関所を封鎖し兵を集結させ、詔勅によって側近の藤原仲成《なかなり》と薬子の罪状を告発。正三位という薬子の官位を奪っている。すべては数日の間に同時に行われた。結果、上皇が事態に気づいたときは勝敗は決していた。薬子と苦し紛れに奈良脱出を図るも、東国への関所には兵が取り囲んでいたのである。すべての策は即効し、都は災難から免れ、影響も最小限にとどまった。

十四世紀の東寺の古文書『東宝記』には、薬子の変のとき、嵯峨天皇と空海との間に密談があったと記している。その経緯を『絵詞』はこう記している。

嵯峨天皇は、大師に平定の手だてを下問した。大師は「すみやかに八幡神を都の中に鎮座さるべし」と答えた。ただちに嵯峨帝は立願を発し、天下の静謐を祈られた。ついに近江郡勢多郷《せたのこおり》にて、上皇軍は敗走した。上皇は将軍坂上田村麿に捕らえられ、都に連行された。嵯峨天皇は「配流《はいる》すべきのところ、朕《ちん》の兄君たるにより、罪を赦すべし」と、もとの平城の宮にお移しし、上皇は出家をされた。

伝説とはいえ、上皇の出家は事実であり、東寺に八幡神が勧請され、のちに「護国霊験威力神通大自在菩薩」の称号を与えられたことはすでに述べた通りである。またこの年（弘仁元年）の十二月、朝廷は八幡大神宮香椎宮《かしい》に薬子の乱平定の報謝のために幣を奉っている。ちなみに薬子は、頼みの上皇とも引き離され、自害に追い込まれている。

問題は空海の関与があったかどうかである。

もし密議があったとしたら、事件後の後始末についてだったかもしれない。先述のように、恐るべきは事変そのものではなく、その後の霊的処理にあった。桓武、平城ともに親王が非業の自害に追い込まれたことが、のちに霊的禍根《かこん》を残すことになったからである。その点、薬子と上皇を引き離し、上皇には刑を下さず出家を勧めたというのはベストなシナリオであった。また八幡神は「国家のために虚悪をなす輩が出たならば、殺生も辞さず」という降伏神の側面はあるものの、かつて隼人《はやと》の乱の平定にあたって、みずからの託宣によって殺生の罪の償いを行うための「放生会《ほうじょうえ》」を挙行、将来の禍根を残さなかったという〝実績〟ももっている。怨念の根を断ち、むだな殺生も残さず「己を安らかにし他人をも安らかにする」という面では、一連の処置は見事だったといえる。

これら〝霊的コンサルティング〟を行いうる者がいたとしたら、それはやはり空海だったのかもしれない。はたして空海は、事実そのような役目を担っていたのである。

霊的防衛策

空海は晩年、大著『十住心論』のなかでこんなことを述べている。

身病多しといへどもその要は唯し六つのみ、四大鬼業《しだいきごう》これなり。……四大の乖《さ》けるには薬を服して除き、鬼業の祟りには呪悔をもって鎖《け》す。薬力は業鬼を却《さ》くること能わず、呪功は通じて一切の病を治す。

つまり、四大（地水火風）の不調、つまり通常の病は薬を用いるが、鬼（幽霊）の祟りや悪業の報いは、呪法と懺悔法によらなければ消すことはできないと述べているのである。

先に述べたように、平安京の前途に影を落としていたのは、非業の死を遂げた早良親王と伊予親王の〝怨霊〟であった。

事実、桓武天皇は、長らく得体の知れない〝祟り〟に悩まされつづけた。夫人や生母、皇后ら近親者が相次いで突然亡くなり、同親王の代わりに皇太子になった安殿《あて》親王（のちの平城天皇）までが病に伏せるようになる。やがて畿内では流行り病が発生し、旱魃や大水害が起こるなどの天変地異も続発。惨状きわまりなき有り様となった。そしてついに延暦十三年（七九四）、みずから執着した長岡京を捨て、平安京遷都を決行するのである。その跡を継いだ平城天皇にいたっては、屈折した環境と不吉な影が一生を通じて取りついている。それが九つも年上の薬子への耽溺となり、先帝桓武の寵を受けた伊予親王への敵意に向かい、結果精神の病に取り憑かれて、みずからを破滅に導いたのである。

ともかくその影響は一国の前途を左右した。天皇をはじめ当時の人びとが凶事の原因を故人の祟りに求めた以上、霊的防衛策は必須の課題だったのである。

空海に求められた役割は、まさにそれだった。

弘仁元年、時期は明確ではないが、空海は伊予親王と吉子の菩提を弔うため、壇像《だんぞう》を像刻し、供養している。『性霊集』に残されているその文を見ると、白檀《びゃくだん》の釈迦牟尼仏、観世音菩薩、虚空蔵菩薩の像を各一躯を刻み、金泥銀泥《きんでいぎんでい》による四大明王の画像、四摂《ししょう》・八供養の菩薩、そして八大天王の像を描き、おのおの法曼荼羅、三昧耶《さんまや》曼荼羅を掲げて法要を開くという大がかりなものであった。

次の一文が、その目的をよく表している。

このたびの造像の勝れた行いによって、孤独な霊魂の苦を抜き済度することを。

そして弘仁二年には、勅により乙訓寺の別当を命じられている。早良親王が幽閉されていたこの寺は、当時怨霊の障りを恐れて長らく手つかずの荒れ放題となっていたのである。

絶食し、無実を叫びながらもついに衰弱死するというむごたらしい早良親王の死に様は、長く人びとの記憶から消えなかったようで、それが京都のそれを代表とする御霊神社や春秋の彼岸行事、のちの御霊会の始まりとなったのだが、ともあれ、当時鎮魂の祈禱を託せる相手は、空海をおいてほかにはいなかったのである。

官符には、その理由を「件《くだん》の僧は山城の高雄山寺に住す。しかるに其の処《そのところ》不便なり」と記している。空海は高雄山寺を好んでおり、その場所を不便に思ったのは嵯峨天皇のほうだと思われるが、それはもちろん方便である。怨霊の住処にふさわしい有り様だった同寺を、鎮魂の寺として再建せよという命にちがいなかった。

さて、注目すべきは本尊の秘仏、いわゆる合体大師像である。

乙訓寺ではその由来を「八幡大神は大師の首から下、大師は大神の首から上を別々に彫った」と伝えるが、おそらくそれは尊像の姿を説明するためだけのもので、何かを知る情報とはならない。そのモチーフは確かに寺で伝えるように高雄山寺（神護寺）の「互《たがい》の御影」の流れを汲むものであろう。ただしそれが大師感得の僧形八幡像の類例だとしても、持物が鈷杵と数珠であれば、それはやはり大師との合体像としかいいようのない独自なものである。とすれば、「向き合う」から「合体する」へと質的変化を遂げたという意味をどう考えればよいのだろうか。

シンプルに考えれば、空海が八幡神を本尊として「入我我入」し、一如となった、いわば「即身成神」像と考えるべきだろう。そう考えれば、神護寺などの「向き合う」というモチーフも、本質はそこにあったと見ることができる。また、単に後世の人が霊験あらたかな両者を合体させたのだとしても、そこに今では忘れられた空海と八幡神との強い縁が存在したということには変わりはない。

結果としていえるのは、この地の〝鎮め〟は、弘法大師と八幡大神が合体するほどの特異な秘仏本尊でなければ務まらなかった、ということなのである。

最澄との訣別

さて、この時期の空海といえば、やはり最澄との交流を見逃すことはできない。

高雄山寺入寺の一か月後、待ちきれなかったかのように、最澄はその地位や年齢にもかかわらず、空海に師の礼をつくして経典の借覧を願い出ている。『大日経』の念誦行法のテキストほか密教経典十二巻である。それ以前、私費の留学だった空海に対して国費にて経典を請来し、先に密教を日本にもたらすという功を果たした最澄に対しては複雑な感情もあったと思われるが、このときの空海は、自分の理解者が現れたことを喜び、その潔い態度に敬服した様子で快く応じている。以後、両者の交流は、最澄からの経典の借覧要請を空海が応じるという形で数年続くことになる。

思えば、資質も性格も法流も異なるものの、ともに既成の学派仏教を超克し、活きた宗教を求めるという点では、空海と最澄は共通していた。しかも学派宗派的な基盤を持たない空海にとっては、最澄は同志的存在とすら考えていたようだ。それは最澄に宛てた「風信帖《ふうしんじょう》」と呼ばれる手紙の文面を見れば明らかである。

今、我が金蘭《きんらん》(最澄)、室山《しつさん》(修円《しゅえん》)とともに一処に集会し、仏法の大事因縁を商量し、ともに法幢《ほうしょう》を建てて、仏の恩徳に報いんと思う。望むらくは、煩労をはばからず、しばらくこの院(高雄山寺)に降赴《ごうふ》せられんことを。これ望むところ、望むところ。

修円とは、古刹・室生寺のある室生山にて山林禅行を行っていた興福寺の僧で、勤操とともに桓武天皇から崇敬された南都の高僧である。この修円を交え、最澄と三人でこれからの仏法興隆の道を探ろうではないか、と呼びかけているのである。少なくとも当時の空海は、密教を我がものとして独占し、他を排除しようとは考えていない。薬子の変を頂点とした社会不安や人心の荒廃に、仏者としては何かできるかを真剣に問おうとしている。

◉高尾山に入った空海。和気清麻呂が神勅によって建立した神願寺を、空海はのちに神護国祚真言寺と改める。(「弘法大師行状絵伝」法楽寺蔵)

空海は、密教を既成の宗派と並び立つ別流だとは考えてはいない。むしろ、歴史上のブッダに発する原始仏教が、大乗仏教運動によってさまざまに分岐し多様化した流れの先にたどり着いた、いわば最終系だと考えている。そしてこれまでバラバラに並立していた教えはそれぞれの機根に応じた方便の教えであり、それぞれの教えの背後には、法身のブッダによる真実の教えが隠されているという認識がある。

事実、密教は仏教史の流れの最後に位置し、ヒンドゥーという民俗信仰を取り込んだうえで、多様な教えを神秘思想によって束ね、ひとつの壮大な大系にまとめあげたという側面がある。そのあらわれが曼荼羅であり、その秘密の原理を感得する方法として身体的な行の階梯《かいてい》がある。それを身につけた者だという自負があればこそ、「表面に顕れた古の教え」に固執する日本の宗教界の中で、仏教エリートとして孤立するのではなく、「心ある人にその趣をさとってほしい」と考えているのである。

当時の空海の構想をイメージすると、こんなものとなろう。

◉王権と仏教について——天皇への教化によって、民を安んじる。それは精神的な意味で安らかにするというだけではなく、具体的に七難、つまり『仁王経』でいう日月失度難《じつげつしつどなん》、星宿失度難、災火難、雨水難、悪風難、亢陽《こうよう》(旱《ひでり》難、悪賊難(法華経や薬師経では別の表現をする)から衆生を護り、安寧をもたらさねばならない。そのために必要な方法論は、さまざまな目的に応じて効験をもたらす諸々の呪術修法である。

◉神祇について——国内の霊的守護のために、日本古来の神祇を活かし、共存する。それら神祇を代表するのは、何度も述べた「日本の天神地祇を代表する」八幡神である。空海の神祇観については、よくヒンドゥーの神々が曼荼羅に取り込まれたように、空海は日本の神祇を密教の守護神として取り込んだ、という言い方がされる。確かに、ホトケに帰依するカミという流れが生まれていた当時であれば、〝ローカル〟な神道の上位概念として〝普遍〟の仏道を設定するという発想はあっただろう。しかし、神を教化するというような態度は空海には見受けられない。日本各地に坐す山河海の神に対する畏敬は、みずからの山林修行によって肉体に植えつけられた感覚であったにちがいない。

したがって、神は仏道を護り、仏は神の威光を増す、そんな関係が空海の思想にもっともふさわしいように思う。今時の言葉でいえば「共生」である。ちなみに、神の法身体が仏菩薩である(本地垂迹説)という発想が日本に生まれるのは、ずっと後の話である。

◉密教と既成仏教について——空海のテーマは、ひと言でいえば「日本仏教の密教化」ではなかったか。ここで述べたように、空海はみずからの密教を、速疾に成仏にいたる最勝の教えと考えていた。と同時に、密教の教えこそ、仏教の「源」であり、他の宗派を「派(みなまた)」だと捉えていた。派が源から発し、表に顕れるのであれば、そこから本源に還る「智の開顕」は可能である、そう思っていたはずである。請来した不空訳『仁王経』や、般若らの新訳による『華厳経』がそうだったように、空海は長安で、既存の仏典が密教的な解釈が施され、密教化していくのを目の当たりにしている。

空海は、仏教のさまざまな流れを俯瞰した上で、その本流の先端に位置しているおのれを認識していた。その頭の中には、一宗派を立てて独立するなどという考えはなかった。というより、そういう枠組みで密教をとらえていなかったのである。空海には、学派の別や新旧の争いといった次元で議論される日本の宗教界が、コップの中の嵐のごとき小さなものに思えたにちがいない。「そろそろみな密教に目覚めないといけない時期だ」というのが本音だっただろう。だからこその最澄への経典貸与であり、三者での「集会」の提案だったのである。

しかし、最澄には最澄の立場がある。

この天台法華宗の宗祖は、空海とは異なり、自宗の独立にこだわりつづけた。その原点は、既成仏教のアンチテーゼにあったからである。「これまでの仏教は仏の言葉による『経』ではなく、その解釈にすぎない『論』に偏っているではないか」という懐疑にはじまり、「限られた者しかブッダになれないというのはおかしい」という問題意識をもち、「数多の経典の中でも真実の釈尊の教えは『法華経』である」という確信を得た。そしてたどりついたのが、中国天台宗を確立した智顗《ちぎ》の法華一乗の教えだった。こうして唐に向かい、その体系をそっくり継承し、日本に新たな仏教の体系を確立しようとしていたのである。そんな最澄にとって、密教は加えるべきアイテムのひとつに過ぎなかった。

空海と最澄との関係は結局何だったのか。

同じ志を共有する者同士が、お互いの立場の違いから徐々にすれ違いが生じ、弟子を巡る愛憎を経て、ついに決別する——確かにそれは人間対人間のドラマとして面白い。

しかし、こと密教を介しての両者の関係は、あけすけにいえばこういうことだったのではないか。

最澄にとって空海の手にある密教は、永遠の片思いであり、空海にとって最澄の密教に対する考えは、永遠の勘違いであった——と。

密教の伝授は、師匠と弟子の一対一の面授によってなされるのが基本である。空海が受法するまでの経緯からすれば、それは当然の前提である。しかし、最澄は経典の借覧による筆授で用を済まそうとしていた。そこに埋められない認識の差があった。

両者の関係は、長らく続いた経典の借用を空海が断るという形で終止符を打たれる。その経典とは、真言密教の奥旨を解説した『理趣釈経《りしゆしやつきよう》』であった。そのときの空海の手紙の一部を以下抜粋してみたい。

正しき法式によらない伝授、これを盗法と名づく。すなわちこれ仏を誑《あざむ》くなり。また秘蔵の奥旨は、文を得ることのみを貴しとせず。ただ心をもって心に伝ふるにあり。文はこれ糟粕《そうはく》、文はこれ瓦《が》礫《れき》なり。糟粕瓦礫を受くればすなわち粋実至実《すいじつしじつ》（純粋至高の実質）を失ふ。真を棄てて偽を拾ふは愚人の法なり。愚人の法には汝随《なんじしたが》ふべからず。また求むべからず。

（『性霊集』）

「日本仏教の密教化」という重い課題を前に、空海は入京してしばらくはその方策をつかみかねていたと見える。嵯峨天皇からは、「真言を伝授せよ」という勅を下されていたが、その実「道は余宗より高く、教は常習にことなる。この間（日本）の法匠はおのおの矛盾をなし、肯《こう》じて服膺《ふくよう》せず。十余年の間、建立を得ることなし」（青龍寺の同法に宛てた実慧の書状より）という状況だったようだ。しかし、同志的理解者だと考えていた最澄と訣別したあたりから、みずから困難な道を切り拓くことを思い定めたように思える。先の手紙にはこんな一文が記されている。

顕教一乗の法は公（最澄）にあざれば伝わらず、秘密仏蔵は、ただ我が誓うところなり。

即身成仏の本質

『弘法大師行状絵詞』に「清涼宗論」という挿話がある。空海とその教えが一般の民衆にどのようにとらえられていたかを知るうえで興味深い。

――大師は帰国後、真言の教えを世に知らしむべく努力された。しかし、この宗門の真理はほかのどの宗派にもまして高邁で、行法はほかのどの宗派とも異なっていた。そこで諸宗の高僧らがひとしく反発したので、教えの弘通《ぐづう》ははかばかしくなかった。あるとき、諸宗の高僧たちが朝廷に集まって、宗論を戦わせることになった。集まった高僧たちは、おのおの自宗を誇り、弁舌さわやかに主張し、かつ大師の真言宗を論難した。

大師は少しもひるまず、悠然としてこれに対応した。南面して、両手に印相を結び、真言を誦して、秘密の観法をこらした。

すると、大師の顔がきらきら輝き始めた。同時にまた、清涼殿の中が、昼を欺くようにきらめいていた。と、見る間に、大師の座のあたりからその姿が消え失せて、金色燦然《こんじきさんぜん》たる毘盧遮那仏《びるしゃなぶつ》如来の姿に変わっているではないか。

天皇は頭を下げ、廷臣たちは合掌した。高僧たちは庭上に下りて伏し拝み、内裏の役人たちは一様に、地に身を投げ出して敬礼した。しばらくして大師はもとの姿に立ち戻り、生仏無二《しょうぶつむに》なることを実証してくれた。これによって、諸宗の高僧たちは深く大師に帰依して、真言宗の門徒に加わり、国中が大師を敬い、法を受けた――。

興味深いと述べたのは、「この身のままで仏になる」という空海の教えが一般衆生にどう理解されたか、という意味においてである。空海がこの絵巻を見たら顔を歪めるかもしれない。が、もしかしたらこのような想像力が大師合体像を生み、その超人間性ゆえに秘仏化され、信仰的実体となって昇華されていったのかもしれない。

余談だが、現代の子ども向けエンタテイメントの世界では、いわゆる変身ヒーローものといわれるジャンルがある。ウルトラマンや仮面ライダーといった、この世の者がこの世ならぬ者に変身するというものである。そのモチーフは民俗学的の文脈でいうカミがその身に憑依するという巫術にあったと考えられるが、空海の「即身成仏」こそはその究極だったといえるかもしれない。「金色燦然たる如来」への変身、という荒唐無稽な設定が説得力を持ちえたのも空海以外には考えられず、その残像が今も日本に生まれ続ける変身ヒーローのファンタジーにも受け継がれているのかもしれない。そしてそのモチーフを今日までつないだもののひとつは、空海の死後、無数のバリエーションを生むことになった超人弘法大師伝説にちがいなかった。

とはいえ、即身成仏という教えの本質が「真理はほかのどの宗派にもまして高邁で」と受け止められたのはまちがいなかった。空海の中にある種焦りが生じたとしてもおかしくない。有縁の者に灌頂を授け、高弟らには秘義印相を伝授するほか、高

◉「清涼宗論」の場面。空海が光り輝く大日如来に変身し、周囲の者を平伏させている。(「弘法大師行状絵伝」法楽寺蔵)

雄山寺を拠点とした布教はそれなりに多忙であったが、とても理想実現に追いつくペースではなかった。自ら仕掛ける時期が来たと思ったのであろう。

そこで空海は、「弘法」の人となる。

空海の理想は、すべての仏教を真言密教の教えによって包み込み束ねることにあった。とすれば、仏教の担い手である既成宗派の僧やその外護者である有力者に積極的にアピールする必要があろう。そこでとられた戦略は、みずからの請来した経典の書写を勧める回状を弟子に持たせ、全国の有縁の者のもとに走らせることであった。

それはちょうど桓武天皇の勅命で行われた「天台の法文」の書写が終わり、奈良の七大寺に配付されたタイミングにあたっている。が、空海の場合は経典の書写を国費で賄《まかな》うというわけにはいかず、勧進《かんじん》を募るという方法を取らざるを得なかった。入唐時と同様、やはりここでも独力でなさねばならなかったのである。ただし、「清涼殿の法論」のような論戦に明け暮れたのは最澄のほうで、空海と他宗との関係は決して敵対的なものではなかった。

弟子に持たせた書状、通称「勧縁疏《かんえんのしょ》」には、空海の思いが熱く語られている。

貧道《ひんどう》空海は、謹んでこの恵果阿闍梨の教えを受けて服習し、弘宣《ぐせん》することをお誓いした。しかし、帰朝して以来他年が経過したが、弘揚《ぐよう》の時機はいまだ至らず、広く流布できないままである。歳月は過ぎやすく、光陰は矢のごとく過ぎ去るのだが、本来密教の弘布《ぐぶ》を誓ったのであるから、黙ってはいられない。今こそ密教に縁のある人々のために経典を読誦講説して弘め、仏恩にお報いせねばならないと思う。

（『性霊集』）

書状の中には、「これまで世に知られている教えは顕教にすぎず、それは権《かり》(方便)の教えであり、実(真実)の法門はいまだ知られていない」ということが繰り返し述べられている。そして、華厳の教えにも法華の教えにも、さらに法相、三論の教義にも、「さとりの境地は言葉を越え、真理は説いて聞かせることはできない」と書かれているではないかとたたみかける。法身の仏はいまだ時機が至らず、その教えの弘宣は後世に譲ったままであって、今、私がその任を負うことになった。仏者、在俗を問わず、志を同じくし、教えごおりに修行し、教えのままに思索するなら、速やかに心の中の仏に至るだろう——そう空海は訴える。

書状は、奈良の七大寺をはじめ、東国の甲斐、武蔵、上野《こうずけ》、下野《しもつけ》、常陸《ひたち》、さらには西国の筑紫《ちくし》に宛《あ》てたものが残っている。この、経典の書写(とそのための寄付)を勧めるという方法は穏便な方法であったが、効果は絶大だったと見える。「噂に聞く空海の秘密の教えとはいかなるものか」という期待感は膨らむだけ膨らんでいた。たとえば、ある東大寺の奉実という高僧にいたっては、こんな述懐を残している。

年八〇に及んではじめて密宗を学び、耽味《たんみ》して寝食を忘れる。得ることの遅きを恨む

(『元亨釈書』)

あれほど面授にこだわっていた空海だったが、高雄山で待ち受けるだけでは結縁したくてもできない者がいる。事実そのような者は多かった。「秘蔵の宝鑰《ほうやく》」つまり秘密の教えの鍵(鑰)を求める者は多く、空海はその機根《きこん》に応じて蔵を開けることを躊躇しなかった。

一方、最澄もそのころ積極的に外に打って出ていた。一時期、寵愛していた弟子泰澄《たいちょう》が空海の許へ出向

き、戻らなくなったときは「見捨てられし老僧」という恨み言を吐いていたが、空海と袂《たもと》を分かったころから、まなじりを決して東国の化主とよばれた清僧・徳一《とくいち》との熾烈な論戦（中傷も含め）に乗り出し、南都の護命らとの法論の場に臨んでいる。しかしお互い自宗の立場を代表する者たちである。あい譲らず、論戦は苦戦を強いられていた。最澄の歩みを見ていくと、先帝時代に陽の当たる坂道を順調に駆け登った後、入唐を分岐点にした折り返し以降は足元の険しい断崖の下り道が待っていた、そんな印象が強い。

半ば意図したものと思われるが、空海は彼ら最澄の論敵にも、あるいは最澄と縁の深い者にも書状を送りつけ、結縁を勧めている。徳一の場合、「勧縁疏」のほか、私信を通じても空海と親しく交際した跡が残っており、「いくつかの疑義が解決できれば、真言の教えをもっぱら学びたい」という文章を空海に寄せている。面白いのは、徳一は最澄との論争の際、空海説の受け売りと思われる言葉で批判の説を展開しており、一方の最澄もまた、徳一の向こうに空海の存在を意識していたらしいことだ。

「（最澄が）『法華経』を権教《ごんきょう》、方便、随他意《ずいたい》の説とする見解に反駁《はんばく》したのは、直接的には徳一を対象にしているとはいえ、しかしその紙背には、「勧縁疏」や『二教論』で主張された空海の立場が意識されての反論であったとみることもできる」（川崎庸之氏）

最澄は、当時の著書で「新来の真言家は、すなわち筆授の相承を泯《みん》ず」と、空海を批判している。空海と最澄は、見えないところで激しく火花を散らす間柄となっていた。

ちなみに、護命はもちろんのこと、徳一も修行時代は「自然智宗」に深く関わっていたといわれる。先に挙げた修円の弟子であり、都の塵埃《じんあい》を嫌って東国に赴き、粗衣粗食《そいそしょく》にて禅行と学修に明け暮れた徳一のような僧に対しては、空海はひとかたならぬ親近感を抱いていたようだ。

やはり面識はなかったが、空海がその事跡に心を動かされ、思慕の念を抱いた相手がいる。日光を開いた勝道上人である。当地に赴任した知り合いの博士に依頼され、聞き及んだその業績を讃えた碑文が残っているのだが、そこには勝道という仏教者が神々の住まう山に入っていくときの艱難辛苦ぶりを、まるで我がことのように切々と綴っているのである。

お経と絵姿を背負って山麓に到り、経をとなえ仏を礼拝すること七日七夜、堅く誓っていわく、「もし神が明知の持ち主であれば、願わくは我が心をお察しください。図書した経や像はまさに山頂に至ったときに神のおんために供養し、それをもって神威を崇め、すべての生き物の福を豊かにすることに用います。どうか善神威をご威光を加えられ、毒龍には霧を巻き、山の精霊にご先導くださり、我が願いを助けて果してくださいますよう……」

（『性霊集』）

何度も断崖や雷、風雪に跳ね返され、神に捧げ物をし、写経写仏を携えて命懸けで登攀《とうはん》しようとする開山行者の姿がここに述べられる。空海にとってこれが人ごとではなかったのは理由がある。これを書いた二年後の弘仁七年（八一六）、ついに年来の夢を実現するときがやってきたからである。

聖地造立

高野山の開創である。

朝廷に願い出た後、許可はわずか半月もたたずに下っている。

この山は忘れられない場所だった。山林修行の道に入ったばかりの空海が吉野を発って山中の道なき道を伝っていくうちに〝発見〟した聖地であり、いわば約束の地だったことは先に述べた。教義書の著述や弟子の育成、灌頂などの法務、書の揮毫や祈禱の依頼など多忙の中にあった空海だったが、聖地の造立という一大事業は、それらにまして重要な案件だった。ただし、それは今日の宅地造成のようにはいかない。神々の山に異教を持ち込むということがいかに慎重な手続きを必要とするかは、右の勝道上人の碑文を読めば明らかである。実は空海自身による高野山開創の記述は、ごく形式的なものしか残っていないのだが、その生々しい様子を偲ぶことのできる数少ない史料が先の碑文なのである。ここにわれわれは空海の神祇に対する考え方を〝感じ取る〟ことができる。

ちなみに、ここでねんごろに供養しなければならない対象としたのが、山神の高野明神と水源を司る丹生明神だった。伝説には、丹生明神を祀る

◉高野山に入った空海は、白黒の2匹の犬を伴った狩場明神（高野明神）と出会う。（「弘法大師行状絵伝」法楽寺蔵）

社には人が近づくとたちまち殺されるという恐るべき沢があったという。これなどは、ときに祟りをなす神の霊威を物語る。神との結縁は、慎重を期して行われねばならなかったのである。

空海と神祇とのそんな関係は、のちに空海が賜った東寺と稲荷神との間にも見られる。

これには事件があった。五重塔建立にあたってその用材を東山から伐り出したのだが、時を同じくして淳和《じゅんな》天皇が病に罹った。占ったところ、その用材が稲荷山の神木だったからだというのである(『類聚国史』)。『行状絵詞』では、紀伊田辺で稲荷神と出会った空海が、約束どおり稲荷神を東寺に迎えた後、神の社を東山にお祭りしたとなっているのだが、史実としては、稲荷神が都に災禍をもたらすことのないよう、今の伏見稲荷大社にて空海が神への供養をねんごろに行ったことを物語るのだろう。

ただしこれを期に、稲荷神は守護神として都と東寺を護り鎮めることになるのである。これなど

◉高野山の大門。境内の東西軸の西端にあり、西方浄《さいほうじょう》土《ど》の東門の役目を持つとも、故郷の四国を向くともいわれる。掲げられた額には、「日々出デテ影向ヲ欠カサズ」「処々ノ遺跡ヲ撿知ス」とある。大師は諸国を巡り、衆生を救済するという信仰が表明されている。

も、空海による「神々の威光をます」神祇対策の結果にほかならなかった。

日本という国土を密教によって荘厳する、このことを指して「密厳国土」、あるいはのちに「密厳浄土」と呼ばれるようになる。荘厳するとは、「単なる飾りたてるという表面的な意味に加えて、密教的にいうと、『そこに存在しているものが有効な働きをなしている』ことをも意味している」(頼富本宏氏)という。

つまり、法身のブッダ(大日如来)の光が遍く照らす世界のもと、あらゆる生きとし生けるものが融通しあって存在する『大日経』の世界観の反映である。それこそは、大日如来を中尊とする曼荼羅の世界にほかならないのだが、同時にそれはわれわれが現に存在する世界でもある。それを理念に終わらせず現実のものにするのが、遍照金剛という灌頂名を授かった空海の使命だった。

この考え方は、中国の不空三蔵や一行禅師によって提唱されたものだが、少なくとも中国ではその構想はついえた。護国仏教を唱導し、呪術の効験で華々しい結果を残した不空によってもなお、密教の興隆にはつながらなかったのである。それはなぜか……。

空海の念頭には常にそのことがあったはずである。結果、不空の失敗の反省に立ち、みずからの教えの独自性、優位性をことさら喧伝するのではなく、広くその種を蒔き、網を放って、秘密の法門に対する目覚め

◉稲荷山にて、空海は伏見稲荷社を東寺の鎮守神として勧請する。(「弘法大師行状絵伝」法楽寺蔵)

◉伏見稲荷大社。神仏分離以前は神宮寺である愛染寺《あいぜんじ》（東寺の末寺）が別当を務め、実質真言宗が支配していたという。稲荷信仰の隆盛は、一面で真言僧が唱導した現世利益《げんぜりやく》が担っていた。

◉稲荷山一帯は、信者らが奉納した夥しい数の鳥居や小祠などが林立し、ほかにはない特異な霊域の佇まいを残している。

を待って一気にすべてを結び付ける。結果、日本的曼荼羅世界が完成する——そんな構想をもっていたように思える。

それは徐々に実を結びつつあった。

以下、高野山の造立に本格着手したころより数年の主要な事跡を、確実な史料にもとづくものから年表風に綴ってみたい。官寺、大寺の運営を任されるようになると同時に、国家的祈禱をつかさどる導師として徐々に重きをなしていく空海の歩みが見て取れる。

弘仁十年（八一九）

五月、高野山の伽藍建立に着手する。

七月、勅により、中務省《なかつかさ》（後の真言院）に入住する。

弘仁十一年（八二〇）

一〇月、伝燈大法師位を授かる。

弘仁十二年（八二一）

六月、満濃池修築別当に補せられ、三か月で完成する。

弘仁十三年（八二二）

二月、東大寺に灌頂道場真言院を建立し、国家鎮護のための息災増益《そくさいぞうやく》の修法をする。

九月、国家鎮護のための仁王経を修す（東寺もしくは高雄山寺にて）。

弘仁十四年（八二三）

この年、平城上皇に三昧耶戒を授け、入壇灌頂せしめる。

一月、嵯峨天皇が東寺を空海に給預する。
一二月、東寺、さらに宮中清涼殿にて鎮護国家の祈願修法を行う。
この年に嵯峨上皇に灌頂を授ける。

天長元年（八二四）
三月、祈雨修法の効験により、少僧都《しょうそうず》に直任される。
六月、造東大寺別当に任じられる。
九月、高雄山寺が定額寺《じょうがくじ》に列せられ、神護国祚《じんごこくそ》真言寺と改められる。

天長二年（八二五）
四月、東寺にて『守護国界主経』を講じる。同月東寺講堂ほかの建立の勅許を得る。
閏七月、疫災《えきさい》、旱災《かんさい》続き、諸国に『仁王経』を講説させ、空海が東宮講師に配さる。

神泉苑の祈雨

「災いを未兆《みちょう》に防ぐは聖賢の貴ぶところ、災い至ってすなわち悔いるは、これすなわち愚なり。賊《ぞく》を防ぎ火を防ぐ、何ぞ遅怠《ちたい》すべけん……」

これは、弘仁十年ごろ、空海が災害を未然に防ぐための修法の依頼に応えたものとされる書状（高木訷元氏による）に見える一文である。中務省とは、天皇に侍従し庶務にあたる部署だが、空海が急に召されることになった理由ははっきりとはわからない。が、「炎旱《ひでり》旬に積る。甘液（雨）施すことなし」「京中に白龍あらわる、暴風雨あり民屋を損す」「この月、夏より雨ふらず諸国害せられる者多し」と史書が語る状況を総合すると、どうやらこの年に天変被害が続発したことと関係あるようだ。

空海はよほどの例外を除いてみずから天皇に擦り寄ることはしなかった。それは天長元年に少僧都に任命されたものの、わずか一か月で辞任を申し出たことにも表れている。しかし、危機的状況にあるときは別だった。おそらく中務省に呼ばれたときもそうだったであろう。以後、国家的祈禱の必要が生じたとき、そこには必ず空海の姿があった。

少僧都に任命されるきっかけとなった雨乞い祈禱が、のちに「神泉祈雨」として知られる有名な伝説となる。『行状絵詞』からそのあらましを引いてみよう。

――この年(天長元年)国中に旱魃《かんばつ》が続いた。朝廷は大師に勅命を下し、祈雨の修法を施すよう勅を下した。すると西寺の守敏《しゅびん》大徳が「それなら私が

◉神泉苑にて、空海が雨乞いの修法を行う。その右には守敏ではなく、衣冠束帯姿で祭文を読む神官(陰陽師?)が見える。(「弘法大師行状絵伝」法楽寺蔵)

勤めましょう」と申し出た。祈ること七日、雨は降るもののわずかに京中を濡らすのみであった。

そこで大師が登場する。池のほとりに龍頭《りゅうとう》の幡《はた》が立てられ、青色の幕を張りめぐらされた中に壇を設けられ、『請雨経』の秘法が執り行われた。が、やはり七日の間雨は降らない。怪しんだ大師は定《じょう》に入り、原因を調べると、守敏が呪力をもって雨を降らすもろもろの龍を水瓶に閉じ込めているのを見つけた。しかしただひとつ、北天竺の境にある無熱池《むねっち》の中に龍王がいることを知り、大師はあと二日もらえまいかと帝に申し出た。

修法を続けると、真言の奥旨を知った善女龍王が渾身の祈りに応えるように池より姿を表した。長さ九尺（三メートル弱）の龍の頭に乗った八寸（二十五センチ）ほどの黄金の龍だった。弟子の実恵《じちえ》、真《しん》済《ぜい》、真雅《しんが》らがこれを見た。このことを朝廷に知らせると、勅使として和気真綱《わけのまつな》が訪れ、奉幣し、善女龍王を供養した。すると一天にわかにかき曇り、天空から雨が沛然《はいぜん》と降り注いだ。

◉神泉苑。中央に善女龍王《ぜんによりゆうおう》を祀る社が見える。かつては東西二町、南北四町の広大な場所を占めており、自然の景観を生かした禁苑として別天地の趣きを呈していた。空海以後、この地では雨乞い祈祷や御霊会も行われた。現在残るのはそのごく一部にすぎない。

『神泉苑縁起絵巻』では、空海と守敏の対決はさらにエスカレートしている。

——空海は軍荼利《ぐんだり》明王を呼び寄せ、守敏は大威徳《だいいとく》明王を呼び寄せた。明王はおたがい矢を放って戦った。

西寺の守敏はその事跡は不明ながら、勤操の弟子とも、学行兼備の高僧であったともいわれている。この対立の構図は、対抗する南都の宗派勢力との抗争を反映したものか、あるいは東寺の優位性を喧伝するために後の真言宗徒によって創作されたものか。ただし、やや話の軸が呪術比べのほうに傾きすぎ、話を矮小化させているのが残念である。

注目すべきは龍神の因縁だが、『行状絵詞』にあるもうひとつの請雨法の記述には、注目すべき別のモチーフが見受けられる。

——天長四年(八二七)五月、日本中が旱魃で、民百姓があえぐ事態となった。淳和天皇は各地の明神大社に奉幣仕に差し遣わし、請雨の祈りを行った。また、大極殿と清涼殿に百人の僧を集めて『大般若経』を転読して降雨を祈らせた。その導師は大師その人だった。しかし、降雨の量が少なかったためか、大師は東寺の仏舎利を宮中に借りだして、礼拝して香水を注ぎかけて祈った。するとたちまち黒雲が湧然と空に広がり、たちまち雨が降り出し、長時間にわたって大地を潤したので、草木が青々と蘇生した……。

東寺の仏舎利は大師が唐土《もろこし》から請来して朝廷の長久を祈り、歴代の帝がこれを敬い、国民の福利増進を願ったものである。

『行状絵詞』には、以下インド、中国の祖師らの仏舎利の因縁を綴られるのだが、その仏舎利とは『御請来目録』の請来物リストに挙げた、密教伝法の印信にほかならない。

仏舎利とはもともと釈尊の遺骨に由来し、仏の呪力が凝縮された秘宝として受け継がれ、さまざまな神秘説を生む源泉となっている。また仏舎利は、あらゆる願いを叶え、衆生を利益すること限りなしといわれる如意宝珠と同一のものとされ、さらに龍神信仰とも結びつき、空海をめぐる知られざる神話を形成することになるのだが、それは後述する。

ここで注目したいのは、国家的祈禱において空海の存在感が次第に重きをなしていく過程である。弘仁十年からの七〜八年、最初は中務省にて密かに行われていたものが、やがて東大寺や東寺という日本を代表する官寺で挙行されるようになり、ついに宮中での大法会が開催されるようになる。それにつれて祈禱修法もどんどん大規模なものとなり、鎮護国家の導師として空海の存在はゆるぎないものとなっていくのである。

先の年表で、弘仁十三年の平城上皇に続き、その翌年、嵯峨天皇が譲位するやいなや灌頂の壇に上がっていることに注目したい。このころの空海は、俗世を超える法の教主として精神的権威の首座にのぼりつめていたことが了解できよう。

そしてそれは、最終的に、死の前年に創設された宮中真言院、そして以後毎年正月に恒例となる「後七日御修法」へと帰結していくのである。

空海の護国思想は、先に述べた天長四年の雨乞い祈禱の際、天皇の名において書かれた願文の中に凝縮されている。以下、その中から抜粋してみたい。

そもそも国は民をもっと基とし、民たる人は食をもって命とする……だから経典にいわく「王が名《みょう》分《ぶん》を守らないときには、人民は貪欲に走り、殺生を犯すこと多し。君臣・父子・夫婦の道が緩み紊《みだ》れ、仁義礼智信の五常が廃れ絶えるとき、旱や長雨、飢饉が起こり、国中が荒涼となる……。

こうしてのち、三界のすべてに仏法の甘水に沐浴し、六道のすべての者に仏の甘露が満喫され、ともに愛欲の束縛を脱け出てともに覚りの道を成就するだろう。

空海にとって祈禱修法は、あらゆるものを照らし、たがいに融通連関しあう曼荼羅世界の秩序回復を大日如来に成り代わって行使する行為であり、天皇を施主とする護国修法は、上からの密厳国土実現を意味するものだった。

それはもちろん、国内の仏教の密教化と同時になされるものであった。

先の年表を見ると、ふたつの大きな決定が空海に下されていることがわかる。

ひとつは、日本仏教の総本山というべき東大寺に、真言院つまり灌頂道場が創設されたことである。これは国家の意思によるものであると同時に、南都仏教の権威らの了承のもとに下された、旧仏教の密教化の象徴というべき出来事であった。また、その先駆けとして、弘仁七年には南都の高僧らがこぞって空海から灌頂を授かっていることも付け加えておきたい。ただし、東大寺の密教化とは新たな密教経典儀軌の導入ということではなく、密教解釈の施された新訳『華厳経』による、内からの密教化をも意味していた。つけ加えれば、天長六年には若き日に拠点としていた大安寺の別当職をも兼任している。

ちなみに華厳宗の本山である今も、真言院は現存しており、あの大仏の前で唱えられるお経は、今も空海請来の『理趣経』であるという。

もうひとつは、平安京国家鎮護の拠点である東寺の給預である。当初、平安京遷都時に西寺と並んで桓武天皇が建立したものだが、弘仁十四年の給預ののちは、「以降、真言僧五十人を住せしめて、他宗を住させてはならない」という真言専修の寺となる。弟子実恵の書状には、「(淳和天皇は)帝城の東寺をもって真言の寺とし、わが和尚をもって大僧領とす。固辞すれども免れず」とも記されている。ただし、空海は宗派的な孤立を指向していたとは思えず、真言以外の雑住を禁ずという官符については、「あるいは後世、真言受法に対する対立が東寺と比叡山との間に生じたとき、意識的に竄入《ざんにゅう》したのかもしれない」(高木訷元氏)という意見もある。

また、先述した「勧縁疏」による密教布教が、地方の仏教センターとして戒壇院が置かれていた下野と筑紫を重点が置かれていた点を考えると、そもそも密教化の狙いは、東大寺を含めた日本仏教の拠点すべてに及んでいたとみることもできる。これらはいわば、トップダウンの密教化に対して、ボトムアップ型の密教化ということができるかもしれない。

ともあれ、旧仏教、新仏教の双方の拠点を密教化することに一定の成功を収めた空海だったが、唯一密教化に成功しなかった宗派があった。

最澄の天台法華宗である。

実は空海のもとには、不空による『法華経』の密教解釈による儀軌である『成就《じょうじゅ》妙法蓮華経瑜伽観智儀軌《ゆがかんちぎき》(法華儀軌)』なるものがあった。それは「本尊およびその真言、印などを観念すること」によって、法華一乗の教えをヨーガにより感得することをねらったものだった。が、空海はこの法を比叡山の僧に伝授することを企図していたにもかかわらず、最澄はついに受法することはなかった。こうして両者は決別したのだが、最澄の弟子らはのちに、宗祖の欠を補うべく「天台密教」の確立に邁進することになる。

空海の今生の残り時間は少なくなっていた。しかし、そのことを惜しむかのように晩年の空海は休むことを許さなかった。確かに、この世で成し遂げた仕事は質量ともにほとんど超人の仕業といっていいものだった。しかし、そろそろ次なる生にむけて最期の仕事を行う時期が迫っていたのである。

空海は、高野山に向かった——。

III 高野山

まだ夜も開けきらぬ午前五時に宿坊を出る。幸い宿坊《しゅくぼう》は奥《おく》の院《いん》参道にほど近く、その入り口である一の橋まではすぐにたどり着いた。ここから一・九キロほど先に弘法大師空海の廟所《びょうしょ》がある。その奥の院でいつものように行われる朝の〝お勤め〟に向かうのだ。

此岸《しがん》と彼岸《ひがん》との間を分かつ最初の橋が、この一の橋だ。

鎌倉時代の『高野山秘記』には、この下を流れる川には「大渡龍穴《りゅうけつ》」があり、その龍穴は水神《すいじん》である龍のいる場所だと記されているという。似た話は聞いたことがある。たとえば琵琶湖の端に架かっている瀬田《せた》大橋のたもとには、あの世と通じている穴があるといい、京都の一条戻橋《いちじょうもどりばし》のたもとに安倍晴明《あべのせいめい》が手なずけた鬼神《きじん》がいたという。その「戻橋」という名も、死せる魂が冥界から戻ったことから付けられたものである。立山修験《たてやましゅげん》の場合、擬死再生のイニシエーション（通過儀礼）の中心は、まさに橋を渡ることにあった。

ともあれ、川が此岸と彼岸を分かち、橋が両者を結ぶというシンボリズムがここにあった。要するに、ここから先はあの世なのだ。

『高野山民俗誌「奥の院編」』（日野西眞定著）には、こんなことが記されている。

「ここの橋板は数えると三十六枚ある。これは全体を一とみて合計三十七として、金剛界《こんごうかい》の三十七尊を示している。高野山では、壇上《だんじょう》（伽藍《がらん》）を胎蔵界《たいぞうかい》のお浄土《じょうど》というのに対して、奥の院は金剛界のそれだと信じられている」

古来決して交通の便のよくない紀伊半島の山岳地帯に無数の人々がやって来たことには、何らかの意味がなくてはならない。「高野山蓮華曼荼羅絵図《こうやさんれんげまんだらえず》」と呼ばれている図絵の但し書きには、「高野山は三世《さんぜ》諸仏《しょぶつ》の浄土、金胎不二《こんたいふに》の曼荼羅、都率天《とそつてん》の内院……」と、実にありとあらゆる仏教的意義が喧伝されている。が、何より図そのものがこの場所の意味を語っているようだ。それは高野山の広大な境内を蓮にたとえたものだが、ここでは、中心となる壇上伽藍を蓮台として描き、一方の奥の院の大師御廟は、蓮台からずっと斜め上に茎を伸ばした花弁として描かれているのだ。うがった見方をすれば、「仏菩薩は蓮台（壇上）におられるが、精華は奥の院にあり」と語っているようにも思える。

参詣者はそんな、浄土に咲く花の蜜に引き寄せられる虫のようだ。そう思えるのは、薄暗い森に樹齢数百年の杉の巨木が垂直に立ち並ぶ中、長く先の見えない白い道を通る人間が、実際ちっぽけに映るからでもある。ちなみに「蓮華曼荼羅絵図」では、蓮華に至る茎に沿って、「橋ヨリ内、弥勒浄土」と記されている。

❖

ようやくあたりが明るくなるにつれて、否応なしに周囲の墓標群が目に入ってくる。無数の五輪塔《ごりんとう》に霊屋《たまや》、卒塔婆《そとば》群。墓標の数は二十万基ともいわれているが、正確な数はもはやだれにもわからない。

墓碑銘には知られた名前も多く見られる。武田信玄・勝頼に、そのライバル上杉謙信、明智光秀に石田光成、ずっと奥には、豊臣家や織田信長の名前も見つけることができる。島津家や毛利家などの一族墓もある。こうなったら徳川家のそれもあってよさそうだと思ったが、壇上の裏手に霊台なる別格のエリアがあり、御霊屋として鎮座していたのであった。武将のそればかりではない。変わったところでは同期の桜の供養塔や「空」と記された落下傘部隊員の供養塔など。最近のものでは、ロケットの形をした企業墓が目につく。近年のものになるにしたがって、一族の菩提を弔うといった本来の意味合いから、記念碑的なものへと変化しているようだ。ちなみに、現存最古の墓標は十世紀末の多田《ただ》満仲《みつなか》（摂津源氏の祖）のもの、巨大な墓の代表は、高さ六・六メートルの崇源院《すうげんいん》（徳川二代将軍の北の方）の墓塔である。

　龍神スカイラインが整備された今ならまだしも、歩いて登るほかない往時、巨石を山上に上げる労力はいかばかりのものであったか。それを思えば、なぜ標高千メートル近いこの山奥にあえて墓碑を設けなくてはならなかったのか、その理由を考えないわけにはいかない。

　この二日前に訪れた稲荷山も、同じく一山丸ごと〝死の山〟だった。こちらは大小夥しい数の赤鳥居が無秩序に折り重なった印象で、何とも生々しい霊域である。そこには死に際してなお、さまざまな妄執から逃れられない人間の性を見る思いがした。対する

◉徳川家康の建立とされるその次男秀康の石廟（重文）。この時代でいえば、豊臣家の墓所をはじめ石田光成や明智光秀の墓をはじめ、何とこの地を攻め滅ぼうとした織田信長の墓碑もある。

◉高野山奥の院参道の入り口となる一の橋。奥の院に参詣した者はだれでも、大師がここまで見送りに来るといわれている。つまり、ここから先はあの世というわけである。

奥の院の風情は、どこか整然、静謐たる趣がある。その多くが時を経て苔蒸《こけむ》し、周囲の自然と一体となっているからかもしれない。いや、それ以上に一千年もの間に積み重ねられてきた人々の冥福への思いが、最奥の御廟へとつづく一本道に収斂されているからだろう。

場違いかもしれないが、エルサレムのオリーブ山のことを思い出す。ここは神殿を見下ろす丘陵地帯の斜面に、無数の墓石が並んでいることで知られるが、それは、「メシア来臨の際に、最初の復活がここオリーブ山で起こる。そして、黄金の門から入城するときに、死者が復活する」という信仰があるがためであった。

一方ここには「弥勒下生《みろくげしょう》」の信仰があった。釈迦《しゃか》が涅槃《ねはん》に入って五十六億七千年の後（つまりいつか遠い未来）に次代のブッダたる弥勒菩薩がこの世に下生するというものだ。いわば仏教版メシア思想である。そして弘法大師は、そのときを待つために入定し、今も生きていると信じられているのである。

しかし、われわれ日本人には、往生《おうじょう》という思想はあっても復活という信仰はない。だが、時が来たら大師とともに、先祖の霊も降りてきてくるのではないか……そんな妄想は許されたのであろう。なぜなら、五輪塔にしても墓碑にしても、その本来の機能は霊魂の依り代にあったからである。

ともかく今は、「日本の総菩提所《そうぼだいしょ》」とも呼ばれているこの山を実感するのみである。

◉奥の院の中《なか》の橋。古くはここを手水橋と呼び、その下の流れは死の川と呼ばれたという。また「この川は禊ぎの川であり、病が治る神聖な水であった」(日野西眞定氏)とも。

それより、空海にとってなぜここでなくてはならなかったのかを考えなければならない。

空海は、高野山を請い受けるにあたって、朝廷にこんなことを述べている。

「……今、密教の経典を照らして考えるに、深山中の平地こそ勝境にして修行に適《かな》う場所であります。空海はかつて年少のころ、好んで山水の間をわたり歩きましたが、吉野より南のかた一日行程のところからさらに西に向かって二日行程の所に、幽静なる平地があり、所の名を高野といいます。その位置を計ってみると、紀伊の国伊都《いと》の郡の南にあたる所であります。四方には高い嶺があり、人の通ったあとの道もない土地であります。いま思いますのに、上は国家のおんために、また、下は多くの修行者のために、荒地の草木を刈り平らげてわずかでも修行のできる一院を建立いたしたいものであります」

また、晩年に高野山のことをこうも述べている。

「この山の形勢をいうと、東西はあたかも龍が伏しているようで、東流する川があり、南北はあたかも虎のうずくまるがごとき状あって、居住するに興趣がある。高野山はあたかもかの須弥山《しゅみせん》の形にも似て高く聳え立ち、その腰にはかの鉄囲山《てっちせん》にも似た低い山が取り巻いている。日光は地平から出で来て、天眼通《てんげんつう》(超自然的な力)を借りなくても一望万里の彼方まで見える」

これら残された文章を総合すると、若き日、大学を出奔し、山林を跋渉する求道の道に入った空海は、吉野からこの地を訪れた。そのとき、高野山のいずれかの嶺の上に立ち、はっとする思いがあった

❖

のだろう。やがて唐から帰国するときに誓った「帰朝の日、必ず諸天威光を増益し、国家を擁護し（鎮護国家）衆生を利済（済世利民）せんために、一禅院を建立」する場所として、高野山を拠点に置く考えがすでにあったにちがいない。

　確かにこの地は、周囲を標高一千メートル近い山に囲まれ、下界と隔絶した山中にありながら、東西五キロ、南北二キロほどの平坦な場所が開けている珍しい土地である。この場所の特性については右の空海の言葉に十分尽くされているのだが、あえて付け加えるとすれば、朝方は雲海にすっぽりと覆われ、夕は開けた西の方角を真っ赤な落日が染める幽邃の地である、というぐらいだろうか。

　伽藍は東西の軸に沿って建立され、奥の院へと続く一の橋からは東北に向かう。そして丑寅《うしとら》（東北）の突き当たりにあたる鬼門《きもん》に御廟が鎮座するという構成。風景の開ける西に向けて大門が聳えるのは、西方の阿弥陀仏《あみだぶつ》の浄土を見据えるためであるとも、自らの誕生と修行の地である四国を見はるかすためであるともいわれる。

「蓮華曼荼羅絵図」にもう一度注目したい。伽藍の中心部に大塔が聳え、空海が鉄囲山に似ていると述べた周囲の小山は蓮華の八葉《はちよう》にたとえられている。これを内八葉といい、胎蔵界曼荼羅の中央部と照応している。つまり、大塔が大日如来、周囲の嶺および伽藍が四如来＋四菩薩からなる「中台八葉院《ちゅうだいはちよういん》」なのである。

　同山奥の院の維那《ゆいな》職をつとめ、高野山の信仰史に精通する日野西眞定《ひのにししんじょう》氏は、空海がこの地を「修禅の地」と定めるにあたって、外、内の二重に結界を施したことを跡づけようとしている。

「大師の書いたものを見ると、軍荼利《ぐんだり》明王《みょうおう》の法によって〝七里結界《しちりけっかい》〟したとある。多くの密教の学者らはこれをそのとおりに解釈しているが、実際は、そんな観念的なものじゃない。大師自ら高野山の周囲を歩き、自然の巨石や川を境にして結界を行ったと思われます。民俗信仰の象徴物を結界するときに用いているんです。それが外の結界(外八葉)。そして次に中台(内八葉)を結界した。つまり二重に結界を施している。実際、高野山の周辺にはシンボルになる自然物がたくさんある。かつてはそのルートをたどる回峯行《かいほうぎょう》も行われたんです。空海以来、求聞持法を行った場所も特定できます」

この時代の人には珍しく多くの著述物を残した空海だが、実は高野山に関する記述は意外なほど少ない。「書かれていることだけじゃ、本当のことはわからんのです」という日野西氏は、山内の寺院に眠っている文書類を検証し、フィールドワークすることで、空海に由来し、後継者らが受け継ぎ、そして忘れ去られた信仰の足跡をたどろうとしている。

◉御影堂。空海の高弟である真如法親王《しんにょほっしんのう》が写生したという秘仏の大師御影《みえい》を安置する。大師の“入定”信仰とともに、こちらも「生身《しょうじん》の御影」を祀る堂として信仰の対象となる。

◉高野山壇上伽藍《だんじょうがらん》の脇にある御社。空海が地主神《じぬしがみ》として勧請した丹生都比売《にうつひめ》、狩場明神《かりばりょうみょうじん》ほかを祀る。

❖

一千年以上もの間に信仰が積み重ねられた聖地から、空海その人の足跡を辿ることは困難かもしれない。しかし、境内の心臓部というべき壇上伽藍の基本設計をしえたのは、空海をおいてほかはない。

正面に聳える大伽藍が、薬師如来を本尊とした金堂。その西脇には地主神《じぬしがみ》ほかの神祇を祀った四社《ししゃ》明神《みょうじん》と、その拝殿となる山王《さんのう》堂。ここまでは東寺とも共通するが、その奥に西から西塔、孔雀《くじゃく》堂、准《じゅん》胝《てい》堂、御影《みえ》堂、根本大塔《こんぽんだいとう》、愛染《あいぜん》堂、大会《だいえ》堂、三昧《ざんまい》堂……と、ほぼ一列に並んでいるのが特徴的だ。

その中央に位置する根本大塔は、壇上伽藍が現出する胎蔵界「中台八葉」の要であり、密教様式でつく

◉高野山の宗教的中枢というべき壇上伽藍。中央は真言密教の象徴として企図された根本大塔。その左に御影堂、右に三鈷の松、金堂が見える。

◉朱色に映える根本大塔。その内部は、金色に輝く胎蔵界《たいぞうかい》大日如来と金剛界《こんごうかい》四仏が鎮座し、柱に描かれた極彩色の十六大菩薩画像が彩りを添えている。

られた最古の仏塔である。とはいえ、昭和に再建され、新たに塗り替えられた壁の鮮やかな朱色、仏たちの金色の輝き、十六もの柱に描かれた菩薩像の優美が醸し出す極彩の世界は、今なお新鮮な驚きを与えてくれる。

しかし、ここに奇妙なねじれが隠されていた。中尊は、禅定の印（法界定印《ほっかいじょういん》）を結んだ胎蔵界の大日如来だが、それを取り巻く四体の如来は金剛界曼荼羅の四仏（阿《あ》閦《しゅく》宝生《ほうしょう》、無《む》量寿《りょうじゅ》、不《ふ》空成就《くうじょうじゅ》の各如来）なのだ。胎蔵（界）曼荼羅と金剛界曼荼羅。前者は「理」の曼荼羅、後者は「智」の曼荼羅といわれる。それぞれ異なる原理のもとに構成されているはずの諸仏が混在するというのは、不自然ではないか。

そこで今一度「蓮華曼荼羅絵図」を見てみると、やはり、大塔を取り囲む「中台八葉」のうち、東西南北の四つの仏はやはり金剛界曼荼羅のそれであった。では、本来金剛界の四仏に囲まれているべき智拳印の大日如来はどこにいったのか。実は西塔に鎮座しているのであった。しかもこちらは、胎蔵界の四仏に囲まれている。

あえてこのような配置となった理由を、日野西氏に解きあかしていただこう。

「胎蔵界大日を金剛界四仏で取り囲む、あるいは八葉蓮華に金・胎両部の仏たちが交互に配置されているというのは、壇上あるいは高野山が、『金胎不二の浄土』であることを示している。つまり、『蓮華曼荼羅絵図』が平安時代末期に描かれ、室町時代になってそれが伽藍内の仏たちに反映され、現在の五仏配置になったのではないかと思われます」

❖

空海は存命中、現在の金堂にあたる講堂を創建し、大塔と西塔ほかの建造を指図したといわれる。そして自らは大塔脇にあったとされる僧坊に住まい、そこで最期を迎えたという。現在、かつての僧坊のあったあたりに建つのは、秘仏の大師像を祀った御影堂である。

壇上にてこの堂にカメラを向けていると、巡礼衣に身を包んだ一団がやってきた。

「ここは御影堂といいます。〝生身《しょうじん》の御影〟といいまして、お大師さまが生きたままの状態で描かれているお像を、おまつりしています。ですが、普段はお厨子《ずし》の扉がしまっていますから、〝見えんどう〟です(笑)。……向かいにある松の木、それに注目してください。これを〝三鈷《さんこ》の松〟といいます。お大師さまが唐からお帰りになるとき、恵果《けいか》

◉新旧暦の3月21日(空海の命日)に行われる正御影供《しょうみえく》の模様。大師に新しい衣を奉献することが主な眼目だが、それは神の命が賦活され、その霊威が更新されることを意味する。高野山でもっとも荘厳な法会である。(写真提供＝学研パブリッシング)

阿闍梨《あじゃり》からもらった三鈷杵《さんこしょ》という法具を、日本に向かって投げたといいます。そして、それが落ちた場所がここ。つまり、真言の教えを実践するにもっともふさわしい場所がここ壇上伽藍だった、そういうわけです。サア、この松の下に松の実が落ちていませんか？　これを拾って帰ると、お大師さまの功徳をいただくことができますよ」

　聞くとはなしについ耳をそばだててしまった。興味深かったのは、おそらくこの口上にかつての高野《こうや》聖《ひじり》の唱導をかいま見た気がしたからである。というのは、〝三鈷の松〟の伝説は空海の死後百年ほど後にはすでに知られており、何百年もの間、この山に集まった僧俗に同じ内容の口上が語られたにちがいないからだ。松はいわば、大師霊の依《よ》り代《しろ》であり、空海と結縁《けちえん》できる身近な呪物なのだろう。中世に描かれた『弘法大師行状絵詞』の中にも、同様のシーンがある。この地に御幸《ぎょうこう》した白河《しらかわ》上皇の臣下らが、やは

◉奥の院参道。

◉高野山壇上《だんじょう》伽藍《がらん》の脇にある御社。空海が地主神《じぬしがみ》として勧請した丹生都比売《にうつひめ》、狩場両明神《かりばりょうみょうじん》ほかを祀る。

り〝三鈷の松〟の話を聞き、大師の霊威にあずかるべく松の葉を摘み取っているのである。

上は上皇から下は庶民にいたるまで、人々は高野山に何を求めてやって来たのだろう。

「仏教的にはともかく、昔も今も、高野山でどこをお参りするかというと、お大師さんです。それは平安時代からそう。天皇・貴族の御幸《ごこう》記を調べてみても、まず最初にお参りするのは、御廟です。御廟を参って、それから壇上に上がります。で、その参詣の主目的は、大塔ではなくて御影堂なんです。生きたお大師さんの姿を詣でることなんです」

日野西氏はそういう。では、ここで崇められる弘法大師とは、いったい何者なのか。少なくとも、ただの歴史上実在した僧侶ではない。一般の信者であれば祖師《そし》信仰という理解も可能だろう。しかし、天皇が御幸において参拝するからには、それは「神」でなくては説明がつかない。

御影堂で行われ、高野山でもっとも重んじられる「正御影供《しょうみえく》」という儀礼も、仏教的装いを除いて「神への儀礼」だと考えれば、す

◉中の橋の手前付近にある大師腰かけ石。大師が座って窪みができたとも伝えられている。御廟から出て、諸国を巡っているとされた空海であればこそ、生まれた伝説である。

◉中の橋のたもとにある「汗かき地蔵」の堂。もろもろの人の罪業を一身に背負い、焦熱の苦を受けられているという地蔵尊を祀る。

んなり理解できる。

　正御影供は、新暦と旧暦の大師の命日（三月二十一日）に行われる法要である。概略をいえば、新暦の儀礼は、大師に献納すべき御衣を山内の宝亀《ほうき》院から奥の院に運び、供養したのち、壇上の御影堂に運んでその内々陣に御衣を納めるというもの。いっぽう旧暦の儀礼は、前年に納められた御衣をまとった法印（山内の最高職）が御影堂で行う法会である。いわば前者は「お衣替え」の儀礼、後者は大師霊の更新を祝う儀礼――そう見ることもできる。

　興味深いのは、旧暦の御影供のときに限って、御衣を身につけた法印が「輿《こし》」とよばれる特別の乗り物で御影堂に向かうことである。輿とは、担ぎ棒の上に台座がある乗り物で、『弘法大師行状絵詞』では、入定《にゅうじょう》した空海がこれに載せられて奥の院へと向かう様子が描かれている。いわゆる神輿《みこし》である。つまりここには、大師の御霊が「生身の御影」の掲げられている現在の御影堂に帰還する、という意味が込められているはずである。

　この「お衣替え」のルーツは、伊勢皇太神宮にて年二回行われる衣替えの行事「神御衣《かんみそ》祭」に求められるといわれる。厳島《いつくしま》神社など

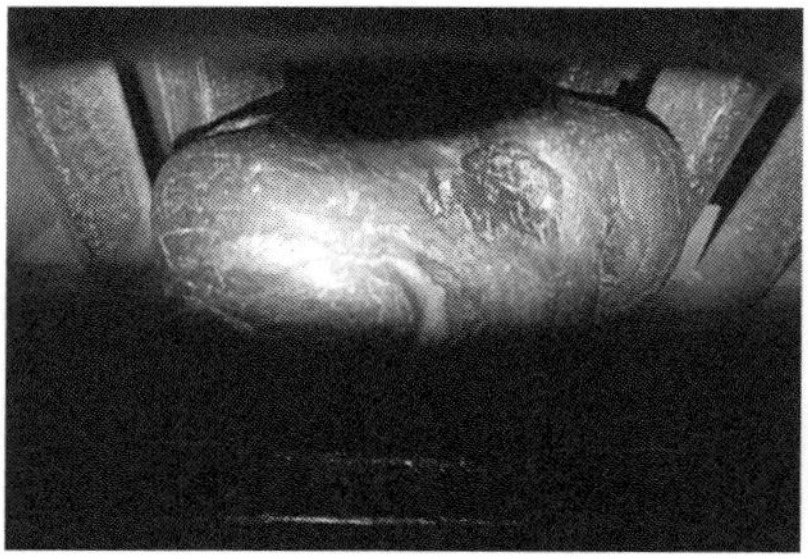
◉弥勒石。金星から降ってきた隕石ともいわれ、罪業の深い人は重く感じ、そうではない人には軽く感じられるという。

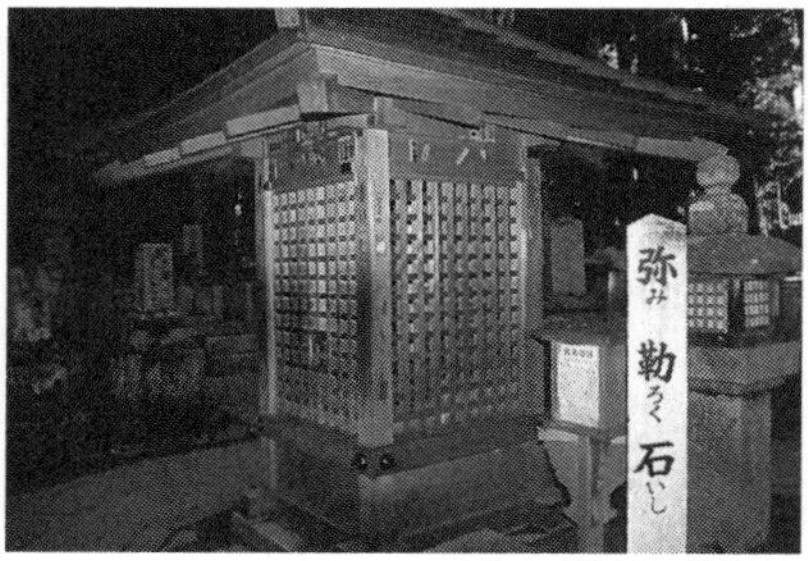

◉御廟橋を越えた奥の院参道の脇に、弥勒石を安置した祠がひっそりと建っている。弥勒下生のあかつきにはここに降臨し、空海も廟所を出て弥勒の説法に参列するといわれている。

にも同様の儀礼があり、それは正月の儀礼である。これらから判断すると、正御影供のモチーフは、大師の御霊が一年一年更新され、衰えないようにお祭りするという、神的祭祀儀礼にあったというべきだろう。

ちなみに、「生身の御影」を奉安する御影堂の内々陣は、唯一法印《ほういん》のみ足を踏み入れることのできる場

◉善通寺に伝わる三国伝来金銅錫杖頭(国宝)。恵果和尚から真言宗第八祖の証として授かったとされる。(善通寺蔵)

所であり、御影は絶対秘仏である。またここでは二十四時間、三百六十五日欠かすことのなく油灯籠《ゆどうろう》と薫香《くんこう》が献ぜられ、山内の住職による供養の修法が毎日行われている。観念的とはいえ、ここ御影堂もやはり弘法大師空海がましまス聖地なのである。

❖

場面は再び奥の院参道に戻る。

老杉と墓標が整列する中を、一本道が続く。途中、上杉謙信の墓標の向かいに「大師腰掛石」、中の橋を渡ったところに「汗かき地蔵」や「姿見《すがたみ》の井戸」、そして最後の橋である御廟橋を渡ると、「弥勒石」なる民俗信仰の霊跡と出会う。

地蔵尊といえば、路傍にたたずみ行き交う人を見つめる、われわれにとって最もなじみ深いほとけだが、ここにいることには深い意味がある。地蔵は、あの世とこの世の境である六道《ろくどう》の入り口にて衆生《しゅじょう》を教化・救済するほとけである（〝汗をかく〟のは、民衆の苦を代わりに受けるという「代受苦《だいじゅく》」信仰の現れである）と同時に、釈迦入滅ののち、次代を担う仏である弥勒が下生《げしょう》するまでの無仏《むぶつ》の時代に現れる菩薩《ぼさつ》であった。大師もまた、弥勒下生のときまで奥の院にて入定留身しつつ、そこから出ては、巡礼者を助け、衆生を救う行に出たといわれる（そこから腰掛石の信仰も生まれたのだろう）。ところが、そんな救済者のはたらきも虚しく、「姿見の井戸」に自らの影が映らなければ三年以内に死ぬという。ここをクリアし、最後の関門というべき御廟橋を無事通過できれば、ついに弥勒が下生するポイントとされる「弥勒石」に行き当たる――というわけである。

ここで、地蔵と修行大師像、そして遍路行者が共通してあるものを持っていることに気づいた。「錫杖《しやくじょう》」である。それを地面に突いたときに出る「シャン」という音は、修行者にとっては道中の毒蛇や獣を追い払い、地蔵菩薩にとっては地獄の魔物から衆生を護るための呪物であった。また空海の場合は、水を湧出させる魔法の杖となり、唐から請来したといわれる善通寺の錫杖は、参詣者との結縁の印として鳴らされている。大師信仰においては、錫杖は鈷杵とならんで欠かすことのできないアイテムである。

そして、錫杖をもつ〝菩薩〟はもう一尊あった。あの八幡大菩薩である。

善通寺、東寺、神護寺、乙訓寺と巡って高野山にたどり着き、取材・探索を進めるうえでのテーマのひとつは、「ここにも八幡神の痕跡はあるか」であった。結論からいえば、目に見える形でのそれはなかったというしかない。しかし、それはもとからなかったのではなかった。確かに空海と八幡神はこの山で「対座し」ていたのである。そして八幡神を祭る儀礼も存在していた。今や

◉御廟橋の下を流れる玉川には、清流に直に卒塔婆が建てられていた。これを流水灌頂《かんじよう》と呼び、流産や水死の人々の供養として行われる。

◉参道で多く目にするのは、地蔵菩薩の石仏である。諸々の仏尊の中でもっとも庶民の側に寄り添うその性格は、「同行《どうぎよう》二人《ににん》」の大師信仰に通じる。

古文書の中にしか残されていない八幡神の痕跡については、後の本論に譲りたいと思う。

奥の院に続く最後の橋、御廟橋から先は、脱帽、写真撮影禁止の浄域である。

『高野山民俗誌［奥の院編］』によれば、この御廟橋を渡る人はあらゆる罪障が消えるとも、罪障のある人はこの橋を渡ることができないともいわれている。ともにここが浄域に至るための重要な境界点であることを物語っているが、罪障が消えるという発想は、ここが本来禊《みそ》ぎの場だったことを暗示しているる。事実、今でもここで手足を濯ぐという習俗が残っているという。つまり、ここを流れている玉川は、本来伊勢神宮における五十鈴川のような「禊ぎの川」だったのだろう。であればこそ、卒塔婆をここに立てるという発想も生まれたにちがいない（写真参照）。すべては神たる弘法大師の御前《おんまえ》に侍《はべ》るため、である。

❖

午前五時半、御廟橋の手前にある御供所から、三人の僧が出立する。先導するのは維那と呼ばれる役僧で、残るふたりは木製の櫃《ひつ》を手にしている。中身は一飯一汁三菜の御膳である。三人はまず御供所の脇にある「嘗味《あじみ》地蔵」に供える試食の儀を行い、それを終えたら、橋を渡って御廟《ごびょう》の拝殿というべき「灯籠堂」に入る。いうまでもなく、今でも生きて入定されていると信じられている弘法大師に、食事を供え、供養を行うためである。

その後を追うようにして、灯籠堂に入る。御膳は正面の棚に供えられ、大壇では、維那職による行が営まれている。その行は、護摩を焚いたり、鉦《かね》太鼓を鳴らすでもなく静かなもので、維那がこちらに背中を向けているため、何を行われているのかはうかがい知ることはできない。わずかに肩口が動いているところを見ると、さまざま手印を結びながらの観想行であろうと理解するしかない。

堂内を見回すと、無数にも思われる数の灯籠が天井から下がり、両脇の棚にも隙間なく並べられてい

◉奥の院維那職の日野西氏と二人の僧が、大師に供える膳を手にし、御廟の拝殿である燈籠堂に向かう。一日二回欠かさず行われている奥の院の日常である。

る。それらを取りまとめるように中央に置かれている二灯は、「白河灯」「貧女《ひんにょ》の一灯」と名付けられた「消えずの火」である。この火は、御影堂のそれに先立つもので、そもそも御廟前に献じられた火のルーツは、入定直後に弟子らによって断えず灯されていたものに遡るという。古代的な観念では「火＝霊《ヒ》」であり、消えずの火は、永遠なる生のシンボルである。「入定留身」の信仰の広がりとともに、弟子らの献火に代わって、天皇貴族らが奉納する灯籠が続いたのであろう。ふと、これら無数の灯籠は、先ほど見てきた無数の墓標と対になっていることに気づく。

現在の維那職、つまり弘法大師空海の聖地奥の院を護り、その御前に仕え、信仰を現実のものとする要職に就かれているのは、実は今回さまざまなご教示をいただいた日野西眞定氏その人であった。氏によれば、「入定し、今も生きている」空海

◉年に一度、旧暦の正御影供の際の奥の院法要にて。御廟の拝殿である燈篭堂では、並べられた御膳を前にして秘仏本尊が年に一度開扉される。それは291ページの図像と同じく、弥勒菩薩としての弘法大師像であった。(写真提供＝学究パブリッシング)

に対する毎日の供養は、実に弥勒《みろく》の行法によるものだという。そしてそれは「客人を迎えるようにし、これを歓待し、終われば送り返す」次第で行われるのだという。

正面の壁は、大きな窓が開けられたような恰好で吹き抜けとなっており、奥の御廟が透けてみえるようになっている。神社における拝殿と同様である。とすれば、この供養法の本尊はほかならぬ空海そのものであり、神のごとく祀られた弘法大師は、行法においては弥勒菩薩に見立てられているということにほかならない——。

◉弘法大師御廟。承和2年(835)3月21日、永遠の定に入った空海は生身のまま浄窟に納められ、その上に御廟が建立された。脇には納骨堂があり、毎年約10万の遺骨、遺髪が納められる。

歴史上の空海、信仰の対象としての大師さん、あるいは神格化された弘法大師、そして仏尊のごとき尊格を具えた南無大師遍照金剛。さまざまな側面で語られるこの人物はいったい何者だったのか。あらためてはそんな疑問に直面せざるをえない。

【第四章】

空海＝弘法大師の秘密

秘蔵の宝鑰

前章で、晩年までの空海の歩みを急ぎ追ってみた。

人物を描こうとするとき、当然ながらその材料となるものは、記録に残っているその事跡であり、その人物が書き記したものとなる。しかし、それらから理解できるものには限界がある。ましてや空海は、一二〇〇年前の人物である。どこまでいってもその隔たりは埋めがたいもののように思える。

空海は『御請来目録《ごしょうらいもくろく》』の中で、仏の教えには人の機根《きこん》によって頓《とん》と漸《ぜん》があり、頓の中にもまた顕教《けんきょう》と密教《みっきょう》がある、そしてその密蔵の中にもまた源と派があると記した。この脈絡でいえば、その人物の本質を知る上では、残された記録と記述はいわば顕教にあたるものといえるかもしれない。これらの追求だけでは、良くてその人物の表面的な部分のみにしか焦点を当てていないのではないだろうか。

一方、空海のような人物の場合、夥しい数の伝説が紡ぎだされている。その中には、確かに記録に残されていないその一面にクローズアップしているものもある。しかしこれは、空海のいう「派《みなまた》」の拡大解釈ともいうべきもので、決してその人物が体現したものの本質とはいいがたいように思われる。

では、いかにして秘密の「源」にアプローチするか。

それは、空海の中に蔵されている重要なものでありながら、その内実が詳らかでなく、明かされていない秘密に迫ることではないだろうか。いわば空海信仰における「秘仏」へのアプローチである。

そこで以下、三つのキーワードを設定して、可能な限り考察を試みてみたいと思う。

第一に、仏舎利《ぶっしゃり》と宝珠《ほうじゅ》、

第二に、八幡大菩薩、
そして第三に、入定《にゅうじょう》について。
空海の著書になぞらえていえば、これら三つは、筆者なりの「秘蔵の宝鑰《ほうやく》＝秘蔵された宝の鍵」である。

◉摩尼宝珠曼荼羅図《まにほうじゅまんだら》。密教の「如意宝珠法」の本尊として用いられたものと思われる。宝珠をその身に蔵するといわれた龍は、また宝珠を手にすれば無敵のパワーを発揮するものともいわれた。（東京国立博物館蔵）

前章の天長四年の祈雨法の記事に、請雨法の効果がいまひとつだったため、仏舎利を持ち出したというエピソードを紹介した。

では、なぜこのとき仏舎利でなくてはならなかったのだろうか。

❖

如意宝珠という宝器がある。

そのありかは、海の底に住まう龍王の龍宮であるとも、あるいは龍の肝や脳の中にあるともいう。それをひとたび手にすれば、七宝を降らせ、意のままに衣服や飲食を取り出だすことができ、またいかなる願望も成就するという。また仏教では、〝衆生を利益すること限りなし〟と謳われたことから、仏やその教えの象徴といわれている。

結論から先にいえば、天長四年の雨乞いで著しい効験を挙げることに成功したのは、空海が仏舎利というブッダの〝聖遺物〟を如意宝珠として用いた結果にほかならなかったのである。

空海がこの仏舎利を師の恵果から「伝法の印信」として授かったことは何度かふれた。しかし、空海真筆の文章に仏舎利の功徳を謳ったものはなく、請来した祈雨修法の教典にも、仏舎利のことは載っていない。しかし事実、右の一件をきっかけに、空海は舎利を礼拝、供養し、奉讃するための大法「後七日御修法」を始修することとなり、その御修法は、宮中において以後明治維新に至る一千年もの間、国家鎮護の最奥秘の大法として定着することになった。

そしてここから、仏舎利＝如意宝珠をめぐる数々の秘説、秘史が紡ぎだされることになるのである。

仏舎利塔という言葉で知られるように、仏舎利の信仰は、インドにおいて、ブッダの骨（舎利）を安置した仏塔を建立し、その遺徳を偲んだことに由来する。やがて仏法伝播の象徴として仏塔が各地に建てられ、それとともに仏の舎利も伝播していく。日本においても同様で、苦難の航路のすえに来日し、仏法興隆の基礎を築いたかの鑑真和尚は、三千粒という大量の仏舎利を携えて来日したという。つまり、仏法を弘めることは、仏舎利を収めた仏塔を建立することと同義だったのである。逆にいえば、仏舎利を奉納していない仏塔は、まさに「仏を作って魂入れず」の代物にちがいなかった。

◉金銅火焔宝珠型舎利塔《こんどうかえんほうじゆけいしやりとう》。舎利容器を宝珠形に象り、内部に仏舎利を蔵するという形状。仏舎利を森羅万象の根本ととらえ、それをあらゆる望みを意のままに叶える如意宝珠《によいほうじゆ》の信仰と一体化した、密教信仰の具現化である。（東京国立博物館蔵）

また、仏舎利の霊験譚も古くから伝わっている。聖徳太子が手に舎利を握って誕生した伝説にあるように、それは衆生の心根や行いに感応して出現するものと信じられ、または自然に動き回り、あるいはその数を増やしたり減らしたりし、意のままに水に浮かんだり沈んだりし、または光を放ったりするなどと言い伝えられてきた。

経典では、『宝梁経《ほうりょうきょう》』に「一度舎利を拝見すれば、その罪は消滅する」とあり、『涅槃経』には「舎利の供養は生身の仏陀に会うのと同じ功徳がある」と説かれ、『法華経』にいたっては、舎利の供養を成仏の道であると説いている（橋本初子氏による）。空海以前から、仏舎利そのものが霊威に満ちた存在であることは、つとに知られていた。

それにしても、釈尊のひとりの遺骨がそれだけ大量の需要を満たすというのはありえない話である。実際はさまざまな色や形の玉石のようなものが仏の名を冠した舎利として伝わったものだと考えられるが、信仰的現実としては、仏舎利が仏の霊力が込められた聖遺物だとする位置づけに変わりはなく、今も信仰され続けている。

ただし、仏舎利を如意宝珠とし、秘法の本尊としたのは空海が最初である。

そして、そこにいたる過程では、ある知られざる人物が関与していた。

謎の僧・霊仙

その最初が天長四年（八二七）だったことに注目したい。

実はその前年に、空海の仏舎利に対する認識を変えることになったであろう出来事が起きている。『類聚国史』に、渤海国（八〜十世紀にかけて中国東北部から朝鮮半島北部に起こった国）の僧が来日し、唐に滞在していたある日本僧に預けられたものを朝廷に提出したとある。それは、二部の新たに翻訳された経典「新訳両部」と、皇帝から下賜された勅書と考えられる「造勅五通」、そして「舎利一万粒」であったという。

その日本僧の名を霊仙《れいせん》という。そしてその男は、空海や最澄と同じく延暦二十二年に入唐しており、のみならず、空海が師事した醴泉寺の般若三蔵のもとで長く学び、のちに不空ゆかりの五台山に向かい、その地で没したといわれている。

であれば、空海が知らないわけがない。むしろ同好の士として橘逸成ら以上に親しく交わったはずである。しかし通常、空海が一切霊仙のことを記していないため、空海を巡る人間関係のリストからは意識的に除外されている。が、著者はあえて空海は霊仙と交流をもち、かつ影響を与えられた関係であったと見たい。それは後述する若干の傍証によるものだが、まずは以下、一般にはあまり知られていないこの霊仙という僧の数奇な生涯について少しふれてみたい。

「日本国内供奉霊仙三蔵」

これは、空海の入寂後三年たった承和五年（八三八）に入唐した天台僧円仁《えんにん》による、有名な『入唐求法巡礼行記』の中に見える言葉である。円仁は五台山にて、霊仙を〝発見〟し、伝え聞いた事跡をその中で記している。それは霊仙の歩みを記した唯一の記録といっていいものだが、彼がまず、右の肩書に驚かされたであろうことは想像に難くない。

――この国で内供奉僧となり、三蔵の称号を与えられた日本人がいた！

内供奉とは、唐の宮廷の内道場に参内することが許された限られた高僧のひとりだったことを意味し、三蔵とは、皇帝によって仏教のすべてに通暁した者のみに与えられる称号である。後にも先にも三蔵の称号が与えられた日本人僧は霊仙ただひとりである。

現在の滋賀県米原市出身とされる霊仙は、長じて奈良の興福寺に入門、法相を学び、入唐の僧に選ばれた。船は最澄と同じ船だったといわれる。空海も学んだ醴泉寺にて学んだのだが、彼や最澄が経典や法門の請来を果たすべく短期間で唐を離れたのに対し、霊仙は本来の留学生の務めとして、仏教研鑽のため長くこの地に留まったと考えられる。

やがて般若の指導で梵語に精通するようになり、習得した中国語を併せた語学能力が買われ、皇帝の命で設けられた公式な仏典翻訳の場に、訳語と筆受担当僧として抜擢されることになる。その任務は、般若が口述した梵語の経文を中国語に音訳し、さらに意訳して記すというもので、経典の要諦と両言語に通暁していなければ務まらない大役だった。そこで漢訳され、先の両部の経典のひとつとしてもたらされたのが、『大乗本生心地観経』と呼ばれるものであった。

霊仙には、その功績を称えた皇帝によって三蔵の称号が授与され、内供奉僧として参内するようになる。そして内道場にて〈治国の宝、勝敵の要〉として尊ばれた大秘法「大元帥明王法」を習得したという。しかし霊仙本人は帰国の思いやみがたく、その機会を願っていた。だが皇帝は彼を手放さず、やがて皇帝暗殺という事件が勃発。危険を察し、長安を脱出した霊仙だったが、向かった五台山にて毒殺されてしまったという。

なぜ毒殺されなければならなかったのか。内道場への参内を通じて国家機密に精通してしまったか、あるいは極秘の法が外部に流出するのを阻むためだったのか、もしくは、異常とも思える情熱で仏舎利収集に走ったことと関係しているのか……その理由は不明である。ともあれ、篤実な学問僧であった当初の面影は一変し、その晩年は鬼気せまるものがあったという。一万もの菩薩を空中にて観見した、みずからの手の皮を剝いで仏像を描き、仏塔を造った、などといったエキセントリックな逸話が、わずかに伝えられたその足跡を際立たせている。その激情のままに帰国を夢見つづけ、ついに叶わなかった霊仙の伝説は、知る者の胸を打つものがある。

ともあれ、生前に渤海僧に託された霊仙のメッセージは無事日本の朝廷のもとに届いた。帝はその志に感激したか、霊仙に百金もの大金を下賜している。そして再度、その返礼として先の三種の献納物がもたらされたのである。

天長三年、空海は霊仙伝来の経典をさっそく披見したと思われる。これには証拠がある。天長五年の空海の書状には、伝来したばかりの『大乗本生心地観経』に記された「四恩(父母、国王、衆生、三宝の恩)」の説を引用した文章が見えるからである。が、それにもまして同経に記されたこの言葉が空海に強い印象を与えたのではなかったか。

――釈迦舎利変成如意宝珠

訓み下し文にすれば、「釈迦《しやか》ノ舎利《しやり》ハ如意宝珠《によいほうじゆ》ニ変成《へんじよう》ス」ということになる。

それにしても、霊仙が請来したという「舎利一万個」という数字は桁外れである。「霊仙は遣唐使の役を終えた後も朝廷に願い出て唐にとどまり、一生懸命舎利を集めた」(河田貞氏)というのだが、その情熱は一体どこから来るものなのだろうか。

密教学者の頼富本宏氏は、師の般若三蔵から受け継いだ仏塔信仰にあったのではないかと見ている。先に述べたように、釈尊の魂である舎利を納めた仏塔は、仏法伝播と興隆のシンボルである。『心地観《しんじかん》経《ぎょう》』には仏塔の信仰が鼓吹され、般若自身、その巡礼者だったとされている。

一方日本では、おりしも東寺の五重塔造立の時期にあたっていた。プランナー空海による「密厳国土《みつごんじょうど》」建設に傾倒していた嵯峨・淳和帝であれば、霊仙が鼓吹する仏舎利信仰に呼応し、一留学生ながら百金もの大金を委ねたとしてもおかしくはない。

また事実、すぐのちに東寺講堂の造立が着工するのだが、そこに安置する仏尊に仏舎利が納入されていることは先に述べた。こうして増大する舎利需要に対して、空海請来の「八十粒就中金色の舎利一粒」では事足りなかったのはまちがいない。

しかし、当の空海は『心地観経』の「仏舎利が如意宝珠となる」という説に触れ、その呪力に対し認識を新たにしたのではなかったか。それが翌天長四年

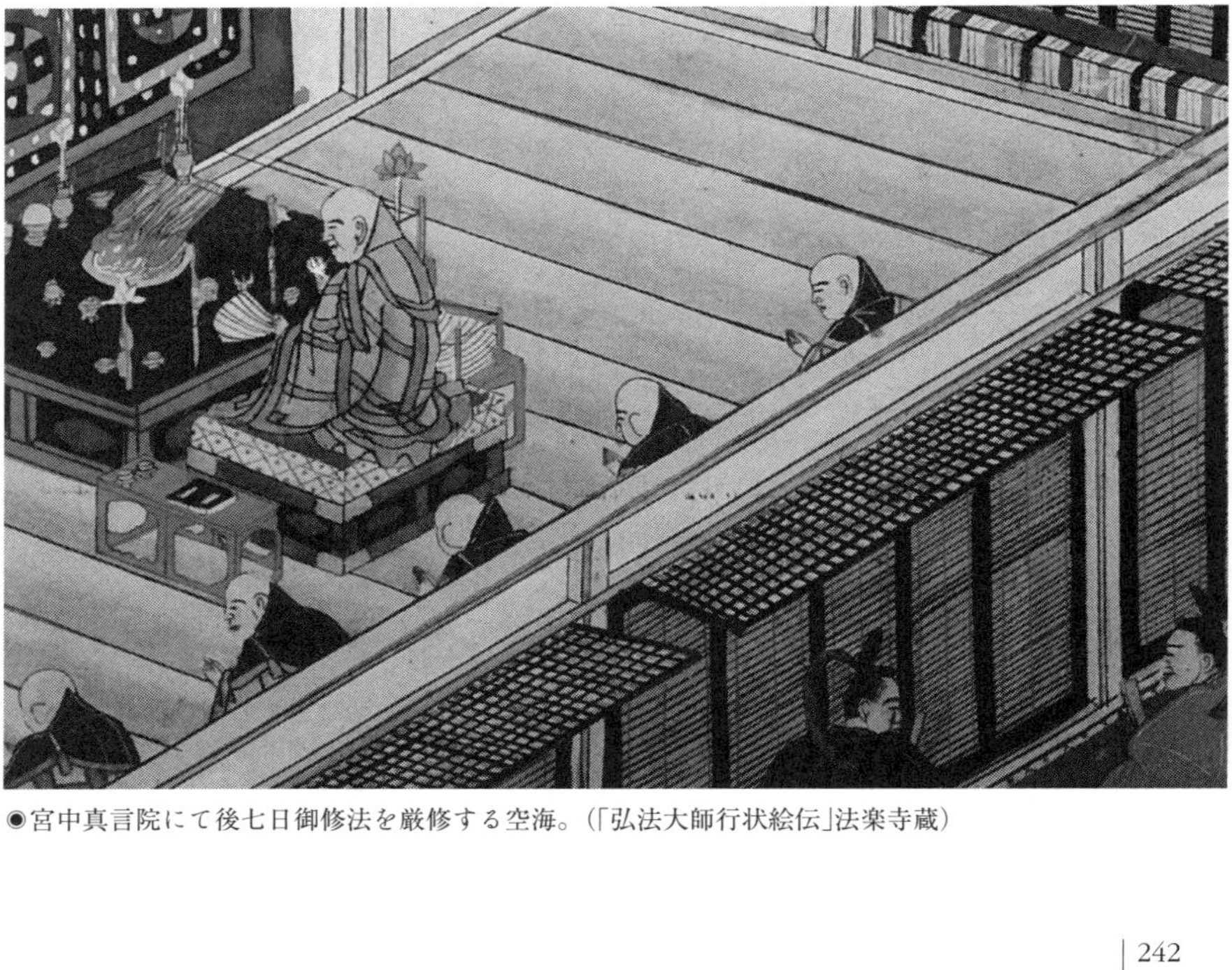

◉宮中真言院にて後七日御修法を厳修する空海。(「弘法大師行状絵伝」法楽寺蔵)

の祈雨修法に仏舎利を用いることとなり、さらに仏舎利を本尊とする国家的秘法を創始するという空海の創案につながったのではないかと思われるのである。

先に述べたように、それは「上からの密厳国土」の総仕上げというべきプロジェクトだった。では、その秘法の実態はいかなるものだったのか。伝えられる範囲で、「後七日御修法《ごしちにちみしほ》」の情景を再現してみたい。

――正月元旦から七日の神事に次いで、毎年一月八日から十四日にかけて七日間行われる。金剛界立てと胎蔵立てが交互に修され、その道場には、東西に胎蔵曼荼羅と金剛界曼荼羅、北壁には五大明王像、東の壁から南側にかけて毘沙門天ほかの十二天尊像、日天、月天などが掲げられる。大壇の前に天皇の御衣《ぎょい》などの〝御撫物《おんなでもの》〟が置かれ、その中央に、金銅宝塔に入れた本尊たる仏舎利が置かれている。そのかたわらには、息《そく》災《さい》、増益《ぞうやく》の護摩壇などが配置され、あわせて修される。大壇には東寺の首座（長者）たる大阿闍梨が務め、息災、増益の各壇および五大尊と十二天の供養にあたるものなどを含めて合計十四人が出仕する。そしてその供養は、大壇二十一回、両護摩壇二十一回、五大尊供二十一回、十二天供十四回、聖天供《しょうてんく》十四回、神供《じんく》三回にもわたる、まさに〝大法〟であった。

「かように後七日御修法は明王天部を揃え、（それらを本尊とした）護法中心の作法のごとく見えるが、あくまで中心は宝珠であり、最勝王経が読まれて如意宝珠法が修されたものにほかならない」（村山修一氏）

ちなみに、ここで読まれる最勝王経とは護国経典として知られる『金光明経』のことだが、やはりというべきか、空海はこの経典を曼荼羅の仏尊によって読み替え、ダラニを織り込んだ密教経典に様変わりさせている。そして儀礼の本尊となる仏舎利が、鎮護国家、皇族安泰、五穀豊穣を現実のものとする如意宝珠（宝生如来と称される）として祈られるのである。

「いずれにしても、後七日御修法の恒例化に伴い、東寺に所蔵される大師請来の舎利はその権威を増し、

真言密教における最高の聖器として神秘化され、それは大師自身の神秘化に結びつくことになった」（村山氏）

東寺舎利

東寺の舎利は年ごとに増えたり減ったりする――

神秘化のひとつとして、そんな話が東寺には伝わっている。先に仏舎利の不思議な伝承についてふれたが、当事者にとっては今も現実のものとして受け止められているのである。

元東寺宝物館館長の澤龍雄氏は、舎利信仰に詳しい河田貞氏（奈良国立博物館）との対談の席でこんな言葉を残している。

澤「事実、私も僧籍を汚していますので、そういった経験がないこともないのです。……もっぱら拝む方のことはもう最小限で勤めの方に走っていましたものですから、舎利は減りましたんですけれど。ところが父がずっとやはりお勤めをしている時期には数が増えたということは、これは体験上、私はわかっています。私は生臭いから減ったと思っているのですが、そういうふうな側面がやはり舎利についてはありうる……」

河田「今のお話のように、実際に仏舎利が増えるということはよく聞きますね。これはまさに数値的にごうのこうのではなくて、やはり信仰の問題なんですね」

澤「ですから一般の人にはこれはもう理解されにくい側面だと思いますが、そういう事実はまったくゼロであったということは言えないと私は考えています」（至文堂『日本の美術9』所収、対談「弘法大師請来の舎利と舎利会」より）

河田氏が「信仰の問題か」と確認するものの、澤氏は決して首を縦に振らない。これが、東寺の一千二百年近い歴史が培ってきた現実感である。

かつて東寺では、毎年後七日御修法結願のとき、長者によって大師請来仏舎利の入ったふたつの壺を開け、舎利の数を勘定するという慣習があった。記録に残っている最古のものは天暦四年（九五〇）正月十五日のもので、そこにはこう記されている。

甲壺／四千二百五十九粒　乙壺／五百三十五粒

大師請来舎利は、本来八十粒だったはずである。それが合計四千七百九十四粒にまで増えたというのは尋常ではない。興味深いのは、先の円仁らと同時に入唐した空海の弟子円行が、霊仙の弟子から仏舎利三千粒を譲り受け、請来しているという事実である。とすれば、先の河田・澤両氏がいうように、この円行請来の舎利も併せて大師舎利の名のもとに奉持されたと考えるのが自然のように思える（それでもまだ数は足らないが）。ちなみに、やはり同時に入唐した真言僧の常暁は、同じく霊仙の弟子から大元帥法

◉弘仁14年（823）、勅使が至り、東寺を空海に賜る旨を述べる。（「弘法大師行状絵伝」法楽寺蔵）

を伝授されたといわれている。霊仙の忘れ形見がことごとく空海の弟子に託されたというところに、霊仙と空海の見えない絆のようなものを見る気がする。

さて、天暦四年の数をひとつの基準として、仏舎利勘計の史料に注目してみたい。

記録の残されている範囲で見ると、数十の範囲で増減が見られ、途中乙の数が甲の数を上回るという現象（入れ間違いか？）はあるが、おおむね百年以上もの間、合計四千粒台をキープしている。ところが、十二世紀に入ったあたりから、誤差とは考えられない明らかな変動が見られるようになるのである。

天永三年（一一一二）甲壺／六百二十三粒　乙壺／三千三百六十五粒
大治二年（一一二七）甲壺／六百六十八粒　乙壺／四千四百八十六粒
久安二年（一一四六）甲壺／六百十九粒　乙壺／三千百五十九粒
建保四年（一二一六）甲壺／五百十七粒　乙壺／二千五百五十粒
文永八年（一二七一）甲壺／三百三十八粒　乙壺／千九百五十九粒

まずは、天永三年で四千台を切ったかと思うと、次に記録の残っている十五年後には一気に五千台に突入していることが目を引く。

では、その数に何の意味があるというのだろうか。そもそもなぜ勘計が行われるようになったのだろうか。

『東宝記』は、そんな疑問にこう答えている。

——天下ノ豊饒ノ時、分布ハ倍増シ、国土ガ衰危《すいき》ノ時、粒ノ数減少ス。

つまり、国の吉凶《きつきよう》禍福《かふく》が東寺舎利の数となって現れるというのである。

その視点で見ていくと、大師舎利の数はこのように読めるのかもしれない。

数がピークにあった大治二年は、長年続いた摂関政治を打破した白河上皇の時代で、武家時代の到来を目前にした「朝廷政治の最後の残り火」(藤巻一保氏)であった。そして、僧兵が増長し、武家が跋扈しはじめる久安二年には再び四千台に落ちている。さらに鎌倉時代の建保四年には三千台そこそこに減少。下落傾向には歯止めはかからず、ついに元寇が襲来する文永八年には二千台前半にまで落ち込んでいる――と。ちなみに、鎌倉幕府は、大師舎利とは別ルートの仏舎利を円覚寺舎利殿に祀り、鎮護の基《もとい》としている。

また、建保四年には、仏舎利のほか、恵果から賜った犍陀穀子袈裟《けんだこくしのけさ》などが盗まれるという事件が起きている。これは一寺の寺宝が盗難に遭ったというだけにとどまらなかった。「仏法が衰微したとき、王法もまた鎮護の力を失う」ことを恐れた朝廷は、東寺長者に五大虚空蔵法を修するよう勅命を下し、五畿七道に捜索の手を延ばしている。つまり大師舎利は仏法盛衰のシンボルであり、国家鎮護の根本と考えられていたのである。そして修法の効験か、何と二十四日後に強盗は生け捕りにされ、舎利道具は無事に東寺に戻ってきたといわれている。これは数々の史書に記されている史実である。

その呪験への誘惑に耐えられなくなったか、十二世紀前半ごろからは、歴代の天皇によって仏舎利の奉《ぶ》請《じょう》(おすそ分け)が行われるようになる。実際には天皇みずからのために行われることが多かったが、鎌倉時代以降は公家、武家の有力者が勘計の場に列席して奉請にあずかることも増え、そのメンバーと席順は、「まさに政権の縮図」(橋本初子氏)の様相を呈していた。いつしか仏舎利は、富貴、財福をもたらす如意宝珠そのものとして求められるようになっていたのである。

のみならず、「舎利は天皇の三種の神器に相当する(又は一体化する)神器として、権威付けに用いられていた」(田中貴子氏)といわれている。

後醍醐天皇は正中元年に計七十一粒もの奉請を行ったが、列席者には北畠親房の名前しか見当たらない。つまり、みずから多数の舎利=如意宝珠を所有し、その「意のままに望みを叶えてくれる」パワーによって武家の傀儡《かいらい》から脱却し、揺らぎつつある王権のよりどころにしようと図ったのである。そのあげく、例の犍陀穀子の袈裟を身につけ、みずから金剛薩埵の法具を手にして密教式の「即位灌頂」に臨んでいる。これなどは大日如来から空海に至る〝法身のブッダ＝法王〟と一体化し、現世の王権の復興を狙うという「異形の王権」の最たる姿であった。

逆に〝限りなく天皇の地位に近づいた〟将軍足利義満は、天皇の名で奉請を行うという建前を崩し、みずから大師舎利の奉請におよんだという記録が残っている。それは、現実世界の権力のみならず霊力においても天皇を凌駕《りようが》しようとする、義満の不敵な態度の現れにほかならなかった。

如意宝珠の製造法

東寺舎利、大師請来仏舎利に対する信仰は、如意宝珠信仰と相まって、平安中期から室町時代にかけての中世全体を覆った神秘的思潮のまさに核だった。いわば台頭しては消えていく権力者たちのパワーゲームが、仏舎利を巡って展開していた観すらあった。

これらすべての原点は、空海が始修した「後七日御修法」にある。ただし、舎利信仰がさかんに鼓吹され、御修法に注目が集まるようになるのは、空海の死後百年ごろ後からと考えられ、それは空海の入定信仰が定着し、大師信仰があらたな展開を迎えた時期と符合している。あたかも勘計された舎利の数と比例するように、大師その人への信仰もこの時期にピークを迎えているのである。

そのことにふれる前に、仏舎利＝如意宝珠のもうひとつの神秘的思潮についてもふれてみたい。

真言宗徒が信奉し、空海の遺言とされている『御遺告』に、「東寺の座主大阿闍梨が、如意宝珠を護持すべき縁起」なる文章がある。先にふれた、「東寺大経蔵の仏舎利は、大阿闍梨が伝法の印契密語を守り惜しむがごとくすべし。一粒たりとも他に散ずることなかれ。これすなわち如意宝珠なり」という言葉を掲載したものなのだが、その前段に、見逃すことのできない内容が記されている。

如意宝珠の製造法である。

これまでの文脈では、大師請来仏舎利を如意宝珠と「観想して」修法を行い、舎利＝如意宝珠と見立てたという前提で話を進めてきた。しかし、ここでは大師みずから錬金術的手法によって仏舎利から如意宝珠を造る方法を詳述しているのである。そもそも『御遺告』自体が平安中期の偽作とされており、現実感に乏しい内容のためかこれまであまり語られることはなかったが、それが空海真筆のものではないにしても、空海の言葉として信じられ、さまざまな口伝秘説を生んだものであれば、無視できないものがある。

その内容はきわめて具体的で詳細にわたっている。このため、少し長いがその部分を引いてみたい。

> ……自然道理の如来の分身であるというのが、真実の如意宝珠である。自然道理の如来の分身と呼ぶのは、祖師大阿闍梨（空海）の口伝によって生成する玉である。秘密の上の秘密、甚深の上の甚深なるものである。たやすく儀軌《ぎき》に注解せず。これ大日如来の所説なり。
>
> 生成の玉というのは、これ能作性（あらゆるものの主体となる性質）の如意宝珠なり。すべからく九種の物でこれをつくるべし。その九種とは、一には仏舎利三二粒、二にはいまだ他に用いられていない沙金《さきん》五〇量、三には紫檀《したん》一〇両、四には白檀一〇両、五には百心樹《ひやくしんじゅ》の沈香《じんこう》一〇両、六には桑木《そうぼく》の沈香一〇両、七には桃木の沈香一〇両、八には大唐《だいとう》の香木の沈香一〇両（香木の沈香とは、名香木の沈香であって、その

色をえらばず、ただ清浄なものを用いる)、九には漢桃《からもも》の木の沈香一〇両なり。

これらの九種のうちの沙金五〇両と白銀五〇両(ともにいまだ他に用いられていないもの)、これを合わせて壺をつくり、例の三二粒の仏舎利を安置して、永く壺の口を閉じて、誦《じゅ》し封じて固く結ぶこと。先の六種の沈香を未使用の鉄臼に入れて挽き、やはり未使用の絹の嚢《ふくろ》で篩《ふる》うこと七度、その糟《かす》をまた同じく挽いて粉末にし、同じ嚢に入れてこれを篩う。こうして篩い出されたものを未使用の真漆《まうるし》で練り、丸い形にして等分に合成し、例の仏舎利の壺を中に入れ、方形、円形合わせて丸くして上下を等分に(宝珠型に)せよ。

以下、つくる際の心得や安置法、礼拝法などがやかましく説かれ、くれぐれも東寺の大阿闍梨以外他見を許さず、次第も極秘にせよなどと述べられている。そして後段に、この宝珠がすでに室生山の勝地に埋められていることが告げられる。

なぜ室生山だったのか。元来この地には龍穴と呼ばれる窟《いわや》があり、雨を降らす室生龍穴神の住まう場所として信仰されていた。やがて興福寺法相宗の僧が入山し、修円らが修行の拠点としていたのだが、空海は知己の間柄にあった修円に法を伝え、また弟子の堅慧《けんね》がこの地で窟修行していた縁もあって、なじみ深い場所だったことは確かである。

ちなみに、『御遺告』では「その勝地とは……堅慧法師が修行した窟の東の嶺である」としているのだが、一説には、この堅慧こそ、空海が唯一の師匠とした恵果の生まれ変わりであるといわれている。とすれば、恵果から伝授された仏舎利が空海の手で如意宝珠となって再び恵果のもとに帰っていくというストーリーになり、空海が恵果の遺言に応えた形となっていて、興味深い。

もとより宝珠は龍宮の龍王の持ち物とされていたため、龍神(龍王)と如意宝珠が結びつくのは必定だったのかもしれない。想像をたくましくすれば、たびたび雨乞い修法に駆り出された晩年の空海が、室生山(または龍神)と何か深い縁を結ぶという事実があったのかもしれない。

ともあれ、ここに如意宝珠が埋められたという記事は、おそらく空海の入寂後、この山が密教化していったことと関係があると思われる。また、宝珠はのちに高野山や稲荷山などにも埋められ、仁和寺や鳥羽宝蔵に秘蔵されたと伝えられるようになるが、それは密教の奥旨《おうし》がここに伝えられたかを暗示するものにちがいない。

ちなみに、東寺舎利の数がピークを迎えた時代の法皇で、仏舎利二千粒を私蔵していたとも伝えられる白河院は、のちに鳥羽宝蔵に納められることになる如意宝珠を入手し、如意宝珠法を修させたといわれている。仁和寺に入って初代法皇となった宇多上皇、宝蔵に如意宝珠を安置したという鳥羽上皇、そして宝珠を秘かに入手した白河上皇……この系譜は偶然ではあるまい。いずれも摂関政治を打破し、天皇を越える権威をもって君臨しようとした法皇たちである。彼らがこの不思議な珠を渇望し、追い求めていった様が見て取れるようである。またその有様は、舎利の勘計に一喜一憂したであろう姿ともダブって映る。

そして、彼らは必然的に空海、いや弘法大師を神と崇めるようになる。弘法大師が仏教者でありながら神のように崇敬される背景には、空海の置き土産というべき仏舎利=如意宝珠への幻想を抜きにしては語ることはできないのである。

しかし、世俗の権力が武家の手に渡る時代になると、舎利宝珠の信仰も大衆化する。

千手、如意輪の観音や虚空蔵菩薩、また弁財天(ここでいう弁財天は、密教化された多臂《たひ》弁天である)やダキニ天、あるいは稲荷神。これらは中世期、密教を背景に勢力を延ばした神仏で、いずれも、あらゆる願望を成就し、財福をもたらす現世利益方面の効験を売り物にしている。

これら神仏が、いずれも如意宝珠を携えていることに注意されたい。その信仰を弘めていったのは、宝珠が埋められたといわれた高野山や稲荷山などを根城にし、全国津々浦々に流れていった僧や聖や行者らであった。そんな彼らこそ、後に民衆に弘法大師の伝説を弘めていく担い手となっていくのである。

そしてもうひとつ、如意宝珠を介して空海と因縁を結んだ神といえば忘れてはならない存在がある。次に、その神＝八幡神の秘密に迫ってみたい。

空海・弥勒・八幡

鎌倉時代中期に書かれた『彦山流記《ひこさんるき》』には、こんなことが記されている。

――彦山権現は、人々の救済のために、如意宝珠を山中の般若窟《はんにゃくつ》に納めた。法蓮《ほうれん》はこのことを聞き、窟に籠もること十二年、一心不乱に『金剛般若経』を読誦し、彦山三所権現に心から帰依するともに、八幡大菩薩にも如意宝珠を拝受することを誓った。そんなとき、ときどき来ては上人に奉仕する白髪の老翁《ろうおきな》がいた。上人は言った。

「貴方のご奉仕はとても心がこもっています。貴方と師弟の間を結びましょう。これも遠い昔からの因縁です。もし私が宝珠をいただいたら貴方に差し上げましょう」

上人の念願が叶い、ついに岩窟より清水が吹き出し、それに乗って黒龍が現れ、宝珠を吐き出した。上人は随喜し、合掌して左の袖を差し出して衣の袖に宝珠を納めた。上人が彦山の上宮にお礼に出かけ、次に八幡宮に参ろうとしたとき、例の老翁と出会った。翁は約束どおり宝珠をくれという。上人が応じないでいると、翁は違約を責めた。

適当にあしらって帰すと、上人はふと、袖に入れておいた宝珠がないことに気づいた。たちまち怒りが露わとなり、呪を唱え、翁の行く手を阻んだ。

たちまち捕えられた翁は、こう言って上人に陳謝し、みずからの正体を明かした。

「実は私は八幡大菩薩です。私は日本の鎮守としてこの宝珠を国の利益のために使いたいと思います。ついては弥勒菩薩が世に出る前に、弥勒寺という寺を建立しますから、貴方が別当になってください。今より仏心となって世のために尽くしましょう」

そののち、如意宝珠は大峰玉置の宿に埋められ、そして弘法大師はこれを室生山に埋めたのである、と。

この伝承は、修験道の法の伝播を逆に物語るものと考えられている。つまり、空海の密教の法が大峰の修験道を形成し、それが彦山に伝わったという事情を表しているというわけだが、彦山側が、如意宝珠に代表される秘密の教えが法蓮から八幡大菩薩へ、そこから空海へとリレーされたのだと主張したかった理由もないではない。というのも、『日本書紀』には八幡宮の祭神の一である神功皇后が海中から宝珠を得たという話が記され、八幡宮は古くからその玉を御神体としていたともいわれている。八幡神と宝珠信仰は、それだけ古い由緒を誇っているのである。

それにしても、ここで法蓮－八幡神－空海と続く系譜は何を意味しているのだろうか。

空海と八幡神の関係は、歴史が幾重にも積み重ねられているうえ、その多くが忘れられているため、実にわかりにくい。調べていくほどに、その一端が顔をのぞかせ、調べる者を謎の迷宮に誘うのである。

たとえば、高野山には、こんな話も残っている。

――ソレ、野山八幡御大神ハ、高野大師ガ勧請《かんじょう》シ、以《も》ッテ同室ニ対座シヌ。入定《にゅうじょう》ノ二百年バカリシテ、祈親《きしん》・明算《めいざん》ノ二師、先蹤《せんしょう》ニ鑑ミテ益々コレヲ仰崇《ぎょうすう》シ、別所を構エ、而《しか》シテコレヲ鎮メ安置ス。

この文章は、『一臈坊旧記』(『紀伊続風土記』所収)という山内に伝った古文書の一節である。これによると、空海(高野大師)が勧請した野山八幡なる神が高野山に鎮座していたこと、そして、空海の死後二百年たったのちに、この山の復興、発展に尽くした祈親・明算が、先例のようにますます八幡神を崇めたことなどがわかる。が、注目すべきは、やはり「同室ニ対座シヌ」という表現である。

この史料を紹介いただいたのは、高野山奥の院維那職の日野西眞定氏だが、山内に残る古文書類に精通した氏によると、八幡神に関する史料はまだまだ存在するという。

驚くべきことに、地主神の高野・丹生社を祭る丹生家に伝わる開山縁起には、〈高野山の寺領は、譽田天皇つまり八幡菩薩からまず丹生氏に贈られ、それを弘法大師に贈った〉という文章すら残されているという。史実はともかくも高野山の神を祭る家系が、みずからの神領を「八幡神から贈られた」と伝えたことの意味は大きい。このことは、文書が書かれた当時（おそらく開山まもないころ）、地主神が八幡神の神威に従うべき位置づけだった消息を物語っている。

また、今から百数十年前の江戸時代まで、山上では「巡寺八幡」なる行事が盛行したという。これは年に二回、当番の坊から坊へ、御幣《ごへい》、御旗《みはた》、御熊手《くまで》、御剱《つるぎ》、御弓箭《きゆうせん》といった八幡神の御神体を奉持した者たちが、闇夜の山内をしずしずと神幸したというもので、その間寺院町衆の者は、神燈を消し、部屋中の明かりを消してひっそり静まったといわれている。これなどは、空海が修禅の道場として開いた高野山が何によって守護されているのかを示す、神の示威行動というべきものだったといえる。

こういったことはおそらく、明治初めの神仏分離令以前には常識に属することだったのだろう。信仰対象としての空海、つまり弘法大師のそばにはつねに八幡神が寄り添っていたという構図である。しかし、近代日本は、こうした八幡神の信仰を密教寺院からことごとくひっぺがした。それは神と仏とを分離させるだけでなく、仏と結びついた〝あいまいな神〟を排除するということをも意味していたにちがいない。

同じことは、東寺にもいえる。

「弥勒八幡山総持普賢院」というその別称は、教王護国寺＝東寺という名称に慣れたわれわれにはきわめて違和感のある名称だ。しかし、その寺院の信仰の実体をまったく無視した名称がつくはずはない。単にその意味が忘れられているだけだ。

やはり、というべきか、由来を尋ねるべく同寺の宝物館にうかがったところ、「その名は江戸時代の名所図絵に載っていた表記をそのまま使ったもので、文献にもないため、その名の由来はわからない」という返事だった。

「ちなみに、本来当寺院には山号というものはないのですが、あえて山号を記す場合に、〝八幡山〟という名称を使ったということは聞いていています」

平地に建てられた寺院であれば、確かに山号は便宜的にものにすぎなかっただろう。しかし、あえてそう呼んだということにはシンボル的な意味があったはずである。ちなみに、総持とはダラニの漢訳であり、普賢とは「仏の慈悲の究極」を意味する。普賢菩薩は密教では金剛薩埵《こんごうさった》と同体とされ、諸菩薩の首座に位置し、十の広大な誓願を立てて「すべてが尽きてもこの願はつきない」と誓ったという。つまり普賢とは、衆生救済の永遠の菩薩行を象徴する言葉といえる。

それにしても、「弥勒八幡」とは何なのか。


問題はまず、空海がいつ八幡神と出会い、深い縁を結ぶようになったのかである。

ある宗教民俗学者は、「それは空海の氏神だったからだ」というが、空海が生まれたとき、すでに「佐伯八幡」がその生地にあったと考えるのは少々無理があるように思う。八幡神という名称自体が八世紀前半に生まれたとされており、やがて東大寺の鎮守神として脚光を浴びたとはいえ、氏神として一氏族の中で内面化されるだけの時間があったとはやはり考えにくい。逆に、空海の入滅ののちに生地に八幡神が勧請されたと考えれば、佐伯八幡の存在意義も理解できる。つまり、一族の崇めるべき先祖が八幡神と一体だったならば、その子孫にとって氏神になりえるのである。

であれば、やはりその出会いは入唐前後ということになる。それを分岐点として見れば、以後、東寺、神護寺、乙訓寺、そして高野山と、空海が足跡を残した場所には必ず八幡神との伝説が残っていることになり、その信仰は生涯続いていたと見ることができる。この場合、話のディテールには潤色があったとしても、語り継がれるべき何らかのモチーフがあったと考えたほうが自然である。それは空海その人の中にあっ

◉八幡宮の総本社である宇佐八幡宮の勅使門。その内側に八幡三神を祀る本殿がある。向かって左から第一殿、第二殿、第三殿の三棟が並ぶ構造となっている(国宝)。

◉宇佐八幡宮の本殿のある上宮を下ったあたりに、かつて神宮寺として伽藍を連ねた弥勒寺の跡地がある。神による鎮護(託宣)と仏による救済という図式は、神仏習合の基本概念であった。

たのか、時代的社会的な要請がそれを言わしめたのか。おそらくその両方だったと思われる。いずれにせよ、密教の法を弘めるうえで、空海が八幡神と一体でなければならない何らかの理由があったのである。

そう考えれば、八幡神は単に渡航の際の守護神ではなく、寺域を護る鎮守の神でもなかったことは明白だ。八幡神の役割は、高野山における高野、丹生明神、東寺における稲荷神とは異なる。空海は、地主神としてではなく、みずから（およびその法）を護るために八幡神を必要とし、一体となったのである。

そもそも八幡神とは何だったのか。

これが意外に難問で、専門家の間でも完全な決着はついていない。

八幡社ほど、日本全国どこにでもある神社はない。約十二万もの神社のうち四万ほどが八幡社であるにもかかわらず、その正体は長年謎とされてきた。なにしろ紀記神話にもその名がなく、「八幡」という名が歴史上に現れるのも八世紀初頭のことであるという。その発祥は現在の大分県宇佐市にある宇佐八幡宮で、祭神は応神天皇とされるが、それがもともとこの地に祭られていたわけではない。

どうやら、八幡という神が登場する背景には、この地を巡る三つの勢力の葛藤と対立が存在していたらしい。ひとつはもともとこの地を治めていた国造《こくぞう》宇佐《うさ》氏、もうひとつは六世紀ごろまでに新羅から多数移住してきた渡来系の秦一族、そして、六世紀末に大和から乗り込んだ大三輪《おおみわ》氏である。

以下、その経緯を簡単に見ていきたい。

六世紀に宇佐氏が大和朝廷に征伐され、その神とともに失墜しているなか、「豊《とよ》の国（豊前国、現福岡北部と大分北部にまたがる地域）」は、新羅の神を奉じ、香春岳の銅山開発で力をつけていた秦一族の支配下に置かれるようになった。そこに、宇佐地方の政治的空白を埋めるべく、かつ秦氏の先進文化とその財に接近すべく進出したのが大三輪(大神《おおが》)氏だった。大神氏は神功皇后‐応神天皇を奉じ、大和朝廷を後ろ楯とした勢力である。

「そんななか、大化の改新で『神祇令《じんぎりょう》』という国家が神社を設けるという法令が発布された。すると宇佐の国にも官社を設立しようということになって、大変な権力争いが繰り広げられることになるのです。つまり、大神の一族は神功‐応神をお祀りしたいと考える。ところが秦氏のほうは、新羅由来の道教神を祀りたいという。双方とも火花を散らす戦いだったことが『弥勒寺建立縁起』に書いてあります

「その争いを収めたのが——ほとんどその名は知られていないものの——宇佐氏の国造の一族で、奈良で法相を学んだ法蓮という人物なのです」

そう語るのは、長年八幡信仰の研究に取り組んでいる中野幡能氏だ。

〈なぜ空海は八幡神と合一しなければならなかったのか〉、そのヒントを得るべく著者は氏のもとを訪ねた。結果、文献だけでは窺い知ることができなかった八幡神の誕生の謎が解き明かされるとともに、空海に深く刻印されたと思われる秘密の一端を知ることとなる。

中野氏いわく、謎を解く鍵となるのは、僧法蓮であるという。

「大神氏の依頼で、法蓮が激化する闘争の真っただ中に入っていく。そして見事に解決するのです。どういう風に解決したかというと、秦を称える『弥秦(ヤハタ)』の神も、大神氏が称える応神天皇も、法相の仏説から見れば同じものだと言ったのです」

「その根拠は『幡《ばん》』の思想にある。八つの旗(幡)で仏や菩薩を荘厳供養するというものなのですが、その幡の中で応神天皇を供養すれば『八幡の神』で、かつ『弥秦の神』でもある。ひっくるめて八幡神だと説いた。これで両者の対立が見事に収まったのです」

補足すると、仏説による八幡の解釈については古来議論がなされ、〈八正道の標幟(『拾遺往生伝』)〉とする説や、

〈『法華経』序品に見える八王子(『八幡宇佐宮御託宣集』)〉だとする説もあった。八正道とは、仏道修行の基本となる八種の徳目のことで、八王子は、経典に記された王位を捨て菩薩の道を歩んだ八人の王子を指す。

一方別の見方もある。幡とは単なる目印ではなく、神の依り代であり、そのはためく様子は神の現れそのものだとする見解だ。つまり、母であり巫女の原像である神功皇后宮が神憑《かみがか》りするときのシンボルであると。

興味深いのは、秦系の辛島氏は道教の北辰《ほくしん》(北極星)神を崇めるシャーマン氏族だったとされるのだが、彼らが弥勒菩薩の化身が花郎《かろう》として下生するという信仰をも継承していたことである。そして一方の大神氏も三輪山の神を崇めるシャーマン氏族だった。

結果、このような八幡神誕生神話が生まれたというのである。

——大神《おおがの》比義《ひぎ》が三年間祈ったところ、三歳の童子が竹葉を立てて現れ、われは「広幡八幡麻呂《ひろはたやはたまろ》」応神天皇であると託宣した。

(『八幡宇佐宮御託宣集』)

◉大神比義が鍛冶の翁を訪ねて祈請すると、翁が2歳の童子に変じて笹の葉の上に顕現したという、八幡神の縁起を描いた図。(宇佐八幡宮蔵)

これは一見大神氏の信仰が通った形に見えるが、「竹葉に乗って託宣するというのは朝鮮ムーダンの習俗であり」、辛島氏は「日本では弥勒が『八幡麻呂』すなわち応神天皇として下生した（中野氏）」のだと納得することができた。つまり、異なる神を崇めるふたつのシャーマン氏族が、応神天皇＝弥勒の化身＝八幡神とすることで、一致を見るのである。

ともあれ、法蓮は、仏教という形而上の論理をもって対立する原則を止揚し、バラバラのものをひとつの原理にまとめ上げることに成功する。それぞれの特性を生かしつつ、まったく新しい神格を生み出したのである。

「対立する概念を、一歩高い位置から、形而上的理念によってまとめてしまう。法蓮がこれをやった。入唐の前後に空海も最澄も香春神（ヤハタの神）に祈ったとあるが、法蓮のように無から有をつくるという俯瞰する発想は空海にしかなかった。そういう意味では、空海は法蓮の後継者といえるのではないか」

そう語る中野氏が断片的な史料から描き出した法蓮の軌跡は、どこか空海のそれと重なって見えるところがある。

弥勒の化身・法蓮

――没落した宇佐国造家の家系で、秦一族の文化の影響を受けた法蓮は、若い日々香春岳にて花郎道（呪術宗教的試練を与えて戦士的訓練をする若者集団）の修行者の群れに投じた。やがてその能力が太宰府に認められて、法蓮は大和国に送り出される。そこで出会ったのが、玄奘三蔵《げんじょうさんぞう》の教えを受けて帰国し、法相の弥勒信仰を唱導する道昭《どうしょう》だった。道昭は作善の菩薩行として数々の社会事業を手がけ、晩年は子弟教育に尽力。法蓮はその教えを受けた。同門には行基らもいたといわれている。

大和の有力僧らと親交を深めたのち、法蓮は宇佐に帰還し、官寺である虚空蔵寺を建立する。そのころの評判がよほど高かったのか、大宝三年(七〇三)には「その医術を褒め、僧法蓮に豊前国の四十町野を施す」(『続日本紀』)と、朝廷から褒賞を受けている。やがて弟子らを伴って、彦山に弥勒の霊場である四九院(窟)の開創に尽力する。「法蓮和尚は弥勒の化身」(『彦山流記』)と呼ばれたのも、その働きゆえのことであった。

そんなおり、大神氏から紛争調停の依頼が舞い込んだのである。

養老四年(七二〇)、東の蝦夷にならび、南九州では隼人《はやと》がさかんに反乱を起こしていた。窮地の朝廷は宇佐に勅使を派遣し、託宣を仰いだ。すると八幡神は、隼人征伐のために、まず放生会《ほうじようえ》を行ったという。これは神社ではじめて行われた仏教法会で、過去に死んだ隼人の霊を慰めるというものであった。そして八幡神軍が編成され、大隅に向かった。中野氏は、これら一連の対応をカリスマ法蓮の指揮によるものと考えている。

戦は一年ほどで終結、再び宇佐では放生会が行われ、以後、養老五年から一切の反乱がなくなったという。のみならず、のちに隼人も八幡神に帰依するようになる。

このことは朝廷に激賞され、この年ふたたび法蓮は褒章を受けている。

「沙門法蓮は、心が禅定の境地に達し、行いは仏法に適っている。特に医術に精通し、民衆の苦しみ救済している。善きことである。このような人物を褒賞せずにはおられまい。よって彼の三等以上の親族に宇佐君の姓を与える」(『続日本紀』)

やがて即位した聖武天皇は、法蓮を深く信奉し、宇佐の聖地に「新宮殿(道観様式の宮殿)」を造営、八幡神を遷座させ、同時に法蓮のために弥勒禅院を建立した。禅院はやがて八幡宮の麓に移され、薬師寺様式の大伽藍となった。その一方、法蓮は新羅の花郎道のメッカ・南山に模した霊場を国東半島に開き、弥勒寺の末寺とした。いわゆる六郷満山がそれである。

そののちの東大寺大仏完成までのエピソードも補足しておこう。

聖武天皇は、東大寺を建立し、さまざまな氏族とその神が乱立する世の中を仏教の力で統合させようとした。しかし、大仏完成までにはさまざまな困難に直面する。そのたびに天皇は勅使を宇佐に出し、託宣を仰いでいる。その極めつけは、「我が国の天神地祇のすべてを率いて必ず成就させます」という例の託宣だった。また、天平二十一年(七四九)、大仏鋳造の最終段階になって、必要な黄金が不足し、唐に使者を出すべく八幡神に往還の無事を祈ったところ、神は「その必要はなし」と託宣した(「弘仁官符」)。すると、驚くべきことに同年二月、陸奥の国から金九百両を献じてきたという(『続日本紀』)。

こうして大仏が完成するや、八幡神は華々しく入京するのである。

確かに空海と法蓮の共通点は多い。

傾いた国造家の出身で、若くして山岳修行に赴く。シャーマン的呪術に精通し、やがて仏教の中心拠点にて学ぶ。そして紛争処理に尽力し、修禅の聖地を開く……。ちなみに、法蓮の医術とは、豊国奇巫や豊国法師など、歴史に残る巫医を輩出したこの地方の伝統を継承し、薬石の知識と呪験の才に秀でていたものと思われるが、その資質は空海と共通のものがある。また法蓮は結果的に宇佐氏の再興を果たすことになるのだが、空海の場合も、その死後佐伯氏の姓が直から宿禰《すくね》へと昇格しており、家の再興に寄与している。

それはともかく、重要なことは、次の二点にしぼられよう。

まず第一に、国家的な紛争処理と危機管理に仏教の理念で対応した手法である。空海の場合、国家を二分

◉僧形八幡神像。蓮台に坐し、右手に錫杖《しゃくじょう》、左手に数珠を持つ。頭上には日輪をいただく。神護寺を最古本とする僧形八幡神像の定型を模しているのだが、どこか空海その人のようにも思える。(宇佐八幡宮蔵)

しかねなかった薬子の変に対し、国家のために祈禱を修するだけでなく、平城上皇に灌頂を授け、その子息(真如法親王)を弟子に迎えるなど、敵味方を区別しない対応を行っている。このとき空海は、嵯峨天皇と密談のうえ八幡大菩薩を東寺に勧請したと伝えられているが、一連の対応そのものに「放生会」の精神と相通じるものを見て取ることができる。また、当時最大の危機管理は、早良・伊予両親王の怨霊対策だったのだが、空海がその対応を担ったことは先に述べたとおりである。

第二に、中野氏のいうように、バラバラに並立していた既存の勢力を高い理念で統合させたことである。法蓮は、対立する氏族の神を八幡神という形而上の神格で統合したが、空海は、さまざまな宗派を密教が内包する普遍性によって統合しようとした。

空海が不空の事跡に多くを学んだと思われることは先に述べた。しかし、不空は希代の大呪術者という印象しか残しえなかったのも事実だった。いかにして不空が成しえなかったことを実現するか。そのことが空海の頭に常にあったのだとしたら、帰国後の空白期間に北九州で得たことの意味が見えてくるような気がする。

とはいえ、以上のことはあくまで結果論であり、想像の域を出ない。

空海が八幡神(あるいは法蓮)にインスパイアされたのだとしたら、その真実は、ほかならぬ空海自身が感得した「八幡大菩薩」に具体的に現れているのかもしれない。

その神像の姿は僧形、すなわち沙門行、比丘行をして、頭は青く剃った円頂である。身体には袈裟をつけ、手には錫杖を持っている。普通の菩薩形は頭は垂髪、天冠をいただき、天衣をまとっている。(しかし)八幡神はこれらと全く違って地蔵菩薩と同じ姿をしている。つまり八幡大菩薩は地蔵菩薩と同じ本願を持っているということであろう。

(『八幡信仰』)

中野幡能氏の講演録の中に、こんな言葉が残っている。

「『大菩薩』というのは、如来を指向しない菩薩なんだと。永遠に如来を指向しない。しかもその八幡大菩薩というのは、地蔵菩薩のお姿をしているわけであります。つまり、八幡大菩薩のご神霊というのは、永遠に天皇、すなわち国家と人民をお守りする、その修行をし続けて、そして弥勒菩薩を待つのだと、こういうことでございます。つまり八幡大菩薩というのは、如来にならない、安易な生き方はしない。永遠にこれを守りつづけるんだ。そして五十六億七千万年後に現れるといわれる弥勒菩薩を待つのだと」

空海が感得した八幡大菩薩とは何者かが右の言葉の中にほぼ尽くされていると思う。

地蔵菩薩は、専門的な言い方では「二仏中間の菩薩」と呼ばれている。釈尊ブッダ亡きあと、弥勒仏の下生まで一切衆生はこの菩薩に守られているといわれる。

応神天皇が弥勒仏の化身として下生したというのが、八幡神の発祥だったことは先述した。しかし延暦年間(つまり空海が生きた時代)になると、みずからこう託宣するのである。

ワレ無量劫《むりょうこう》中、三家(界)ニ化生《れしょう》シテ、方便ヲ修ス、ワレノ名ハ大自在王菩薩コレナリ。(『扶桑略記』)

おそらく東大寺大仏建立の時代をピークに、八幡神＝弥勒仏という信仰はひとつのピリオドが打たれたと思われる。そして空海の時代になって、八幡神は三界に住まい、方便を修して衆生を導くという方向にみずからの業を変革させたのである。無量劫とは、かぎりなく長い期間を意味する。菩薩としてずっとこの世に留まって人々を導くのだとしたら、確かにそれは地蔵菩薩のイメージにかぎりなく近い。ちなみに、密教でいう地蔵菩薩のシンボル（三昧耶形）は「幡」である。

ともあれ、空海は八幡神をそのように〝感得〟した。では、空海は何を思い、何を祈願して八幡大菩薩と一体となろうとしたのだろうか。

「都が平安京に変わったものの、旧勢力の亡霊がまだまだ巣食っている。時代の変化がさまざまな軋轢を生んでいる。そんななか、新しい秘密の仏教を日本に弘めなければならない。そうなれば、八幡大菩薩が自分を護ってくれているんだ、自分の背後には八幡神がいるんだという、それがなければ国全体を動かす力が出てこない。そういうことだったのではないでしょうか」

これは中野氏の言葉だが、筆者もそう思う。

ふと思いついたことがあった。手に錫杖と数珠を持ち、人々を導く姿は、そのまま四国の霊場で数えきれないほどご見た大師の修行像と同じではないか——。

善通寺市文化財保存会会長の川井信雄氏の言葉を思い出す。

「お四国さん廻るのは、大日如来を背負って廻るんじゃないんです。お遍路さんの白衣をごらんなさい。必ず「ユ」という弥勒の梵字です。これ一番大事なこと。みんな見落としとる。四国廻るんは、弥勒信仰ですわ。なぜ弥勒か、というところにいか

◉白装束の遍路修行者にとって、最後に高野山を訪れることで遍路の結願となる。行道の最中わが身を助けてくれた大師に感謝の祈りを捧げるのである。大師に会った、そう語る人は今も決して珍しくない。

なあかん。そうしたら、お大師さんが一生かけて追求したテーマが見えてくる。同行二人ということだけがクローズアップされているが、その意味をみんな忘れとる。いわば仏に行くまでの未来形やな。あなたも菩薩ですよ、わたしも菩薩ですよと」

もし空海に同行二人という考えがあったとしたら、その相棒は地蔵菩薩の姿を借りた八幡大菩薩だっただろうか。

弘法大師空海は、のちに「二仏中間の大師」と呼ばれたという。このことは、空海が死してなおその身を高野山奥の院に留め、弥勒下生のときを待っていると伝えられたことに由来する。

八幡神は弥勒の化身として降臨した。そして弘法大師空海もまた、弥勒菩薩そのものとして供養されている。しかしともにその本願は、弥勒菩薩がこの世に降り立ち、輝かしき「ミロクの世」が実現するまで、地蔵菩薩の姿となって衆生を救済することにあった。空海はなぜ護国の神であった八幡神と同一化しようと願ったのか、その理由がくっきりと浮かび上がってきたように思える。

ここで、空海が八幡大菩薩と思われる神にこう誓ったことを思い起こしたい。

必ず諸天の威光を増し、国界を擁護し、衆生を利益済度するためにひとつの禅院を建立し、法によって修行することを誓う――。

こうして空海は、高野山を開き、みずからそこを終の住処に選んだ。とすれば、「衆生を利益済度するため」の菩薩行は、その死において完結するものだったにちがいない。では空海は、死に際してどんなメッセージを後世に残したのだろうか。本書のエピローグとして、その問題に迫ってみたい。

入定と入滅

十二世紀はじめごろに編纂された『今昔物語《こんじやくものがたり》』には、延喜二十一年(九二一)観賢《かんげん》という僧が空海の廟を訪ねたという記事が掲載されている。「弘法大師空海が、生きたまま永遠の禅定に入った」つまり留身《るしん》入定したことを伝える、重要な記録である。

……その後(空海の入定後)長い時間を経て、この入定の洞を開いて御髪を剃り、御衣を着替えいただくといったことが長らく絶えてしまっていた。

大師の曾孫弟子にあたり、権《かり》の東寺長者の職にあった観賢上人という人が、その廟所に詣でて入定の洞を開いてみると、石室の中は霧が立って暗夜のようであり、何も見えない状態だった。しばらく霧がしずまってから見ると、とっくに御衣のボロボロに朽ちてしまった部分が、風が入って吹きつけるや塵になって巻き上げられるのが見えた。塵がしずまったところ、大師のそのお姿が見えた。

御髪は一尺ほどの長さになっておられたので、僧正はみずから沐浴し身を清め、浄衣を着につけて入り、新しい剃刀で御髪をお剃りになった。水晶の御数珠の緒が朽ちていたので、御前に飛び散っていたのを拾い集め、糸をまっすぐにさし通して御手にかけられた。また、清浄に整えられた御衣をお着せになり、その場を出られた。僧正は室から出られると、今はじめてお別れしたかのように思わず涙をこぼし、悲しみにくれた。その後は恐れ入って室を開けることはなくなった。

文章は、あたかもノンフィクションのような語り口である。土中に設えられたであろう石室に入った観賢が、暗夜のような暗がりから徐々にその姿を発見していく。息を呑むような迫真の描写に続いて明らかになるのは、一尺（約三十センチ）ほどに伸びたその髪である。注目すべきは、この引用の冒頭で、髪を剃り、衣を

◉高野山宝亀院に所蔵されている入定大師像。観賢《かんげん》が御廟で相まみえた大師の姿を描く。その髪と髭が伸びており、入定後86年もの月日を経て大師がまだ生きている様を映し出している。

着替えるといったことが長らく絶えていた、と書いてあることである。つまり、観賢の行為は、空海が生前と変わらぬ姿でそこにいることを前提に、以前行われていた身の回りの世話をするために入洞したのである。したがって、髪が伸びていたこと自体に驚いた様子はない。むしろ、身体をこの世に留めたまま、この世ならぬところに行ってしまわれたことを現実のものと再確認して、「今はじめてお別れしたかのように」涙を流すのである。

これには歴史的な背景もある。観賢は東寺のトップである長者職にありながら、高野山の座主をも兼ねた人で、当時の高野山は、空海直筆の修法書『三十帖策子《さんじゅうじょうさくす》』をめぐる東寺との長い紛争がようやく終結に向かい、「山内に人なし」という状態からようやく本来の姿に戻そうという状況にあった。つまりその間しばらく、入定した空海の側に侍るものがいなかったというわけである。

しかし観賢は、入定の室を封印してしまう。「お身体は生前と同じく生きていた」ということのみを告げて、その最後の目撃者となったのである。

ちなみに、観賢はこのことを醍醐天皇に告げ、「いまだ祖師大阿闍梨に諡《おくりな》がございません。よろしくこれを贈られますよう」と奏上する。こうして空海は「弘法大師」という名が与えられる。入定ののち八十七年後、延喜二十一年(九二一)十月二十七日のことだった。

◉定に入った空海が、そのままの姿で五輪の卒塔婆、経典とともに霊窟に納められた。その上には宝塔が建立される。(「弘法大師行状絵伝」法楽寺蔵)

空海は入定したのか、入滅したのかという問題は古くて新しい問題といわれる。入定という言葉は本来「禅定に入ること」というほどの意味である。しかしそこに「留身」という言葉が加わり、「今も生きて定に入った」と理解されるようになった。信仰者の間では今もそう信じられている。真言宗でも「大師の死は入滅ではなく入定だ」と説明し、ただ死んだのではないと主張してやまない。

そのことを合理的に説明しようしても苦しい表現にならざるをえない。昭和の高名な学僧は「禅定に達すれば自分の生死さえ自由に操作できる」と強弁している。あるいは教義的に「金剛定」、「三昧定」といった言葉を用い、煩悩を滅して金剛不壊《ふえ》の覚りを得たことから、その存在も永遠不滅であるなどと説明される。

ところが、宗門とは無関係な者にとっては、空海は「死して荼毘に付された」のだとあっさり理解されている。というのも、空海の没後まもなく書かれた公式文書である『続日本後紀』の「空海崩伝」には、このように記されているからである。

> ああ悲しいかな。その修禅の道場(高野山)は僻地にあるので、(京には)その一報は遅く伝わってしまった。使者を急ぎ赴かせたが、荼毘を助けることもできなかった。

荼毘、つまり火葬はブッダ以来の仏教者の伝統であり、そうすることに違和感はない。平安時代の人もそう理解していたのである。もちろん実証的歴史を重んじる近代人が、「生きたまま長い禅定に入った」ことを信じるはずもなく、迷妄を払わんとばかりに入定留身説を否定し、信仰者の側がそれに反論するという不毛な議論となっている。

しかし、この矮小化された議論からは、空海の意志はどこにあったのか、そのメッセージが何だったのかを知ることはできない。

その死は実際どのようなものだったのか、もっとも古く成立し、潤色の少ない最初期の空海伝である『空海僧都伝』をよみながら、その様子を虚心にたどってみたい。

［遺告入滅］という項を見ると、空海は六十にして、わが身がもう永くないことを悟り、その準備に入っていることがわかる。

その記述は、「天長九年（八三二）十二月十二日から」という具体的な記述に始まる。

この日を境に、空海は「穀味を避け、いつも座禅瞑想に耽った」という。穀味とはおそらく、世間一般の食物である五穀十穀のことで、人間の手で栽培されたものを指す。これを避けるということは、おのれの身にまとわりついた人間臭き穢れを除く、山林修行者の伝統によるものである。死を前にしてこれを行うということは、いずれ消えゆく生命をフェイドアウトさせるとともに、死の瞬間に向けてみずからの身体を浄化させようという意志がうかがえる。

ところが、その意を汲み取ることができない弟子らは師匠の行動を憂慮し、心配して「これはどうしたわけでしょうか」と問う。すると空海は、「命には限りがあり、長く留めておくべきではない。ただ最期のときを静かに待つだけである。そのときが来たら、前もって山に入るつもりである」と答えている。

しかし、残された仕事が、〝そのとき〟の到来を許さなかった。年表を見ると、承和元年（八三四）の二月には東大寺真言院にて「『法華経』を釈し、『般若心経秘鍵』を講じた」とあり、その翌月には「比叡山西塔釈迦堂の落慶供養に参列した」とある。そのときはみずから呪願師を務めたという。その精神力には驚くぎかりだが、興味深いのは、『法華経』を釈し、比叡山に向かったというくだりである。最澄とは手紙を通じ、また弟子を通じてあれほど交渉をもったにもかかわらず、彼には密教の本質を伝えることが叶わなかった。そして誤解のますます違う運命にあった。気力を振り絞ってあえて赴いた理由は、そのことが後悔として頭から離れなかったのだろうか。

『般若心経秘鍵』は空海の最後の著述だが、そこにはこんな記述がある。

白骨になったとき、いずこに我があろうか。青ぶくれになった死体にもとより人は存しない。この体は不浄で、感受するものは苦、心は無常、存在するものに実体性はないという観念が私の師にほかならない。

死を目前にし、空海は死を深い思惟でとらえようとしているのがわかる。そしてあたかも、釈尊ブッダの思想へと先祖返りしているかのような印象も受ける。何より、死を見つめる透徹した眼差しが印象的である。「この体は不浄で」という言葉は、穀断ちの理由を何より物語っている。

さて、同年五月には「この世にいる時間も残り少なくなった。そなたらもよく住して、仏法を慎み守れ。わたしは永く山に帰ろうと思う」という言葉を残し、同年九月にはみずから葬る場所を定めたとある。しかし、そんな身でありながら、十二月には宮中真言院にて「後七日御修法」を修することを請い、翌年一月八日に挙行したことが歴史的な事実として残っている。しかもその直前からは「水漿《すいしょう》を却絶す」とある。つまり水分や汁物をも摂らなくなっていたというのである。もはや理解を絶する行為というしかないが、生の極限にて神仏の感応を得る行者の論理でいえば、一世一代の大法に臨むにあたって決死の選択だったとも考えられる。いずれにせよ、鬼気せまる修法だったにちがいない。

その様子に、ある者が「このままでは朽ち果ててしまいます。滋養のあるもの（臰《くさき》をもって）を召し上がってください」と懇願した。しかし空海は頑として受け入れない。

「止めよ、止めよ、人間の食べるものはいらない」

空海はそう言うばかりだったという。

こうして、承和二年三月二十一日の午前四時ごろになって、右脇を下にして終わりを告げたという――。

少なくとも、ここで息を止め、脈を打たなくなったのはまちがいない。そういう意味では普通の死だったということでできる。しかし注目すべきは「穀味を避け」、「人間の食べるものはいらない」という部分であり、「永く山に帰る」と言った強固な意志である。

五来重氏はこんな興味深いことを述べている。

「多くの山伏や回国修行者に共通の行動を帰納していくと、かれらには原始回帰の思想があって、文化の所産をすべて穢れとしてしりぞけたという結論に達せざるをえない。……なおこれを一歩進めれば、木食ということも、単に五穀十穀を食べないということではなくて、そのような文化食物や文化繊維のない原始を理想の「神の世」として、そこに回帰しようとする宗教的志向であろう」

思えば、空海は生涯を通じて「山藪《さんそう》を家とし、禅黙《ぜんもく》を心と」していた。その心境は残された書状の中に、「この空海、山中の林泉に向かっての修禅になお飽くことを知りません。人びととの交わりも絶ってほしいままに修禅にふけり……（『高野雑筆集』）」といった表現でたびたび現れる。その風情は隠逸の仙人のようでもあるが、事実、当時の山林修行者にとって、神仙道でいう辟穀《へきこく》（穀断ち）、服餌《ふくじ》（松の実や伏苓《ぶくりょう》などの薬草や薬石を食すること）は常識だった。それは何ものにもとらわれない寂静の境地に入るため、あるいは満足な食料を持たないなかで心身を養うために必要な知識だったのである。

空海がことさらに五穀を避け、「臭を」嫌ったのは、神仙道でいう「五味（五穀）は悪魔の味、その臭気は精霊を悩まし、胎息（呼吸法の一種）の気は消え失せる」という教えと無関係ではあるまい。また、木食《もくじき》行者の代表食である松の実や松脂には不老延年の効果、茯苓には養神、不飢《ふき》の働きがあるといわれている（藤巻一保氏による）。

空海自身は、おのれの身体を永らえることには一切執着をもたなかったと思われる。が、結果的に穀断ちに入ってから二年以上も生命を保ち、信じがたい壮健さを維持した。それを可能としたのは、辟穀、服餌の作用といえるかもしれない。

そんな空海が「永く山に帰る」といった場合、「みずから葬る場所を定め」ただけではなく、葬法についても具体的に指示した可能性もある。

これについての五来氏や日野西眞定氏らの見解はこうだ。

「空海が入定（永世）したと信じられたのには、それにふさわしい葬法がとられたと考えるべきである」

そして両氏は、康保五年（九六八）に成立した『金剛峯寺建立修行縁起』に注目する。

そこには「空海は結跏趺坐し、手には大日如来の印を結びながら『奄然として入定し玉ふ』」とあり、続いて「それはちょうど、目を閉じ、ものを言わぬだけでほかは生前のままであった」、そして四十九日の間「そのまま生きた人のように座に安置していた」という描写が見える。それは、超人空海を物語る創作のように思えるが、「往生人がしばしば行った木食・断食は、死後身体が爛壊しないための肉体改造だった」（千々和到氏）ことを考えると事実としてありえない話ではないのではないか。

そして注目すべきは同『修行縁起』以下の記述である。

「四十九日が経ってから埋所に石段を整えて、壇を築き、常に人が出入りするだけの戸を設けておいた」

これが事実とすると、髪が伸びていたことはさておき、観賢が訪ねたという石室と一致する。荼毘に付したとすれば、このような石室は無用であることはいうまでもない。

『玄秘鈔』や『高野秘記』などを参照するとその石室はこのようなものとされている。

廟窟は地下一丈五尺（約四・五メートル）掘られ、およそ一間（約一・八メートル）四方の石室であるという。その石室の内部に厨子を置き、その厨子のなかに空海の定体が安置してある。石室の天井は厚さ三尺余の大きな石でできていて、その上に土をかぶせ、地上に五輪塔が置かれている。（『空海の風景』参照）

一方、現在奥の院の事情をもっともよく知りうる立場にある日野西氏は、図のような石室を想定している。右とのちがいは、空海の坐すのが厨子や壇といったものではなく、石棺状のものとし、魂が出入りするめたの穴が穿たれていることである。

「このような墓を入定墓といいまして、空海周辺の人には同様の形式が多い。空海の後継者とされる実慧《じちえ》の墓は、河内長野の観心寺にありますが、これは大きな石子詰めの入定塚です。また、弟子のひとりといわれる堅慧の建立した室生山の仏隆寺にも、横穴式の立派な入定墓があります」（日野西氏）

◉日野西眞定氏による奥の院断面のスケッチ。

穀断ちなどにより浄化させた体のまま山中に埋める入定墓は、単なる土葬とも異なり、捨身行のひとつである土中入定とされ、類似のものとして東北を中心に所在が確認されている「即神仏（ミイラ仏）」が知られている。これはよく空海の即身成仏と混同されるが、もちろんこれは密教の考え方とは別のもので、むしろ山岳信仰や民俗信仰の脈絡でとらえるべきである。そこにある思想は、行者にとっては死により山を穢さないということであり、魂の永遠性の希求である。そして信仰者から見れば行者は死して山の神となり、衆生を利益するものと見なされる。

今知られているような入定説が確立するのは十一世紀初めごろといわれている。ともあれ、先の縁起を信じるならば、四十九日たっても生前の様子を保った空海の体を見て、葬送に携わった者たちは「空海は死んでなお生きている」と思ったにちがいない。

彼らの多くは、もとは近隣に住む半僧半俗の「行人」だったと思われる。空海は高野山の伽藍造立を天皇貴族、有力パトロンに頼るようなことはしなかった。残されている手紙類を見ると、みずから米や油といったこまごました布施の謝礼を書いたものも含まれている。おそらく空海は、先頭に立って勧進を募ったり、請われれば祈禱を行ったりもしただろう。空海が彼ら民衆の人心掌握に長けていたことは、満濃池の一件を見てもわかる。

カリスマの死とともに、彼らは高野山特有の「行人方」として、神人空海の伝説を語り継ぐ担い手になった。結果、百三十年ほど後にまとめられたのが先の『修行縁起』である。その書には、「法徳神力記シ尽クスベカラズ」として、今はそのほとんどが忘れられた「お大師さま」の奇跡譚で満ち満ちている。

――いわく、狼に食われた子供を蘇生呪で生き返らせた。

——いわく、大師が柱に書いた文字を削って飲んだら、流行の瘧病《おこりやまい》が治る薬になった。

——いわく、大師が四天王寺西門で「日想観」を修したら、首の上に宝冠が湧出した。

——いわく、水神が福を乞えば沓《くつ》を脱いでこれを救い、国王が膳を嫌えば呪力をもって生栗を熟し、これを献じた。

——いわく、山僧が油を欲すれば、岩山に向かって油を湧きださせた。ただし、山門を出たら水となった。

——いわく、唐では、犬を飛ばし、あるいは鬼を使い、飛ぶ鳥を空中に留めた。木の実を落とす術にいたっては、伝え聞くもののつぶさに記すことはできない……

彼らはのちに高野聖として全国津々浦々にこうした大師の奇跡を伝えていくことになる。


一方、高野山の「行人方」と対をなすのが東寺を中心とした「学侶方」である。彼らはしばらくは空海の死を「荼毘」による「化去」と認識していたと思われる。彼らは先の「空海崩伝」の記述に関わったとされ、簡にして要を得たその内容は歴史的にもっとも信用すべき空海伝だと考えられるが、こと入滅に関する部分は、「〝使者〟を出したが、荼毘には〝間に合わなかった〟」とある。これを虚心に見れば、要は自分らの目でその現場を見ていなかったというほかない。歴史的に東寺と高野山はしばしば対立するが、それはかなりの部分「行人方」と「学侶方」の反目である。おたがい「本当の大師のことを知っているのは自分らだ」として情報を隠匿したということもあったかもしれない。

そして後には、学侶方も空海の「入定留身」説を認めざるをえなくなるのである。であれば、ストレートに大師の奇跡を信じ伝えた「行人方＝高野聖」に対して、やや言い訳じみた理屈に終始するのは致し方ないのかもしれない。

空海の生々しい記憶が残っている『空海僧都伝』には空海の遺言はあまり多く残されていない。しかし、それに飽き足らなくなったためか、空海の信仰が最初のピークを迎える平安中期ごろに新たな遺言状が出現する。それが『御遺告』と呼ばれる書である。

いつごろからそんな話が流布されるようになったのかは定かではないが、この書には、『僧都伝』著述当時にはなかった空海信仰の重要なモチーフが語られている。

弥勒信仰である。

心ある者は必ずわが名号を聞いて恩徳の由来を知るがよい。これ、われが屍《しかばね》となったうえに、さらに人のいたわりを乞うているのではない。密教の命脈を護りついで、（弥勒菩薩が成道のおり）龍華樹の下での三度の法会を開かせ（て衆生を済度す）る謀《はかりごと》なり。わが亡き後には必ずまさに兜率天に往生して、弥勒菩薩のもとに仕えるべし。五十六億七千万年の後には、必ず弥勒菩薩とともに（天上界から）下生し、謹んでお側に仕え、かつてわれの歩んだ跡を訪ねるだろう。

または、いまだ下らずの間は、微雲管《びうんかん》（兜率天の微かな雲間から望み見るための管）より見て、人びとの信仰不信仰を観察すべし。このとき仏道に勤めているならば助けを得るだろう。不信仰の者は不幸になるだろう。

――『弥勒上生経』に説かれる兜率天とは、釈迦から未来に仏になる者と授記（予言）した弥勒菩薩が最後の生を送る世界である。弥勒はそこで四十九重の宝宮を与えられ、そこに往生した者は無上の安楽が得られるという。そして弥勒は五十六億年もの間諸天を教化し、再び閻浮提《えんぶだい》（人間世界）にその姿を現すとされている。そして経典は、人びとに善行を積み、兜率天を観ずることで弥勒と会い、彼とともに下生して龍華樹の下で成仏の予言を受けよと説く。右の空海の御遺告は、空海がその天に往生すると述べられているのである。

一方『弥勒下生経』というものが別にあり、そこでは弥勒はあるバラモンの夫婦の下に生を託され下生する。やがてその子は出家し龍華樹の下に座ると閻浮提は荘厳《しょうごん》され、金色の浄土と化す。こうして三度に分けて法会が行われ、ついで釈迦の弟子である大迦葉が入定している鶏足山《けいそくざん》に登る。ここで弥勒は大迦葉から法衣を付嘱される。こうして長い長い間仏法が栄える楽園が続く――というものである。

高野山奥の院は古来兜率天浄土といわれてきた。それは先の御遺告にて五十六億七千万年後に弥勒菩薩と

◉日輪大師像。蓮華座に坐り、右手の五鈷杵は定型だが、左手に五輪塔を持っているのは弥勒菩薩の禅定の象徴で、弥勒大師と呼ばれる姿である。頭上にいただく日輪は、天照大神の象徴。264ページの僧形八幡神像との類似に注意されたい。（三宝院蔵）

ともに下生すると述べられたからにほかならない。やがて空海そのものが弥勒菩薩の化身とされ、弥勒大師なる秘仏が奥の院に安置されるようになり、死後大師の住む兜率天に上生したい、あるいは龍華三会の法会の場にまみえたいとする者たちの墓が奥の院を埋めつくすことになる。

しかし、困ったことが生じた。

空海が兜率天に往生したという『御遺告』の説は、「空海は生身のまま高野山に入定している」という入定説と矛盾が生じたのである。

ところが、康和五年(一一〇三)の日付けが残る高野山大塔供養の願文には、

――高野山は、弘法大師が慈尊出世に値うため、久しく禅定を結んで入定した地である。

と明記した文章が登場する。やがて『大師御行状集記』という大師伝バージョンでは、

――わが〝入定〟の後、必ず兜率天に往生して、弥勒菩薩のもとに仕えるべし。五十六億余の後、必ず弥勒菩薩下生のときに〝定を出て〟、謹んでお側に仕え、私の旧跡を訪ねよう。(〝 〟は著者による)

と、『御遺告』の文章にアレンジを施している。少し文意が混乱しているのが、その間の混乱を表しているようで面白い。ともあれ、こうして「入定した後、身体は高野山へ、霊魂は兜率天へと赴き、弥勒下生のおりには霊魂がもとの身体に戻って定を出て復活する」ということになり、議論は大団円となる。弥勒信仰と入定信仰が、見事に合体するのである。

そういった議論はともかく、空海自身が行基や法蓮のように、『弥勒上生経』と『下生経』の理念を現実のものとするという発想があったとしたら、どうなるだろうか。というのも、中野幡能氏の話の中に、このようなものがあったからである。

「法蓮は、『上生経』に説かれたことを彦山で実現しようとした。でも、弥勒の浄土に行こうというのだけ

ではだめで、この世も救わなきゃいけない。そこで『下生経』の理念を弥勒八幡宮で実現しようとしたのではないかと思うんです」

その脈絡を空海に置き換えてみたら、『上生経』が高野山で、『下生経』が東寺だったのではないか——。そんな気もしてくる。少なくとも、信仰上はそう思われたとしてもおかしくない。であればこそ、東寺は「八幡山弥勒普賢院」という別称で呼ばれたのだと筆者は思う。

❖

さとりの教えはその内なる庫を開示して、宝を与える。しかし、その宝を得て楽しむか、得ずして楽しまないかは自らの心がなすところである。（『秘蔵宝鑰』）

如意宝珠の製造法を書いているとき、そのあまりに具体的なマニュアルに、引用しながら逆に現実感のなさを思わずにはいられなかった。だんだんこれは質の悪い冗談かと思ってきた。こんなものを本気で造ろうという者がいるのかと思った。そして、如意宝珠というのは何かの象徴にちがいないと思うようにした。悟りの本質というのを如意宝珠という言葉に譬えたのではないか、そう思うと空海が唐で得たものがまさにそれだという気がしてくるし、八幡神が欲しがったという話も分かるような気がする。

しかし、そんなものを法皇が欲しがっただろうかと思うとやはりそうではないのかもしれない。密教はきっと思惟でごまかすようなものではなく、実際に形にしてなおかつ秘する、そんなあり方がもっともふさわしいものかもしれないと思ったからである。そもそも秘仏というものからしてそうだ。

そんなことをあれこれ考えているときに、『高野山民俗誌［奥の院編］』を何気なく開いていて、はっとした。

そこには見たことがない大師像のことが記されており、やや稚拙ともいえるタッチの古図が添えられている。そこに描かれていたのは「日輪大師」というもので、著者の日野西眞定氏はこのような説明を付けている。

『高野山口伝』の「奥の院口伝」によると、これは観賢僧正が定窟で拝見したときの大師入定のお姿だとしている。髪の毛を長く垂らして座った大師が、左の手を下、右の手を上にして両掌の中に日輪すなわち太陽を持っている。……ところで、この日輪は日本の国で、大師は宝部の三昧にいて日本の国を護り、四海を安らかにすることを意味している。また、これは日精摩尼で、この宝珠の力で日本の国の万物を生み出すのだと説明する。

◉日輪大師像(日野西眞定『高野山民俗誌[奥の院編]』佼正出版社より)

入定大師の像を見るとき、われわれは当然伸びた髪と髭に目をやる。しかし、重要なメッセージは、目に見える部分にではなく、衣に覆われて見えない手印に隠されていた。観賢が発見したものは、如意宝珠を抱き、永遠の秘仏になった空海であり、日本を護る神になった大師の姿だったのである。

秘仏・日輪大師像は、近年まで奥の院中央の壇に祀られており、現在は第二燈籠堂に祀られているという。

「受け手の機根が整わなければ、秘蔵された宝の鑰を受け取ることはできない、大師もそうおっしゃっていたではないか」

観賢は、そんな謎かけをわれわれに残したのかもしれない。

参考文献

『弘法大師空海全集』一〜八……弘法大師空海全集編輯委員会編／筑摩書房
『空海　生涯とその周辺』……高木訷元著／吉川弘文館
『沙門空海』……渡辺照宏・宮坂宥勝著／ちくま学芸文庫
『空海の足跡』……五来重著／角川選書
『思想読本　空海』……宮坂宥勝編／法蔵館
『空海』……上山春平著／朝日新聞社
『空海の風景』上下……司馬遼太郎著／中公文庫
『弘法大師行状絵詞』上下……真鍋俊昭／中央公論社
『国文学　解釈と鑑賞』平成13年5月号　特集 弘法大師空海』……至文堂
『日本仏教史』古代……速水侑著／吉川弘文館
『密教　悟りとほとけへの道』……頼富本宏著／講談社現代新書
『舎利信仰』……景山春樹著／東京美術
『八幡信仰』……中野幡能著／塙新書
『八幡信仰と修験道』……中野幡能著／吉川弘文館
『弥勒信仰　もうひとつの浄土信仰』……速水侑著／評論社
『高野山と真言密教の研究』……五来重著／名著出版
『四国遍路の寺』上下……五来重著／角川書店
『修験道の歴史と旅』……五来重著／角川書店

『山の宗教　修験道講義』……五来重著／角川選書
『高野山民俗誌　奥の院編』……日野西眞定著／佼成出版社
『東寺の謎』……三浦俊良著／祥伝社黄金文庫
『習合宗教史論集』……村山修一著／塙書房
『宇佐八幡宮放生会と法蓮』……中野幡能著／岩田書院
『稲荷信仰と宗教民俗』……大森恵子著／岩田書院
『説話　異界としての山』……説話・伝承学会編
『厩戸皇子読本』……藤巻一保著／原書房
『真言立川流』……藤巻一保著／学習研究社
『行に生きる　密教行者の体験日記』……田原亮演著／東方出版
『ルポ空海』……佐藤健著／佼成出版社
『英彦山修験道考』……村上龍生著／海鳥社
『高野山四季の祈り』……矢野建彦・写真、日野西眞定・文／佼成出版社
『真言密教の本』……Books Esoterica編集部／学習研究社
『釈迦の本』……Books Esoterica編集部／学習研究社
『古寺巡礼　京都5　神護寺』……林屋辰三郎、谷内乾岳著／淡交社
『四国八十八カ所　弘法大師と歩く心の旅』……藤田庄一著／学習研究社
『高野山』……総本山金剛峯寺
『日本の美術280　仏舎利と経の荘厳』……河田貞著／至文堂
『堯榮文庫研究紀要第二号』……親王院堯榮文庫
『豊日史学』第65巻　1・2・3号……豊日史学会編
『ヨーガの哲学』……立川武蔵著／講談社現代新書

『朱』……………………………………………………………………伏見稲荷大社
「大師請来仏舎利の信仰」……………橋本初子著(『仏教文化の基調と展開』山喜坊仏書林所収)
「入唐僧霊仙三蔵」………………………頼富本宏著(『僧伝の研究』永田文昌堂所収)
「空海の神祇観」……………………………村上保寿著(『日本宗教への視角』東方出版所収)
「虚空蔵求聞持法とその展開」…………八田幸雄著(『日本宗教への視角』東方出版所収)
「古代仏教における山林修行とその意義」……薗田香融著(『空海』吉川弘文館所収)
「弘法大師行状記」………………………(『国文東方仏教叢書　第五巻伝記部上』所収)
「空海と高野山」……………………………日野西眞定著(『仏教の聖地』所収)
「密教と護国思想」…………………………藤善真澄著(『中国密教』春秋社所収)
「中国密教の祖師たち」……………………岩崎日出男著(『中国密教』春秋社所収)
「霊異記の伊予説話研究」…………………小泉道著(『国語国文学論集』所収)
「地下水　湧水の湧出形態と水質形成機構の解明――弘法水を例として――」……………河野忠著

あとがき

「御影堂の裏に駐車場がありますやろ。そこんところが昔、佐伯八幡さんだった。いわば、善通寺の奥の院が誕生院（御影堂）で、そのまた奥の院が八幡さんだったんですわ。われわれ文化財を扱っているものにとって一番大切な聖地を駐車場にして……」

弘法大師空海のことを書くのに、まさか八幡神に首をつっこむことになろうとは、思いも寄らなかった。きっかけは、この善通寺市の郷土史家である川合信雄氏の言葉だった。ここで「消された神、佐伯八幡」などという雑誌の見出しふうの文句が頭をよぎったのである。そののち、東寺の決して公開されることのない秘仏が八幡神であると知り、神護寺に「互の御影」なる八幡神像があったことを知る。そしてほんのついでに寄った乙訓寺に、「合体の御影」なる異形な秘仏が存在することを「偶然にして」知ることになるのである。

しかし、この神のことはあまりにわからないことが多すぎる。そんな折り、学習研究社の月刊誌で「弘法大師の霊水」について取材する機会があり、大分に向かった。これはよい機会だと思い、八幡信仰を長年研究されている中野幡能氏を訪ねてみた。すると、今度は法蓮なる僧の存在が浮かび上がってきたのである。氏によると、空海が弘法大師として信仰されたように、法蓮は仁聞菩薩という名前で国東半島の多くの寺を開基したことが伝わっているという。そういえば……と、念のために撮影した椿堂の石碑を見ると、「養老二年、仁聞菩薩の開基した霊場なり」と記されていた。なぜ空海の伝説があれほど全国に分布しているのか、その秘密の一端をここに見る思いがした。つまり、貴重な水源を掘り出した今は忘れられた「菩薩」の伝説が、いつしか弘法大師の伝説となって語られるようになったのではないかというわけである。

そうさせたのは、弘法大師が民衆にとって身近な神として認識されていたからにちがいない。であれば、では空海はなぜ神に成りえたのか。求聞持法と入定信仰はあらかじめイメージしていたのだが、調べていくと、今度は舎利＝如意宝珠信仰というまた新たな側面が浮上することになった。

このように、取材しながら、あるいは書きながら次々と興味を引かれるものと出会い、それらに引きずられながら筆を進めることになった。筆者としては大変刺激的な経験だったのだが、いささか泥縄的な作業となった観は否めず、識者の目から見たら未熟な点が多々あるであろうことは覚悟している。今回の執筆に際してさまざまアドバイスをいただいた作家の藤巻一保氏からは、「八幡神のことを語るなら、道教のことをもっと調べるべき。九州と道教は本当に縁が深いのだから」という言葉をいただいておきながら、せっかくの助言に応えることはできなかった。ただ、少しばかり秘密の扉を開いたつもりになったとしても、その奥にはさらなる扉が開かれないままとなっていることは承知しているつもりだ。

ともあれ、ここにあげた川合氏や中野氏、そして高野山奥の院の日野西眞定氏や藤巻氏らからいただいた興味深い言葉が、本書を書き進める上で強力な推進力となったことはまちがいない。いずれも、空海＝弘法大師の信仰は、密教という枠組みだけではなく、日本人の信仰そのものから捉えなおすべきだという認識では一致していた。その言葉にわずかにでも応えることができたとしたら、非才ながらこの本を書いた意味はある。この場を借りて諸氏に心より感謝を申し上げたい。

そして何より、不慣れな者に執筆の機会を与えて下さり、思うようにはかどらない原稿に粘り強く付き合っていただいた原書房の飯浜利之氏に感謝の意を記しておきたい。

二〇〇二年、二月

本田不二雄　拝

新装版あとがき

本書は、二〇〇二年二月第一版発行の『弘法大師空海読本』に若干の修整を加え、装いを新たにした一冊です。

もとより浅学のゆえ、弘法大師空海の伝説と史実のギャップを埋める人物像を描出できたかと問われれば、はなはだ心許ないというのが正直なところです。それは十三年経った今でも変わるところはありません。ただ、今回改めて読み直してみて、本書に何気なく書いた一文が案外正鵠を射ていたのかもしれないと思いました。

――重要なことは、少年がここで「俯瞰する視点」を獲得したということではなかったか。（二十ページ）

空海は少年の頃より、特定の立場に属することで生じるあらゆるしがらみから自由でした。家からも大学からも、長じては仏門の派閥からも。こうして常に世間を俯瞰するような立ち位置を確保しつつ、知の根源を追い求めたのが空海の生涯だったといえそうです。

この高い視座と深い思惟がもたらす巨きさが空海の魅力であるとともに、往々にして目隠しをしたまま象を撫でるがごとき印象を抱かせる要因でもあります。

空海が包摂した世界（「空海マンダラ」というべきでしょう）はあまりに大きく、私が着目したいくつかのアイテムも、彼を語る上での一部分にしか過ぎません。空海マンダラには汲めど尽くせぬエッセンスが蔵されており、「秘密の鍵」はまだまだ残されているはずです。

本書の末尾に、高野山奥の院に「入定」した弘法大師の姿と伝わる図を掲げました。稚拙なタッチで描かれたその図には、両手に珠（日精摩尼《にっせいまに》）をおし抱く空海が描かれています。日精摩尼とは、太陽のことであり、日の本ニッポンの象徴であり、さまざまな霊験をあらわす宝の珠（如意宝珠）でもあります。この「掌中の珠」に、お大師さんの秘められた思いが凝縮されていたことをこの図は明かしています。ただしこの秘図は、後世、日本の守護神へと昇華した「弘法大師」の姿を伝えたものです。

では、空海その人の思いはまた別にあったのでしょうか。

空海は天長九年（八三二）十一月から、穀物を一切取らなくなりました。いわば死の準備です。この年、空海は「高野山万燈会の願文」にこう記しています。

地・水・火・風・空・識より構成される衆生のあまねく居るところ、五智によって存在する仏たちのいるところ、空飛ぶ鳥、地にもぐる虫、水を泳ぐ魚、林に遊ぶ獣、すべて生きとし生けるものは、みなわが四恩の対象、ともにさとりの世界に入らしめたまえ。

（金岡照光訳）

若き日に発した「還源への思い」を成就させようとする空海の祈りがここにあります。この宇宙、大自然の源へ、無数の生きとし生けるものとともに還ろう。そんな空海の最後の「修行」のさまは、やはり、秘伝が伝える入定大師の図がもっとも相応しいように思えるのです。

二〇一五年、高野山開創一二〇〇年目の二月

本田不二雄

本書は、本田不二雄『弘法大師空海読本』（二〇〇二年・原書房）の本文を組み直し改装した新装版である。

図版提供・取材協力

宇佐神宮
乙訓寺
学研パブリッシング
高野山霊宝館
佐藤正伸
三宝院
善通寺
東京国立博物館
東寺
中野幡能
日野西眞定
藤巻一保
株式会社便利堂
宝亀院
法楽寺
他
（五十音順・敬称略）

［著者紹介］
本田不二雄◉ほんだ・ふじお
一九六三年熊本県生まれ。福岡大学人文学部卒業後、出版社・編集プロダクションに勤務。学習研究社（学研パブリッシング）の一般向け宗教ガイドブックシリーズで編集と執筆・制作に携わる一方、同社の「神仏のかたち」シリーズほか、多数の書籍・ムック、東京美術「すぐわかる」シリーズ、戎光祥出版「イチから知りたい日本の神さま」シリーズなどの書籍・ムックの企画・制作・執筆を行う。単著に、『へんな仏像』がある。近年は「神仏探偵」と称し、日本の神仏世界を広く探求中。

【新装版《しんそうばん》】弘法大師《こうぼうだいし》空海《くうかい》読本《どくほん》

二〇一五年三月二十三日　初版第一刷

著者……本田不二雄《ほんだふじお》
発行者……成瀬雅人
発行所……株式会社原書房
〒一六〇-〇〇二二 東京都新宿区新宿一-二五-一三
電話・代表〇三(三三五四)〇六八五
http://www.harashobo.co.jp
振替・〇〇一五〇-六-一五一五九四
ブックデザイン……小沼宏之
印刷・製本……中央精版印刷株式会社

©Fujio Honda 2002, 2015
ISBN978-4-562-05148-9, Printed in Japan

JN186035

続 人材育成の鉄則

上司力を高める25の極意

本田有明
Honda Ariake

はじめに

どんな人材も必ず伸びる！ その信念が相乗効果をもたらす

❖自責の論理に立つことが育成の基本

「いまどきの若者はなっちょらん！」という言葉をよく耳にする。嘆くのは主に管理職クラスの方々だ。

そう言いたくなる気持ちは、わからないではない。一人っ子が多くなり、親に甘やかされて育つ子どもの割合が昔より増えた。家庭でも学校でも、しつけは甘くなり、精神面での成人が遅くなる傾向が見られる。そんな若者たちを会社で育てなければならないのだから、「上司はつらいよ」のボヤキも漏れるというものだ。

しかし、ボヤいたところで事態が改善するわけでもない。

「いまどきの若者は……」は、延々と言われ続けてきたセリフであって、「いまどきの上司」も、かつては新人類だの宇宙人だのと言われた世代であり、理解不能とさえ酷評された。

人が育たない。原因は部下にあるのか上司にあるのかと聞かれれば、上司たちは「部下のほうだ」と声を揃えるだろう。他責の論理である。

確かに、部下の側にも問題はあるかもしれないが、責任は、うまく育てられない自分たちの側にあるのではないか。そのように自責の論理で考えてみるところから、「ではどうすれば人は育つのか」と、知恵を巡らすようになる。それが人材育成に関わる者の基本的なスタンスである。

❖まずは承認することから始めてみよう

「いまどきの若者は素晴らしいですよ」

人から初めてこんなセリフを聞いたのは、筆者が二〇代の頃のことだ。相手は当時、日本を代表する先進企業の経営者であった。そういう人もいるのかと驚いたのを、今もはっきり覚えている。もともと優秀な人材が集まる会社だったのか、そのように年配者が承認するから若者がさらに大きく伸びるのかは、当時の筆者には不明だった。

あとになって、人が育っている会社や組織の年配者たちはよく、このように若者や部下を承認するものだということを知り、合点がいった。

そうであれば、まず若者たちを、自分の部下たちを、承認するところから始めてみればよい。承認できないとすれば、こちらの目が曇っているのかもしれない。努力が足りないのかもしれない。そのように自戒して一歩前に踏み出してみることで、新たなコミュニケーションの機会が生まれる。

この本は一年前に刊行した『人材育成の鉄則』の続編である。前著が育成の原則を語ることに終始したのに対して、本書では、目次をご覧いただければ明らかなとおり、人材マネジメントの要諦とともに戦略思考の高め方、自己開発の方法にもテーマを広げている。広い意味での育成について論じたものとご理解いただければ幸いである。

正編・続編ともに㈱ビジネスパブリッシング発行の月刊誌『人事マネジメント』に掲載した連載記事をもとに大幅な加筆修正をほどこした。連載時は同誌編集長の久島豊樹氏に、校閲の段階では海田和果氏に大変お世話になった。記して感謝の意を表したい。

二〇一五年三月

本田　有明

目次

続・人材育成の鉄則

はじめに――どんな人材も必ず伸びる！ その信念が相乗効果をもたらす 3

I 人を動かす！ マネジメントの要諦

1 部下の自主的な協力を引き出す 12
鉄則 「部下のため」を第一に考えられるかで、上司の器量が問われる。

2 職場の求心力を高め、チーム力を上げる 18
鉄則 チーム目標を共有し、結束力を高める仕掛けを工夫する。

3 「いまどきの若者」の、新しい発想を受け入れる 24
鉄則 革新エネルギーを多く持つ若い世代の意見をむやみに否定しない。

4 こじれた人間関係は上司から修復する 30
鉄則 部下の気持ちをほぐすには、上司は努めて歩み寄ることが不可欠。
5 「自主裁量」「即断即決」の落とし穴 36
鉄則 部下との約束は必ず守る。思いつきでものを言うべからず。
6 現状打破の発想とチャレンジ精神 42
鉄則 「常に即断即決せよ」は思い込みにすぎない。案件ごとに個別に判断しよう。
7 仕事愛こそ最高のモチベーター 48
鉄則 仕事そのものの楽しみや味わいを伝えることが、理想的な部下育成となる。
8 リーダーの心配り、上司の資質 54
鉄則 ひとつ目標を達成したら、リーダーは感謝と賞賛を言葉で示そう。
II 実力をつける！ 戦略思考の高め方
9 「第一人者」の戦略的思考とは 62
鉄則 専門分野の「選択」と力の「集中」でチャンスを見極める。

10 コミットメントで姿勢を示せ 68
鉄則 部下を奮起させるために、上司は熱い思いを語れ。
11 論理的な思考力を養う 74
鉄則 思考を整理するには、ものごとを三つの要素に分けると効率的である。
12 「三点思考」はこうして鍛える 80
鉄則 新しい発想が思いつかないときは、既存のものからアイデアを生み出す。
13 相手の意を汲んだ解決策を提案する 86
鉄則 相手の立場になって考えてみれば、新しい提案のヒントは必ず見つかる。
14 チームワーク軽視の人材が悪者とは限らない 92
鉄則 ボスザル・タイプの人材には精神論は効かない。具体的事実と理論で変容を促す。
15 ウェルカム・トラブルの姿勢を貫く 98
鉄則 異議申し立てはコミュニケーションの機会と受け止め、部下の成長につなげる。
16 「偶然」を活かせる人、恐れる人 104
鉄則 まずは、「面白そうだ」とつぶやいてみる。すると心が前向きになる。

III 自分を磨く！　上司の気概と部下の意欲

17 反抗的な部下を活かす　112
鉄則 「反抗分子」が提起する常識への揺さぶりを受け入れてみる柔軟な姿勢が必要。

18 いまどきの若者は「なっちょらん」か　118
鉄則 三流を二流に、二流を一流半に高めるのが人材育成。褒めて長所を最大限に発揮させよ。

19 昼夜逆転するコウモリ型社員に注意せよ　124
鉄則 若手社員はタイプによって育て方を変え、日常生活に対する気配りも欠かさない。

20 企画を再提出する〝したたかさ〟　130
鉄則 相手の感情に対する配慮がなければ、人を説得することはできない。

21 上司は失敗談を語れ　136
鉄則 上司の過去の失敗談は、自然な共感が得られ、心に響く教訓となり得る。

22 「教えてください」と言える人　142
鉄則 目的を達成するためにはどう対応すべきかを第一に考えることが必要。

23 社内恋愛は是か非か 148
鉄則 会社で頭角を現わしたいなら、社内恋愛は避けたほうが無難とわきまえる。

24 トンガリ社員には寛容、優等生社員には厳しさを 154
鉄則 評価に不満はつきもの。どうしたら「比較的公平な評価ができるか」を考える。

25 リーダーは「言葉の力」を自覚せよ 160
鉄則 上司の本分は、対話を通じて部下の「現実的な効果を高める」ことである。

表紙デザイン・本文レイアウト——斉藤重之

I

人を動かす！
マネジメントの
要諦

1

部下の自主的な協力を引き出す

❖墨俣一夜城の築城はなぜできたのか

豊臣秀吉のエピソードに墨俣《すのまた》一夜城の建築がある。主君・織田信長の密命を受け、敵方の最前線に短時日で城を築いた。

一夜城といわれているが、実際には三昼夜半を要した。秀吉がまだ木下藤吉郎を名乗っていた三〇歳のときのことだ。この功績により、大勢のライバルたちの中で頭角を現わすことになる。

臨機応変の才覚を示す逸話として有名だが、わずか数日で城のごときものを作るために、配下の者たちをどのように動機づけたかという観点から見ると、秀吉の最も秀吉らしい個性が感じられ、さらに興味深い。

彼はまず、これから面白いものを作るのだと部下や地元の衆に向かって熱く説いた。信長と敵の斎藤道三を、ともにびっくりさせてやろうじゃないかと。そして夜を徹しての重労働になるから、そのぶん報酬も弾むと約束した。皆のやる気をかきたて、自分も参加することで大いに雰囲気を盛り上げた。

迅速な意思決定と果断な行動が信長の本領だとすれば、秀吉のほうは人の心を巧みにつかむ老獪《ろうかい》さが最大の持ち味であった。

この城造りは秀吉にとって一世一代の大勝負だ。そのために大勢の部下や地元の衆に無理を強いるのだから、ヘタをすれば離反の憂き目にあう。関わった者は二〇〇〇人あまり。「黙ってやれ」の命令だけでは共感が得られない。どうすれば皆に気持ちよく働いてもらえるか。そうした場面での人心収攬術《じんしんしゅうらんじゅつ》に、秀吉は常に抜群の冴えを見せた。

このエピソードから教訓を抽出すると、次のようになる。

◆なぜこの仕事をするのか、丁寧に説明する。
◆完成したらどうなるのか、夢の見取り図を描く。
◆仕事に見合った報酬を約束する。
◆率先垂範することで協働意識を高める。

説明責任、動機づけ、率先垂範など、リーダーシップの要件が揃っている。

マネジメントの要諦とは、部下の自発的な協力を引き出して目的を達成することである。リーダーには様々なタイプがあるが、この点に関しては秀吉のほうが信長を上回っていた。

❖「上からの指示だから」は逃げ口上にすぎない

「一将功成りて万骨枯る」という言葉がある。部下をガンガン働かせることで大将は功績をあげるが、多くの者がその犠牲となって倒れる。現代の企業社会でもよく見られる光景ではないか。

部下には厳しいノルマを課して、成果があがると上司が「いいとこ取り」をする。うまくいかないときには、その責任を部下に負わせる。これはおかしい、やってられないと不満が噴き出し、やがて上司は窮地に追い込まれる。マンガ的な説明だが、部下から見放される上司というものは、多かれ少なかれこうした事態を自ら招いているものだ。

部下の側から説明を求められると、たいていの上司は「上からの指示」を口実にする。「上がうるさく言うものだから」

「不本意ながら、きついノルマを与えられて」

上からの指示は体《てい》のよい逃げ口上にすぎない。それは部下の側も感づいている。説明責任、動機づけ、率先垂範は、部下の自発的な協力を得るための三点セットといえるが、これが不得手な上司は「上のせい」にして逃げようとする。そういう場面を何度も体験しているから、部下の側もわかっているのだ。

中間管理職は本来、上と下とを同等に見て、それぞれのためによかれと思って動くのが筋である。しかし本人は半々のつもりでも、部下の立場からすると八対二か、七対三くらいの割合で、上ばかり見ているように感じるものだ。そして、それがたぶん真実に近い。

異議がある方は、試しに自分が「上の気持ち」と「下の気持ち」と、どちらのほうに通じているかを考えてみるとよい。自分の上役は今どんなことを考えているか、自分の部下は今どんなことを考えているか。

推測がつきやすいのは上役のほうではないか。だとすれば、それが上ばかり見て仕事をしている証拠なのだ。

「下情に通じる」という言い回しはあるが、「上情に通じる」とは言わない。下情を理解するにはそれなりの努力が必要なので、慣用句として成り立つ。その逆は、誰もがやっている当たり前のことなので、慣用句にもならないのではないか。

判断に迷うことがあったら、下のために動くことを優先すればよい。そのくらいで部下の目には、上と下とを半々に見ている公平な上司と映る。

❖「会社のため」ではなく「社員のため」と考える

「ご家中下々のためになるようにと思ってすることが、お上《かみ》のためにもなる。考え違いをしている者は、お上のためにと思って目新しいことを企て、下々のことなど顧みない。そのため下の者たちに困ったことが起こるのだ。これが、いちばんの不忠というものである」

江戸時代の武士の修養書である山本常朝の『葉隠《はがくれ》』に見られる指摘だ。

会社の不祥事を例にとってみるとわかりやすい。「会社のため」という口実で行なわれる不正は、ほとんどが幹部や管理職の保身のためにすぎない。真実が明るみに出ると自分たちの立場が危うくなるので、部下たちにも一蓮托生を強いる。

悪い情報が経営トップの耳に達していないケースが少なくないのも、幹部や管理職の責任逃れに端を発する。経営トップの耳に達すると、そのような事態を招いた自分たちの責任問題になるからだ。

上のためだとか会社のためだとかいう表現は、ほとんどが眉唾ものだと思えばよい。「〜のため」を持ち出すなら「部下のため」「社員のため」と考えてみることだ。何をなすべきか、正しい解答に近づくことができる。

下の者に媚を売れというのでは、もちろんない。下の者は、自分たちのことを本気で考えてくれている上司のためにこそ献身的に働く。その道理をよく理解しなければならないということだ。彼らの共感を得られずして、自主的な協力を引き出すことはできない。

こういう道理というものは、常に「言うは易く行なうは難し」。実践できるかどうかに人の器量が問われるところである。

人材育成の鉄則 1

「部下のため」を第一に考えられるかで、上司の器量が問われる。

2

職場の求心力を高め、チーム力を上げる

このところ、「チームビルディング」というテーマでの講演や研修の依頼が増えている。長年続いた成果主義の悪影響によって失われた職場（チーム）の求心力をどう高めるか。昔から使われていた言葉でいえば、「組織活性化」である。

言うまでもないことだが、成果主義がすべて悪いわけではない。行き過ぎた「個人成果主義」を「チーム成果主義」へと方向転換すること。それがチームビルディングの概念だ。『不機嫌な職場』（講談社現代新書）という本がベストセラーとなったことにもあるように、昨今はギスギス、イライラの温床のような職場が多い。人と関わろうとしない空気が蔓延して、職場がチームとして機能しにくくなったからである。そこでチームビルディングに関心が集まるわけだが、ここでは、チームビルディングの簡単な事例を紹介しよう。

❖「不機嫌な職場」はこうして改善する

出発点は「不機嫌な職場を改善したい」だ。どう改善するのか。「ご機嫌な職場をつくりたい」ということだろう。では、どうするか。

まずは職場のメンバーの率直な意見に耳を傾けてみよう。アンケートをとるなり、研修でアイデアを募るなりしてみる。現場のことは現場の人に聞け、である。

ある会社でこれを行なったところ、次のような案が出た。

◆褒めまくりの日をつくろう。
◆一日に三回「ありがとう」を言おう。
◆「私がお手本です」のたすきをかけよう。
◆月に一度「ノーメールの日」をつくろう。

「褒めまくり」とはユーモラスな表現だが、週に一回、人を褒めて褒めて褒めまくる、そんな日を設けようというものである。「私がお手本です」とは、この文字を記した大きなたすきをメンバーが順に一日ずつかけ、コミュニケーションの手本を示そうという案だ。

実際にやってみると、まずみんなの顔が明るくなった。初めは照れながら、といった感じだが、メンバー同士が互いに関心を持ち合い、言葉を掛け合うようになった。

こうして書くと、ふざけたことをやっているみたいだが、決してそうではない。暗い職場、不機嫌な職場に必要なのは、楽しさを演出すること、笑いと活気をもたらす仕掛けを考案することだ。それが「ご機嫌な職場づくり」の第一歩であり、モチベーション・マネジメントの一環といっても過言ではない。

ご機嫌な職場づくりは、かけ声だけでは実現しない。メンバーが相互に関心を持つこと、気軽に言葉を掛け合うこと、そのための場をつくることが欠かせない。

よく、「ウチは飲みニケーションをやっているから大丈夫」などと言う人がいるが、特定の気の合うメンバーとだけアフター5にイッパイでは、効果のほどは疑わしい。仲間うちで酒を飲みながらグチをこぼしていても、前向きなエネルギーは生まれないからだ。

飲みニケーションをやるなら、チームメンバーが集まって、上下の隔てなく談話する場を設けること。ベンチャー企業の草分けである京セラや堀場製作所などは、長年これを企業文化として大事に継承している。

❖メンバーが談笑できる「場」をつくる

チームメンバーが集まる場づくりは、その気になればいろいろと工夫できる。実例をあげてみよう。

①ごほうびランチ

仕事に一区切りがついた日には、みんなでちょっと豪勢なランチを食べに行く。シティホテルで催しても、夜のイッパイに比べれば安いもの。日本の職場では今、パーテーションの中での孤食が増えている。ごほうびランチは息抜きと、仕事にメリハリをつける上で想像以上の効果がある。

②クス玉の日

チームやプロジェクトの目標が達成された日のために、クス玉を用意しておく。中には「○○達成おめでとう!」の文字と手製の紙吹雪。上司から「○○を達成しろ」とハッパをかけられるだけでは、なかなかモチベーションが上がらない。楽しい演出を加えることでチーム目標をみんなで共有し、結束力を高める。クス玉を割る楽しさは大人も子どもも変わらない。実際にやってみると病みつきになるほどだ。

③スイーツクラブ

職場の一角にスイーツ(甘いもの)コーナーを設ける会社が多くなった。残業を余儀なくされる日は、例えば五時半、六時などと時間を決めておき、一〇分ほど休憩タイムとする。そこで各自の進捗状況を伝え合ったり、情報交換をしたりする。そういうコーナーがなければ当番制でコンビニエンスストアなどに買いに行き、みんなにふるまえばよい。ホッとできる時間をつくり、それを共有するだけで残業もはかどるというものだ。リーダー格が買い出し係を担当している職場は、ほぼ例外なく雰囲気がよい。

❖数字に表われない努力に光を当てる

成果主義が強調される組織では、数字に表われる短期的な結果にばかり目がいく傾向がある。たくさん売った人、多くの顧客を獲得した人が顕彰され、それ以外の人は相対的に「役立たず」と見なされがちなことは否定できない。成果はもちろん大切だが、目に見えない努力や、いずれ成果につながるかもしれない潜在的な部分にも光を当てる必要がある。

④チーム奨励賞

例えば長年ミスなく経理をこなしている人、新人なのにユニークな提案をした人など、チームに貢献した人を互選によって選び、表彰する。ここでは互選という仕掛けをつくることがポイント。メンバー同士が互いに関心を持つことが前提になるからだ。賞品などは、ごくささやかなもので構わない。みんなで受賞者を選び、みんなの前で顕彰すればよい。

⑤失敗大賞

成功は賞賛され、失敗は非難されるのが組織の常なので、失敗したときは誰もがそれを隠そうとする。だから「失敗に学ぶ」ことが、なかなかできない。

力を尽くした上での失敗は、それを公表してチームの資産とすることが大切だ。暗黙知を形式知として共有すること、と言い換えてもよいだろう。

ここで紹介する「失敗大賞」は月に一回あるいは四半期に一回メンバーが集まって、期間中にいちばん大きな失敗をした人から体験談を聞くという制度である。初めは誰も選ばれたくないので、リーダー格が率先して受賞し、見本を示す。

ある会社では役員クラスから実践したことで、しっかり定着した。学習する組織づくり、またオープンマインドな風土づくりという観点からも、非常に効果が大きな仕掛けといえる。

人材育成の鉄則 2

チーム目標を共有し、結束力を高める仕掛けを工夫する。

3

「いまどきの若者」の、新しい発想を受け入れる

❖「いまどき」を否定しても始まらない

管理職研修の場で人の心を大切にする「やわらかいマネジメント」の必要性を説くと、異論・反論を寄せられることがよくある。もっと厳しく接しなければ戦力として育てるのは難しい、いまどきの若者はすぐにつけあがる、といった理由からだ。

もっともな言い分ではあるが、この「いまどきの若者」や「厳しく接する」などの表現は、きちんと把握しておく必要がある。口にする人によってイメージが異なる、かなり恣意的な言葉だからである。

「厳しく接する」とは、具体的にどうすることか。

難しいことを命令口調でやらせる、笑顔を見せないなどの意味で理解されている向きがいまだに少なくない。しかし、軍隊のように「命令─服従」によって成り立つ、非常事態を想定した組織は別として、命令口調だの笑顔を見せないなどは、指導育成に必須の条件

ではない。

困難な仕事に挑戦させるという、指導した結果の相手の行為が肝心なのであって、命令口調よりは語り口調で、こわばった表情よりは笑顔で済むなら、それに越したことはない。そのほうが好ましいのである。

雰囲気としての厳しさを演出しようと考えたがる人は、そうしないと相手が動いてくれないだろうことを自覚しているケースが少なくない。つまり、そもそもの人間関係の築き方に問題があるということだ。

続いて「いまどきの若者」について。

この言葉は、紀元前ギリシャの昔から用いられてきた人類最古の愚痴のひとつ。ソクラテスの時代における先輩と若者の一〇年、二〇年の時間差など、現代人からしてみれば無きに等しい感じだが、当人にとってそう達観するのは困難なのだろう。日本でも、先に引用した『葉隠』には、いまどきの武士は心得が足りないといった嘆きが記されている。

考え方や立場の違いを体験の多寡によるものとし、若い世代の未熟を嘆くのはいつの時代でも年長者の常ではあるが、それを口癖とすることは、三つの意味において賢明とはいえない。

◆努力をすれば理解し合える問題まで世代間の相違のせいにし、努力を怠る。
◆年配者の意見のほうが正しいとする独善的、保守的な考えに、無意識のうちに陥る。
◆その結果、若者の長所に学ぶことができない。

❖若い世代の意見に分があると考える

ソニー創業者の井深大氏も盛田昭夫氏も、ともに「いまどきの若者」に言及するときは「われわれの世代より優れている」という文脈で語ることが多かった。劣っているところを指摘するのは簡単なことだが、そうしたからといって得るものは何もない。

一般に、若い世代を否定的に論じる傾向のある人は、女性の能力について否定的に語りたがる男と同じで、自分自身の能力にやや問題のある人が少なくないように見受けられる。

一定の年齢になったなら（目安として「中年」と呼ばれる四〇代に至ったら）、むしろ新しい世代の意見に分があると考えたほうが、柔軟な思考ができるのではないか、と私は考えている。

世代間の差異に関する議論というものは、年代の高い人物が保守的な立場に回り、若いほうが革新的な立場に回ると相場は決まっている。年長者は自分が送ってきた人生体験を意義あるものと考え、獲得した有形無形の資産を維持しようと目論むのに対して、失うものを持たない若い世代は、古い価値観を打ち壊そうと様々な造反を試みる。年長者には乏しくなった自己革新のエネルギーを、若い世代はいくらでも発揮することができる。

生成発展、進化、変革などが、この世界と生命体のいわば摂理であるなら、そのエネルギーを多く持ち合わせている側にアドバンテージを認めるのは、賢明な判断といえるかもしれない。

「造反有理」とは、かつて毛沢東の夫人・江青を含む四人組が、国家転覆を謀った罪に問われたときに、法廷で叫んだ有名な言葉である。造反する側に理があるのではないかと考えてみることは、造反される側にとって決して楽しいことではないが、それゆえに「わたくし」を離れた新しい発想を招く端緒ともなる。

方法論としては、逆に世代間の争いを奨励することによって、さらに大きな実りを得ようとするしたたかな立場もある。ものごとは正―反―合の三つのステップを踏んで進歩していくのだとする弁証法的認識論がそれだ。

いずれにしても、自分が保守派へと回る年代になったからといって安易に変革の芽を潰さない配慮が必要であることは確かだ。

❖部下の中に潜んでいる異才を見逃すな

造反というほど過激なことではないが、ミクシィ会長の笠原健治氏は、自分が進学する予定の公立中学校に水泳部がないと知って、便箋六枚にも及ぶ直訴状を書いた。それが受け入れられて水泳部ができたとき、自分から提案することの必要性を実感したという。

ソフトバンクの社長、孫正義氏は、学生時代に日本マクドナルドの創業者、藤田田氏の著書『ユダヤの商法』を読んで感動し、ぜひ本人から直接、話を伺いたいと思った。どうしたか。地元の久留米から毎日、藤田さんの秘書に電話をかけた。が、当然のことながら取り次いではもらえない。そこで飛行機に乗って会社に乗り込んだ。

「三分間だけ社長室に入れてください。私は黙って立っています。お邪魔はしません」

そう言って粘った。黙って立っていること自体がはなはだ邪魔なのだが、先方は根負けして、この非常識な学生を社長室に招き入れたという。

また、ソニーの役員やベネッセコーポレーションの社長を歴任した森本昌義氏は、大学生の頃ソニーがADR（米国預託証券）を発行したとの情報に接して驚き、当時のソニー社長、盛田昭夫氏にいきなり会いに行った。アポ無しのヘンな学生に押しかけられ、面談に応じた盛田氏もさすがだが、こうした血気盛んな若者はしばしば我の強いことを平気でやるものだ。

立身出世した人ばかりを引き合いに出すのは我田引水と言われそうだが、ミニ笠原、ミニ孫、ミニ森本は、もしかしたらあなたの会社にもいるかもしれない。さらにもしかしたら、今あなたの職場に、あなたの部下として、いるかもしれないのである。

一〇人の非常識な、あるいはうるさい部下の中に、将来のエースが紛れている。まさに玉石混交の人材から間違いなく金の卵を見つけ出すためには、造反有理を前提として若者を見るまなざしが不可欠といっても過言ではないのである。

人材育成の鉄則 3

革新エネルギーを多く持つ若い世代の意見をむやみに否定しない。

4

こじれた人間関係は上司から修復する

上司と部下との間には、相互に様々なバイアス（偏向）がかかっているものだ。理由のひとつに、第一印象による思い込みがある。

上司が部下の能力を値踏みするのにかかる期間は、一週間から二週間程度だといわれる。逆の側からの値踏みも同じことだろう。その程度の時間で何がわかるものかと、首をかしげる方もいるに違いない。まさにそのとおりで、わずか一週間か二週間で人を総合的に理解することなど、できるはずがない。にもかかわらず、私たちがその程度の時間で人を推量し、値踏みしているのは事実だ。

❖部下は上司を注視し意味づけている

筆者の顧問先に、上司に対して敵対的な態度をとる部下がいた。理由を聞くと、「敵対的なのは上司のほうで、自分は被害者だ」と言う。さらに突き詰めていくと、ファースト・

コンタクトが大きく作用していることがわかった。

新任の上司に、挨拶を兼ねて仕事の報告をしようとしたところ、「あとにしなさい」と一喝された。「お忙しいですか」と尋ねると、「見りゃわかるだろう」と吐き捨てるように言われた。

ほんの数分前には別の部下と談笑していたのに、自分にはガラリと態度を変えた。別の部下が彼のライバルだったこともあって、上司の第一印象は最悪のものとなった。「ライバルは上司に好かれ、自分は嫌われている」。そんなふうに感じたという。

当の上司にヒアリングをすると、別の部下のほうと話し込んだせいで会議に遅刻しそうになり、慌てていただけとのこと。

「きつい言い方をしたなんて記憶は全然ありませんよ。相手のほうが、何かにつけ反抗的な言動をするから、自然とこちらも受けて立つような気分になったのは事実ですけど」

初めにボタンをかけ違えると、どこまで行っても直らない。人間関係の場合は時間の経過とともに、ますます深刻化していく。

この例では、上司も部下も、相手が先に敵対的な態度をとったと思い込んでいた。上司にとって部下は「チームワークを乱す問題児」となり、部下にとって上司は「えこひいきをする人」となった。わずか数日で評価は固まり、そのまま一年間、修復されることはなかった。

第一印象がすべてではないものの、それが人間関係の形成に大きな影響を及ぼすことは間違いない事実だ。そして、自分は相手にどう思われているかということに敏感なのは、評価する側ではなく、される側である。上司が思っている以上に、部下は上司の一挙手一投足を注視しており、その結果にあれやこれやと意味づけしているものだ。

❖ボタンのかけ違いを直す三つの方策

ボタンのかけ違いを自覚したらどうすればよいか。すぐに実行できる対応策を三つ紹介する。

第一は、ざっくばらんな対話の場を設けること。上司に冷遇されていると思い込んでいる部下には特に重要であり、緊急を要する。まずは意固地になっている相手の気持ちを柔らかくほぐさなければならない。対話の場所に気を配り、できたら喫茶店のように、仕事を意識せずにくつろげる空間がよい。そして、次のような段階を踏んで、こちらの気持ちを表わす。

①日頃の勤務に対する労《ねぎら》いの言葉をかける。②相手への期待と、自分の率直な印象を述べる。③上司として問題の解決に努めたい気持ちを伝える。④その上で、何が問題の原因だろうかと問いかける。

被害者意識の強い者に対しては、君は決して被害者などではないというメッセージをきちんと伝え、心を開かせることが先決だ。目的は、偏見による敵対意識を解消し「協働のための相互支援」を確立することである。一方的な説教になっては意味がない。相手の言い分に忍耐強く耳を傾ける配慮が必要だ。人は誠実な態度で聞いてもらえたと感じた相手には、それだけで親しみを覚える。

そもそも被害者意識とは「聞いてもらえない」「認めてもらえない」「評価してもらえない」という思い込みに端を発する。高く評価してあげられるかどうかは別問題だが、「きちんと聞き、きちんと人格を認め、正当に評価する意思があること」を納得させられれば、思い込みはかなり小さくなる。

第二の対応策は、年度の初日や四半期の節目の日を選び、部下の前でこんなふうに宣言することだ。

「これまでの評価はすべてチャラにする。きょうから全員、ゼロからのスタートだ」

かつてＩＢＭの最高経営責任者（ＣＥＯ）に就任したときのルイス・ガースナーの言葉である。

お互いに偏見は捨てて、まっさらな気持ちでいこう。その意欲をはっきり示すことにより、部下の側の思い込みも捨てさせる。

「これまで、ぎくしゃくした部分もあったのは事実だ。心のすれ違いが生じないように、今後はコミュニケーションを密にしていきたい。君たちも気がついたことがあったら、遠慮なく言ってほしい」

節目に宣言することで人心のリフレッシュをはかる。すべての禍根を一掃することはできないまでも、上司の気持ちの一端は理解されるはずである。

❖問題児の部下にこそ声がけを

第三の対応策は、日頃の声がけを確認してみることである。

こう言うと、「そんなことはちゃんとやっている」との答えが返ってくるものだが、現実はどうだろうか。

確かに声はかけている。問題は、その相手だ。

筆者は多くの実例に即して述べているのだが、上司が頻繁に声をかけるのは、すでに良好なコミュニケーションが確立している相手に対してだ。つまり「かわいい部下」、具体的には高い成果をあげている者、上司の意向に逆らわない者、応対が気持ちよい者などである。人は誰でも、自分にとって好ましい相手に声をかけたがるものだ。敵対的な態度をとる者には、こちらも同じように応じる。

そうした傾向があるため、上司に冷遇されている（と主張する）部下からは、たいてい、次のような不満も聞かれる。

「他の部下には楽しそうに声をかけるのに、自分には何も言わない。言うのは文句だけ」

上司から問題児と見なされる部下には、何かしら当人の側に問題が認められるものだ。それには個別に解決策を講じ、普段の声がけは「かわいい部下」に対するよりも多くなるよう心がけたい。そう心がけてもなお、「かわいい部下」に多く声をかけているのが人の常なのだから。

人材育成の鉄則 4

部下の気持ちをほぐすには、上司は努めて歩み寄ることが不可欠。

5

「自主裁量」「即断即決」の落とし穴

スピード経営をモットーとして打ち出した会社がある。何ごとも即断即決、朝令暮改は大いに結構と社長が檄を飛ばす。オーナー会社なので、以前は何でも上にお伺いを立てるのが風習だった。それでは変化の時代についていけないと、二代目が社長に就任したのを機に風土変革に取り組んだ。管理職の権限を大きくし、自主裁量を奨励したのだ。

方針としては間違いではない。しかし一八〇度の方向転換に、社内は一種のパニック状態になった。長年、自主裁量の余地がほとんどない中で仕事をしてきた管理職たちは、即断即決と言われても、要領がよくわからない。自主裁量や即断即決は、それまで辞書になかった言葉なのだから。

部下から指示を仰がれると、目を白黒させてその場に固まってしまう。簡単な問題でも、自分が判断を下さなければならないとなると、責任を感じて答えに窮してしまうのだ。習慣というものは恐ろしいものである。

若いうちから意思決定の訓練をしてきた人にとっては、部下に指示・命令を出すくらい朝飯前のことだが、訓練がなかった人には拷問にも等しい。

ということで、多くの管理職が頭を抱えた。また、無理にでも即断即決をと焦るあまり、指示・命令のミスが相次いだ。そのため上司と部下の信頼関係にもヒビが入り、会社全体がギクシャクしだした。かつて私が管理職研修を担当した会社での出来事だ。

❖即断即決が常に正しいとは限らない

即断即決にしろ朝令暮改にしろ、口当たりのよい言葉は内容の詮議が十分に行なわれないまま標語として使われやすい。そして、いったん標語となると、時と場面とを問わず、あたかも水戸黄門の印籠のように扱われる。常に即断即決・朝令暮改をせよ、のように。

言うまでもないが、それは間違いだ。ものごとには、即断即決を要する事柄もあれば、そうでない事柄もある。朝令暮改は、「改むるに憚ることなかれ」の柔軟な姿勢を説いたもので、暮改が続くという事態そのものは決して好ましいことではない。つまり、どちらもケース・バイ・ケースの指針なのだ。

では、即断即決のやり方は、具体的にどう考えればよいか。私は次のように指導した。

「その案件に対する判断・決断を、いつすればよいかを即断即決しなさい」

例えば部下が、〇〇はどうすればよいかと尋ねてきたとき、

①簡単な問題なので、今すぐ判断して指示を出す。

②熟慮を要するので、数日置いた上で判断する。

③上の判断を聞かなければならないので、しばらくペンディングとする。

のように、難易度と重要度を考慮し、的確な判断を下せばよい。何ごともその場で即断即決しなければならない、などと誤解すると、とんでもない失敗につながりかねない。

❖説明責任を果たす真摯な姿があるか

ここで重要なのは、部下と交わした言葉を忘れないことである。

「熟慮しなければならないので三日待ってくれ」

「役員の意見を聞いてみるので、しばらくペンディングにする」

このような受け答えをしたなら、それを「部下との約束」と考えて、必ず守ることであ

る。

世の管理職には、ペンディングにしたのでは即断即決ではないとの思いから、それでは部下にナメられると感じる人もいるようだが、そんなことはまったくない。問題なのはペンディングを口にする人の多くが、自分の言ったことを忘れるということだ。つまり部下との約束を守らないのである（中には故意にそうする人もいる）。ナメられるとしたら、こういういい加減さのほうだ。

とはいえ、大勢の部下を抱える管理職であれば、一人ひとりと交わした約束をすべて覚えておくのは容易なことではない。どうすればよいか。

「三日待ってくれ」「ペンディングにする」など、約束めいたことを言ったら、その場でメモをとればよい。手帳にでもパソコンにでも、すぐに書き込んでおくこと。三日後の欄に「高橋君の件、答える」のように。

小さいことのようだが、これは上司と部下とのコミュニケーションを良好に保つ上でとても大切なことだ。部下と交わした言葉を、上司は簡単に忘れるが、部下のほうはそうではない。この上司は口にしたことを守る人かどうか、いつも注視している。判断に迷うとペンディングを繰り返し、そのうち都合よく忘れてしまう上司などは、このことをよく肝に銘じなければならない。

二桁の人数の部下を持ち、常に多くの意思決定事項を携えている管理職であれば、部下との約束をすべて期日どおりに守り切るのは至難の業だろう。やむを得ず遅延するケースも必ず出てくる。

そのときは、自分のほうから部下に事情を説明し、新たに期日を設定し直す。説明責任を果たすということだ。それによってナメられるだの、信頼を失うだのということはない。むしろ、上司はちゃんと気にかけてくれていたんだと、見直されるくらいだ。

上司と部下との心のすれ違いは、こういうところに発生する。上司の側が、沽券に関わると感じて意気がるような場面は、部下にとってさほど重要ではない。むしろ、実行できなかったことは素直に認め、説明責任を果たす真摯な姿勢があるかないかといった人間的な側面が重要なのだ。

❖状況の変化がともなわない朝令暮改

朝令暮改についても同様である。状況の変化に即応して機敏な意思決定を行なうためには「改むるに憚ることなかれ」でよい。しかし、状況が変化していないのにコロコロ意思決定が変わる上司が、現実には少なくない。近年のベストセラーのタイトルを借用すれば、『上司は思いつきでものを言う』。そしてそれを、あたかも状況の変化が理由であるかのように言い繕ったりする。そのへんの事情は、部下の側もしっかり把握しているのだ。

思いつきでものを言う上司と見なされないために必要なのは、ここでも説明責任の自覚である。その自覚を十分に備えた者だけが、朝令暮改を行なう資格を有するといっても過言ではない。

ついでながら、最近の若い世代は「朝令暮改」の原義を知らず、これを積極的によいことと誤解している向きがある。幹部がそういう使い方ばかりするようになったからだろう。朝に出した政令を夕には改めるという意味で、元は為政者の気まぐれを表わす。さらにひどくなると、朝改暮変、朝に改めたものを夕べに再び変える、という言葉もある。――笑ってばかりはいられないと思うが。

人材育成の鉄則 5

部下との約束は必ず守る。思いつきでものを言うべからず。

6

現状打破の発想とチャレンジ精神

前節で「最近「朝令暮改」を口にする人が増えた」と書いた。それも判で押したように、「変化の激しい時代には朝令暮改を恐れてはならない。むしろ朝令暮改をするべきなのだ」との文脈で語る人が増えた。そして、これは間違っていると私は指摘した。

❖朝令暮改と「朝令暮改の発想」の差

先日、ある出版社の編集者にその話をしたところ、鈴木敏文氏の『朝令暮改の発想』という本の影響ではないかと言われた。鈴木氏はセブン&アイ・ホールディングスを率いる現代の名経営者である。なるほど、そうだったのかと合点がいった。お恥ずかしい話だが、私は二〇〇八年に刊行されたこの本の存在を知らなかった。

鈴木氏に敬意を表し、さっそくセブン&アイグループの「セブンネットショッピング」を利用して本を取り寄せた。そして熟読玩味させていただいた。

結果、もう一度「そうだったのか」と合点がいった。読者の多くは、イメージで、あるいは本の雰囲気で、朝令暮改は正しいと速断したのだ。普段、前言撤回をよくする人たちが、大経営者の名前を冠した『朝令暮改の発想』というコピーを見て、いわば免罪符のように感じたのではないか。

意地悪げな指摘と思われる向きもあるだろうが、これがいわゆる〝受け売り〟のメカニズムなのである。自分に都合よく解釈して、それを錦の御旗のように振りかざす。「あの大経営者も朝令暮改を勧めているのだ」と。それは事実ではない。

鈴木氏が述べているのは、「変化を恐れてはならない。常に新しいチャレンジを試みるべきだ」ということだ。その過程で、修正すべき点が出てきたら即座に正す。朝令暮改という刺激的・偽悪的なキャッチコピーを使って「現状打破の発想」を説いたのである。

前述のとおり朝令暮改とは、朝に出した政令をその日の夕方には撤回してしまうことで、命令や方針がいい加減なことを意味する。よい意味などない。だから鈴木氏と出版社は、あえてこの言葉を使用したのだろう。守旧派の人は、朝令暮改をよしとするほど現状打破のチャレンジ精神を持たなければいけませんよ、そうでないと時代についていけませんよ、とのメッセージを込めて。

そのメッセージを、「部下に対する日頃の指示・命令がコロコロ変わってもよい」などと拡大解釈してはいけない。

❖即断即決すべきは「いつ決断すべきか」

では、職場の上司たちの指示・命令に朝令暮改が増えているのはなぜか。理由のひとつとして、「即断即決」という言葉による呪縛が指摘できるだろう。変化の激しい時代には即断即決が求められる、という考え方だ。即断即決できない上司は切り捨てられる、だから常に即断即決せよ、との文脈で上司たちを呪縛する。それは、はなはだ短絡的な発想であり、勝手な思い込みにすぎない。

ものごとには、①即断即決を要する事柄もあれば、②即断即決を要さない事柄もある。さらには③即断即決をしてはいけない事柄だってある——などということは、日頃の判断業務の中身を検討してみれば誰にでもわかることではないか。ただ、ひと昔前に比べれば、「即断即決を要する事柄」が増えたのは確かだ。だから、のろのろしていてはいけませんよ、特にその傾向がある人は注意してください、と警鐘を鳴らす必要性はある。それだけのことだ。

「常に即断即決をせよ」と短絡してはいけない。だから補完するために「朝令暮改を恐れるな」というメッセージが必要になってしまうのだ。この論理は、「即断して判断を間違うのは構わない、その場合には撤回すればよい」と、あらかじめ言い訳を用意して自己正当化をはかっているのに等しい。そんな理屈をつけるより、「即断即決すべきかどうかは適宜、個別に判断しよう」と、素直に言ったほうがよい。

ということで、私の主張は次のとおりである。

「何でも即断即決してミスを犯すのは愚かなことだ。そうではなく、いつ決断すべきかを即断即決しよう」

判断業務においては、案件ごとに、①今すぐ決断すべきこと、②一両日中に決断すべきこと、③時間を置いて決断すべきこと、に分別すればよい。日々の業務を振り返ってみればわかるとおり、仮に中間管理職層であれば、「今すぐ決断すべきこと」は、そんなに多くないはずだ。突発的な事態が発生した、得意先から深刻なクレームが寄せられた、など急を要する事柄なのだから、①として扱うべきだとの判断は容易にできる。

急を要さない案件は、②か③でよい。そんなものまで即断即決する必要性はなく、本来③に分別すべき案件を焦って①に振ってしまっては、大きなリスクを招きかねない。そうなってから朝令暮改の免罪符を持ち出すのは、愚の骨頂と認識すべきである。

❖忘れがちな「急を要さない案件」の対応

ただし、緊急の事態にはそれなりに対応することができても、「一両日中に決断すべきこと」「時間を置いて決断すべきこと」になると、どういうわけか〝健忘症〟になってしまう人がいるのは大きな問題だ。

例えば部下と交わした約束を、頻繁に忘れてしまう上司。「君の提案書は来週までにチェックしておくからな」「その件は私から本部長に掛け合ってみよう。ちょっと時間をくれ」などと言っておきながら、そのつど都合よく忘れる。社外のことに神経を使うあまり、社内のことには疎くなってしまうのか。

しかし、一つひとつの約束は、仮に忘れても致命的な問題ではないとはいえ、それが常態化することは、上司として致命的なリスクを負うことになりかねない。部下との信頼関係を損なうというリスクだ。

「あの人は安請け合いをする人だ」「口で言うだけで、全然あてにならない」と部下に思われることは、チームの運営にきわめて大きな支障をきたす。そういう上司が、即断即決だの朝令暮改だのを口にしたとき、部下はどんな反応を示すだろうか。

表に見える反応は示さないかもしれない。心の中でため息をつき、無視するだけだろうから。

鈴木敏文氏の『朝令暮改の発想』を手に取られた方は、古田敦也氏の『「優柔決断」のすすめ』も読んでみるとよい。「優柔」とくれば「不断」が続いて四字熟語を形成するが、古田氏は新しい組み合わせを作って決断の方法を説いている。優柔――「優しく柔らか」なイメージで日頃から情報収集を怠らず、事に及んでは機敏に決断を下す。ＩＤ野球の申し子として名捕手の誉れが高かった氏ならではの炯眼《けいがん》が随所に光っている。

人材育成の鉄則 6

「常に即断即決せよ」は思い込みにすぎない。案件ごとに個別に判断しよう。

7

仕事愛こそ最高のモチベーター

若い部下を持つ上司や先輩に求められるものは何か。

①懇切丁寧に教えること、②気軽に相談にのること、③何ごとにも範を示すこと、など、箇条書きであげていけばきりがない。

これらは基本中の基本だが、意外と忘れられやすいのは、④「仕事愛」を伝えること、ではないか。プロ野球・読売巨人軍の原辰徳氏が、監督就任時に「ジャイアンツ愛」という言葉を使ったが、あれと同じ種類のものだ。

❖部下が聞きたいのはグチでなく情熱

仕事愛なんて、演歌みたいで気恥ずかしいという人もいるだろう。仕事はクールでいいと思う人もいるだろう。強制するつもりはない。ただ、仕事愛を堂々と語れる人、態度で示せる人は、間違いなく部下から信頼される。いまふうに言えば、リスペクトされる。

「あの人の姿勢は、まねはできないけど、なんだかすごいよね」「仕事に対する気合というか、情熱が違う。さすがだと思う」――そんなふうに言われる。

私の友人に、自分が製造の一部を担当しているクルマのことを、いつも誇らしげに語る人がいる。自動車の製造工場に勤務している男だ。酒の席でも、話題にするのは会社や上司の悪口ではなく、クルマのことばかり。

「今度のクルマはいいぞ。造っていて、ワクワクしてくる」

一緒に街を歩いていても、往来のクルマばかり見ている。

「お、来たぞ。あれは去年のモデルだな。調子よく走ってるなぁ。おーい、元気か!」

大きな声で言って、手を振ったりする。まるで子どものようだ。部下たちは、また始まったという顔で苦笑いする。中には一緒になって手を振る者もいる。

実に素朴な例だが、仕事愛とはこういうものだ。自分が担当した商品に愛着を持ち、誇りを感じているのだ。いや、単なる商品ではない。彼にとっては「俺が造ったクルマ」なのである。

担当しているのは、製造全体の一工程にすぎない。それでも「俺が造ったクルマ」であることには違いない。情熱を込めて、一生懸命に打ち込んでいるからこそ、そう言えるのだ。

製造工場ではよく欠勤する者もいて、班長は苦労が絶えないのだが、この男の班では欠勤ゼロ、成績もきわめて優秀だ。「俺が造ったクルマ」を堂々とのろけまくる班長に影響されて、誇りと気概がチーム全体にみなぎっているからだ。

部下と打ち解けてくると、会社への不満や仕事へのグチをこぼす上司が増えてくる。酒が入ったりすると、つい嘆き節になってしまうこともある。

「俺たちがいくら頑張っても、上が評価してくれないからな」「しょせんサラリーマンなんて、こんなものだ」などと。

部下が聞きたいのは、そんな話ではない。働くことへの志であり、未来への希望なのだ。それを堂々と語り、周りを情熱の色で染めてしまうような人――そういうリーダーを求めているのだ。

かつて私がお世話になった上司は、私が担当した商品（書籍）を持って報告に行くと、目を細めて喜んだ。出来栄えをチェックしたあと、「いいねえ。よかったねえ」と、わが子を見るような温かいまなざしを商品に注いだものだ。それは紛れもなく、仕事愛のバリエーションだった。この人はこの仕事が好きなんだということが、はっきりと伝わってきた。だから、自分もこの人のようになりたいと願った。

仕事愛のある人であれば、当然のことながら、出来栄えにはうるさい。失敗したときは叱責も厳しい。しかしそれが仕事愛に裏打ちされたものだと理解できれば、部下は甘んじて叱責を受ける。それを励みにしようとする。コミュニケーションを支える礎となるのは、そういうものだ。

❖「この仕事が好き」は働くことの原点

だいぶ前のことになるが、ある印刷所に「博士」と呼ばれている組版担当の社員がいた。印刷所の仲間がつけた渾名ではない。発注する出版社の人がつけた敬称のようなものだった。著者が書いた原稿に間違いがあると、丁寧に指摘してくれるからだ。その分野も、歴史から思想、社会学など広い範囲に及んでいた。

出版社の編集者にしても、職掌柄それなりの教養の持ち主が少なくないが、「博士」はそのレベルをはるかに凌駕していた。私も評判を聞いて、試しに発注したことがあったが、聞きしに勝る博識ぶりだった。

どうしてこれほど博識の人がいるのかと営業部長に尋ねると、こんな答えが返ってきた。その社員の上司は、部下に仕事愛を吹き込む点では最高の上司だった。「この仕事は楽しいぞ。なんといっても偉い先生方の原稿を直接読んで勉強できるんだから」。いつもそんなふうに語り、自身もとても楽しそうに仕事をした。「大いに勉強して、そのうちテレビの物知りチャンピオンになろうじゃないか」とも言って部下を発奮させていたという。

部下たちはやる気をかき立てられ、原稿を担当するごとに、その分野の参考書や類書などを読んで知識を増やしていったそうだ。仕事を通じて勉強するうちに、ちりも積もれば山となるで、いつしか「博士」と呼ばれるほどの人物が育ったというわけだ。

のちに彼はテレビのクイズ番組に出場し、本当に日本一の雑学王の座に就いた。もともと勉強をするのが好きという性分も幸いしたのだろうが、きっかけは上司の言葉だった。組版という作業は、何か動機づけとなるものがなければ単調で、ある意味しんどい作業だ。しかし上司の言葉と仕事への取り組み姿勢が、博士にとっては大きな動機づけ要因となったのである。

❖仕事に対する誇りを感じているか

「動機づけ要因」という言葉は、ご存じのとおり半世紀前にハーツバーグが唱え、重視したもので、原語はモチベーター、すなわち「モチベーションを高める要素」。上司の言葉がモチベーターとなるなら、それこそ理想的な部下育成といえるだろう。

ハーツバーグは自ら行なった調査から、有効なモチベーターとして達成感、承認、責任、成長などをあげた。さらにもうひとつ、「仕事そのもの」というファクターも。日々携わっている仕事が、苦役となるかモチベーターとなるかは、天と地ほどの開きがあることだ。

今回のエピソードは、あまりに単純な事柄だけに、日頃私たちが看過しがちなテーマである。仕事そのものの楽しみや味わいを、自分自身が感じているだろうか。それを周囲にも伝えようとしているだろうか。職場に働く者の原点がそこにあることは間違いないことのように思われる。

厳しい経営環境に押し潰されそうな時代にこそ、そうした朴訥な仕事人の存在が求められているともいえるのではないか。

人材育成の鉄則 7

仕事そのものの楽しみや味わいを伝えることが、理想的な部下育成となる。

8

リーダーの心配り、上司の資質

❖目標を達成したときは大いに褒める

筆者の友人に、何か目標を達成するたびに社員全員を集め、喜びを分かち合う経営者がいる。四半期の売上目標を突破した、新製品が予想以上のヒットを記録した、などというと、その都度ささやかな祝宴を催す。

「このたびは、みんなのおかげで素晴らしい成績を収めることができた。実は私に戦略上のミスもあったが、みなさんの努力がそれを帳消しにしてくれた。私は本当によい部下に恵まれたと思っている。ありがとう」

そう言って社員に頭を下げ、貢献度の高かったプロジェクトリーダーを賞賛するのだ。

経営者がこんな感じなので、リーダーのほうも部下を名指しで褒める。

「実は途中で問題も発生したのですが、高橋君のアイデアでなんとか乗り切ることができました。今回は高橋君様々ですね。どうもありがとう」

普段は厳しい注文をつけていても、うまくいったときは大いに功績を称える。それによってひとつの仕事が完結し、参画した人々の心に感動が生まれるのだ。

また、「よい部下に恵まれた」と公言することは、よい部下が育つ秘訣でもある。甘やかすとつけあがる、などというのは考え違いであって、ものごとを達成したときには惜しみなく褒めればよいのである。

トップがメンバーに感謝の言葉を述べるシーンといえば、ホンダの創業者・本田宗一郎氏の逸話が伝説となっている。ホンダが初めて世界最高峰の自動車レース、F1に参戦したときのこと。本田氏はその晩、関係者を集めて、一人ひとりに礼を述べた。

「私の夢をかなえてくれて、本当にありがとう」

そう言って涙ながらに頭を下げて回ったという。その人の宿願をかなえるために、スタッフは厳しい歩みを重ねてきたのである。それが大きな充実感に変わるひとときだった。「夢をかなえる」とは、言葉としてとても美しいが、一日一日の歩みには大きな苦労がつきものだ。その道のりを克服してこそ深い感動も生まれてくる。

ひとつ目標をクリアすることができたら、リーダーは大いに感謝と賞賛の言葉をかける。それが鉄則と言ってもよい。特に、報われることの少ない「縁の下の力持ち」に配慮して。それがリーダーの心配りというものである。

❖武勇伝ではなく失敗談をさらけ出せ

上司が部下に武勇伝を語るのは慎んだほうがよい、などという説もある。どうしてだろうか。

何か教訓を授けるために、過去の例を持ち出すのは悪いことではない。しかし「武勇伝を語る」という表現には、教訓抽出の意味合いは少ないようだ。自分の成功談を語って「いい気分」になるか、自分は大したものなのだと力を誇示するか、どちらかに落ち着くものと相場が決まっているからだろう。

意地悪な指摘になるが、自分の成功談を口にしたがる上司は、成功体験がそれほど多くないのが通例だ。だから同じ話を何度も繰り返す傾向がある。本人はその都度「いい気分」になるので、聞かされる側のうっとうしさには気がつかない。何度も繰り返しているという自覚も乏しい。

つまり武勇伝を口にする上司は、それ自体で鈍感な人であり、成功体験より失敗体験を重ねている確率が高いというわけだ。

自分の成功談より失敗談のほうを語る上司は、逆に新鮮な印象を与える。失敗の体験を平気で部下の前にさらせるということは、本人が意識しているかどうかは別にして、一種の自信の表われでもある。部下にナメられてはいけない、つけあがらせてはいけないと警戒している上司には、自分の失敗談を語る余裕などないのが普通だからだ。

また、成功談は単なる自慢話に終始するため、教訓抽出の材料にはなりにくいが、失敗談のほうはそうではない。失敗の原因を分析してみれば、それをどう克服すればよいかが見えてくるからである。

そもそも失敗ばかり繰り返している人であれば、その体験をのびやかに話すことなどできない。よほど奇特な性格でないかぎり、失敗の連続は人を惨めな気分に追いやる。

こうしたことを思い合わせれば、自分の失敗談を部下に語れる上司には〝できる人〟が多いという事実も納得できるのではないか。

「勝ちに不思議の勝ちあり。負けに不思議の負けなし」とは、プロ野球界の名将・野村克也氏がよく口にした言葉だ。元は江戸時代の平戸藩藩主・松浦静山が剣術稽古の心得として述べたもの。勝ち（成功）にはタナボタ式のラッキーがあっても、負け（失敗）には「原因不明」ということはない。人が学ぶことができるのは、成功より失敗の分析のほうなのだという教えである。

このことをよく肝に銘じておけば、部下や後輩に対するスタンスのとり方も改善されるのではないか。

❖禍そのものを福に転換させる発想を

「運は七度人を訪れる」という言葉が昔の日本にはあったそうだ。特定の人にだけではなく、運は万人にほぼ公平に訪れるのだと。それを大きく育てられるかどうかは、その人次第というわけだ。

一方で「禍福は糾《あざな》える縄のごとし」という格言が中国にある。福に恵まれたからといって慢心すると、次は禍《わざわい》が降りかかる。油断することなく備えよ、という教訓である。

運が強い人を観察していると、こうした教えを自然に体得しているように見える人が少なくない。ちらっと開きかけた運の扉をしっかりと自分の力で開き、チャンスをものにするのだ。また、成功したからといって慢心せず、次に備えようとする。

運が強い人と弱い人との決定的な差は、禍に遭遇したときの対処の仕方だろう。運が強い人といっても、笑っていれば常に幸運が転がり込んでくるわけではない。「運は七度人を訪れる」なら、禍のほうも七度人を訪れる可能性がある。

しかし運が強い人は、禍にあっても簡単にはギブアップしない。タフであり楽天家であることの本領がいかんなく発揮されるのは、順風より逆風が吹くときのほうだ。語録を二つ紹介しよう。

「せっかくの機会だから北海道を極めてきます。北国ひとり旅経験者の役員も、将来ひとりくらいは必要でしょうから」とは、北海道に飛ばされた筆者の元同僚の言葉。

「閑職三年。おかげで税理士の資格を取得して帰ってきました」とは、上司との不仲から地方の倉庫勤務に回されていた人の復帰の弁。

どちらも逆風を耐えて、その体験を成長の糧とすることができた。禍のあとに福を呼び込む、というより、禍そのものを福に換えるようなプラス思考をしていたのである。

人材育成の鉄則 8

ひとつ目標を達成したら、リーダーは感謝と賞賛を言葉で示そう。

II

実力をつける！
戦略思考の
高め方

9

「第一人者」の戦略的思考とは

❖「戦略」と「戦略思考」の理解は十分か

ビジネスに携わっていると、戦略、戦術など「戦」がつく言葉をよく耳にする。試しに戦略を『広辞苑』で引いてみると、こんなふうに説明されている。

「戦術より広範な作戦計画。各種の戦闘を総合し、戦争を全局的に運用する方法」

説明文の中にも「戦」が四つ登場する。

ビジネスの用語は、もともと戦争に関する術語から派生しているものが少なくない。乏しい人員で大きな成果をあげるにはどうすればよいか。競合相手より優位に立つためにはどんな作戦をとるべきか、など、発想の仕方に共通する部分が多いからである。特に戦略は、経営戦略、商品戦略、販売戦略のように、様々な部署で広く用いられている。

数多くの選択肢（オプション）の中から、どれを選び、どの程度の力や資源をそこに投入するか。それを考えるのが戦略であり、「選択と集中」を意味する。

このくらいのことは、会社に入って数年もたてば誰でもわかっている——と思われがちだが、現実にはそうでもないようだ。戦略を立てるための思考法、つまり戦略思考がきちんと身についている人は意外なほど少ない。なぜだろうか。

①俯瞰思考＝全体的な状況を広く見渡す。②水平思考＝多くの選択肢を比較検討する。③垂直思考＝選択した案を深く掘り下げる。戦略思考に必要なこの三つの手順のうち、①か②が疎かになっている例がよく見られるからだ。

俯瞰思考の俯瞰とは、鳥が上空から地上の様子を眺めること。例えば商品戦略を立てるためには、自分の会社（company）、競合会社（competitor）、顧客（customer）の状況が、しっかり把握されていなければならない。これを戦略の基本3Cというが、情報収集の段階で漏れがあったり、水平思考の段階で思い込みが混じったりして、選択の段階での検討が不十分、という例が多い。

基本3Cのうち、競合会社や顧客の状況を調査することが大切だということは、誰でもわかる。しかし、自分の会社のことについては、それほどでもない、すでに知っている、と思いがちなもので、特に規模が大きな会社になると、ここが盲点になることがよくある。満を持して新商品を売り出してみたら、他の部署でも同じような商品を開発していた、といった例はそれほど珍しいことではない。

❖「一歩先」を実現するビジネスを考える

戦略思考の見本として、ソフトバンク社長、孫正義氏の例を取り上げる。ソフトバンクといえば、今や携帯電話の普及会社として、またプロ野球チームの運営会社として、知らない人がいないほどだが、設立当初はパソコンソフトの卸し業だった。

まず発明家として出発した孫氏は、大学生のときに「音声装置付き他国語翻訳機」を発明。それをシャープに売って得た一〇〇万ドルを元手に、二四歳のときに会社を起こす。

どんな人生を送るかについては、すでにしっかりと見取り図を描いていた。

「二〇代で名乗りをあげ、三〇代で軍資金を最低一〇〇〇億円貯め、四〇代でひと勝負かける。五〇代で完成させ、六〇代で継承させる」。これを作成したのは、弱冠一九歳のとき。二〇代で名乗りをあげるためにとった戦術が「毎日ひとつ発明をする」だった。

アメリカの大学を卒業して日本に帰ったあと、孫氏は一年半の時間をかけて事業計画を練った。日本の行く末を展望し、候補として考えた事業案は四〇種以上。それらを「業界のナンバーワンになれるか」「その事業に五〇年間も熱中できるか」など、二五項目に上るチェックリストによって吟味し、詳細な検討を行なった。その結果、選び出されたのがパソコンソフトの卸し業。当時まだ日本には無かった概念の事業である。

俯瞰思考と水平思考によって選択肢に残したのが四〇、それらを垂直思考によるふるいにかけたのが、二五項目のチェックリストだった。最後に残った事業案は、当時の感覚からすれば奇抜なものではあったが、絞り込みの作業にこれほどの時間と労力を費やしていたのだ。

多くの案件を検討した結果、まだ誰もやっていない事業を選択したのは、いかにも発明家らしい進取の気性に富んだ判断といえる。読みが外れたらおしまいだが、そうではなかったことは、その後の孫氏の歩みが実証している。

パソコンソフトということに関連していえば、マイクロソフト創業者ビル・ゲイツ氏が含蓄のある発言を残している。かつてＩＴ（情報技術）産業が時代の花形としてもてはやされるようになったとき、彼はこんなふうに言った。

「今ごろになって業界への参入を考えているようでは話にならない。リーバイスの知恵を参考にすべきではないか」

リーバイスとは、同名のジーンズメーカーの創業者リーバイ・ストラウスのこと。彼が丈夫な作業服を作って大儲けしたのは、かつて全米が金の鉱脈探しに熱狂したゴールドラッシュの時代である。われもわれもと大勢の人間がシャベルを持って川床掘りに集まる中、リーバイスはひとり、彼らを相手に金の山を築こうと考え、川床掘りに適したズボンを作った。人と同じことをするのではなく、一歩先を読んだビジネスを考える。ゲイツはそれを「リーバイスの知恵」と呼んだ。

❖先人のいない分野に活路を見出す

このエピソードに接したとき、筆者は大学時代に学んだある名物教授を思い出した。専門領域がトイレだったので、通称トイレ博士。トイレにまつわることなら知らないことはなく、よくテレビのワイドショーなどにも出演していたものだ。

「将来ひとかどの研究者になろうと思ったら、好きな分野に思い切り打ち込むことだ。早ければ早いほどよろしい。しかし、人気のある分野で頭角を現わすのは至難の業というものだ。競争率が高いからね。それでは不利だと自覚する者は、先人のいない分野を探してみることだ。ただし、未開の沃野か不毛の荒野かは、自分で耕してみなければわからない。リスクがつきまとうわけだが、そのかわり第一人者になれる確率は高い。まあ、私がよい見本だな」。確かにこの人には、そう語る資格があった。

戦略思考とは、すでに指摘したとおり「選択と集中」を意味する。何を選択し、どれほどそこに力を集中するか。学問であれビジネスであれ、戦略思考の重要性は変わらない。そこそこの優等生になりたければ、どの科目も平均的に勉強すればよい。しかしそれでは「第一人者」にはなれない。競争率の高い人気分野にあえてチャレンジするか、それとも先人のいない分野に活路を求めるか。選択肢は二つである。

トイレ博士は、自分が活路をトイレに求めた理由として次の点をあげた。

①特に「これ」といえるほどの得意分野がなかったこと、②自分の能力程度では熾烈な競争に勝てないと思ったこと、③ただしヘンなことを研究するのは嫌いではなかったこと。

自分もこのタイプに近いと感じる人は、様々な仕事のうちで最も早く第一人者になれそうな分野を探してみることだ。そんなふうに考える人はめったにいないものだが、これこそ戦略思考の「初めの一歩」といえるのである。

人材育成の鉄則 9

専門分野の「選択」と力の「集中」でチャンスを見極める。

10

コミットメントで姿勢を示せ

❖職場の横文字言葉を理解しているか

マネジメントの用語には横文字の言葉が多い。ＣＳ（カストマー・サティスファクション）、コンプライアンス、コミットメント、ビジョン、バリュー、モチベーション、メンターシップ、リスペクトなどなど。

中には和製のカタカナ用語も交じっていたりするが、もともと経営思想が欧米からの輸入に始まったという経緯があってのことだ。さらには常に新しい術語とコンセプトを売りものにするコンサルティング会社の戦略にも乗せられて、職場にはたくさんのカタカナ言葉が飛び交っている。

そのこと自体に文句はないが、ただそうした用語は、口にするといかにも立派そうな感じがするため、あるいは逆に、使わないと「時代遅れな人」と見なされそうな気がするので、誰もが安易に飛びつく傾向がある。このことはよく肝に銘じておかなければならない。

言葉というものは、新奇なもの、珍奇なものであるほど、偉そうに独り歩きをする。独り歩きさせるのは、それを口にする人たちだ。

「大切なのはビジョンとバリューだよ」

「コミットメントできるならOKだ」

「コンプライアンス的に考えれば答えは簡単だ」

こんな会話を交わすと、いかにもそれらしい雰囲気が漂う。ビジョンはさしずめ錦の御旗、コミットメントは黄門様の印籠、そしてコンプライアンスは免罪符というところか。比喩のほうはどれも古すぎて読者諸氏の失笑を買いそうだが、まあ「当たらずとも遠からず」ではないだろうか。

こうした用語を使うときには、しっかりと意味を検討し、仮に部下から突っ込みを入れられても自分の言葉で答えられるかどうかを確認しておく必要がある。そうでないと、

「あの人の話はいつも言語明瞭・意味不明なんだよね」

「言葉が浮いてるんだよ」

「要するに受け売りなんじゃない?」

などと陰でささやかれるのがオチだ。

❖上司のコミットメントは部下と異なる

「年間一億円の売り上げが君たち全員のノルマだ。コミットメントとして、絶対に達成すること！　いいな」

営業部のマネジャーがこんなふうに檄を飛ばす。よく見られる光景だ。

コミットメントとは一般に「委託、委任」と訳されるが、「言質、誓約」の意味もある。後者の意味合いで広く産業界に普及するようになってから一〇年以上たつ。目標の必達を誓約すること、あるいは誓約された必達目標。それが達成できなければ、何らかの形で責任をとる。コミットメントという言葉の響きは軽いけれど、日本語で表わすと達成、責任、そして処罰も見え隠れするような、重いトーンが潜んでいる。

「コミットメントとして、絶対に達成すること！」と言われた部下は、だから大きなプレッシャーを感じる。達成できなければ、何らかのリスクに直面することは確かだ。

アメとムチでいえば、これはかなり骨身にこたえるムチである。ムチは、統制型の組織においては頻繁に用いられるが、コミットメントという言葉も近年それに加わった。仮に部下たちが目標を達成できなければ、営業マネジャーはこう言うだろう。

「何をやってるんだ、君たちは！　それでもプロのつもりか！」

そして心の中でつぶやく。ウチにはろくな人材がいないと。他責の論理である。

さて、ではマネジャー自身のコミットメントは何なのか。部下が一〇人いて、ひとり一億円のノルマだから計一〇億円。年間それだけの売り上げをあげることがコミットメントなのか。

違う。それは単純な足し算でしかない。マネジャーの存在理由はどこにあるのか。

結論から言えば、こうなる。「ひとり一億円の売り上げを全員が達成できるように指導育成すること」。達成できなかったとすれば、それはマネジャー自身の責任となる。他責ではなく自責の論理で考えること。好むと好まざるとにかかわらず、管理職の役割とはそういうものだ。

「君たち全員を必ず一流のプロに育て上げる。それが私のコミットメントだ」

そのような誓約を掲げたとき、部下はどのように感じるだろうか。上司の熱い思いを受け止め、それに応えようと発奮するのではないか。

まず上司の誓約があって、それに呼応する形で部下も誓約を立てる。それが本来のコミットメントのあり方なのである。

❖何をコミットメントとして掲げるか

歴史を振り返ってみよう。日本の産業界にコミットメントという言葉を広めたのはカルロス・ゴーン氏である。氏が来日したのは一九九九年のこと。深刻な経営危機に直面していた日産自動車を再建するために、フランスのルノーから送り込まれた。当時四五歳のレバノン系ブラジル人に、はたして文化的土壌の異なる日本の大企業を救えるかと世間の注目が集まったものだ。

コストカッターの異名のとおり、生産拠点の閉鎖や子会社の統廃合、部品の共通化など次々と大胆な策を打ったが、最も周囲を驚かせたのは、経営者としてのコミットメントだった。

「三年以内に赤字体質から脱却する。実現できなかったときは社長を辞任する」

コミットメントという言葉を使って、そう宣言したのだ。自分はその覚悟で会社のために全力を尽くすから、社員各自もコミットしてくれと訴えた。有名な日産リバイバルプランは、そうした経営者と社員との協約によって成就したと言っても過言ではない。

それまで、いわゆる系列のしがらみや組合問題など、様々な負の連鎖によって問題を抱え込んでいた日産が、若手の力を組織横断的に結集するリバイバルプランのもと、着実に再生の道を歩み出した。自分のクビを賭けると宣言した経営者の姿勢に、社員たちも共感し、覚悟をともにしたのである。

ゴーン氏の会社革命は社内外の協力を得て、誓約どおりに進展した。九八年に二兆円あった有利子負債も〇三年には全額返済。一二％にまで落ち込んでいた国内シェアは一気に二〇％近くにまで上昇した。

まず隗《かい》より始めよ。目標必達の原則を、ゴーン氏は身をもって示した。

今や伝説の経営者となった人物を例に出されてはたまらないと感じる向きもあるだろうが、コミットメントという言葉を部下に向かって説くときには、こうした歴史にも思いを馳せたい。

「私は何をコミットメントとして掲げるのか」。それが先になければ、部下の思いを引き寄せることなどできないのである。

人材育成の鉄則 10

部下を奮起させるために、上司は熱い思いを語れ。

11

論理的な思考力を養う

論理的な思考力を養うには、どうすればよいか。よく研修などで取り上げられるテーマだ。今回は、ひとつのアプローチとして、「三点思考」を紹介する。

❖多くのことは三つの概念で説明できる

かつて黒澤明と並び称された映画監督・小津安二郎は、次のような言葉を残した。

「どうでもいいことは流行に従う。大事なことは道徳に従う。芸術のことは自分に従う」

どうでもいいこと、大事なこと、芸術のことと三段階に分けて論じている。レベルに応じて準拠するものが異なっていて、わかりやすい。こうしたことを決めておくと、自分は何にこだわり、何にこだわらないのかが明確になり、ある意味で生きやすくなる。

このように、思考の方式や枠組みを三つのステップでまとめてみると、自分の考えを整理するのにとても役立つ。私はこれを「三点思考」と呼んで、研修などでも推奨している。

なぜ三段階でまとめたり、説明したりするとわかりやすいのか。これも三つで説明してみよう。

①世界の様々な現象や事柄は三つの要素から成り立っていることが多い。
②二つでは並列的な関係でしかないが、三つになると構造を形成する。
③そのため「三」で説明されると理解しやすく、自然な説得力を持つ。

三つの要素から成り立っている現象や事柄をランダムにあげてみると、宇宙（時間、空間、物質）、時間（過去、現在、未来）、空間（縦、横、高さ）、三原色（赤、青、黄）、色の属性（色相、明度、彩度）、音楽（リズム、メロディー、ハーモニー）、心の働き（知、情、意）、国権（司法、立法、行政）、物流（生産、流通、消費）、戦略の基本3C（カンパニー＝自社、コンペティター＝競合他社、カストマー＝消費者）、マーケティングの3P（プロダクツ＝製品、プライス＝価格、プロモーション＝販売促進）などがある。

3Cや3Pになると、いや4Cや4Pもあるぞと言われそうだが、ここでは、ものごとの仕組みや成り立ちを説明する上で「三」は有効な概念であるとわかっていただければよい。自分の考えをまとめるとき、あるいは人にものごとを説明するとき、三点思考を心がけてみると論旨が明快になり、説得や交渉の場面などでも力を発揮する。

❖三段論法や弁証法を用いて思考力向上

三に即して考えるというアイデアそのものは非常に古く、その代表格はソクラテスの三段論法や、ヘーゲルの弁証法である。ともに哲学者として歴史に名を留めている人物だ。

三段論法のほうは、ご存じの人も多いだろう。「AはBであり、BはCである、ゆえにAはCである」と述べる論法である。人はすべて死ぬものであり、ソクラテスは人である、だからソクラテスは必ず死ぬ、というように。大前提と小前提から、第三の命題（結論）を得る論理で、わかりやすいロジックだ。

弁証法のほうは、1章の第3節でも触れたが、もう少し複雑で動きがある。「ものごとは正（テーゼ）→反（アンチテーゼ）→合（ジンテーゼ）という原理によって構造的に進展する」というもの。歴史の流れで考えると、人類は長く生物資源エネルギーに依存して栄え、やがてそれに対するアンチテーゼとして、環境問題が大きくクローズアップされるようになった。現代は人類の繁栄と地球環境の整備を、ともに実現する新たな時代をむかえている。繁栄か環境かという二律背反ではなく、二つとも視野に入れた「合」を満たすのが弁証法の考え方といえる。

弁証法というと、哲学の用語なので難しそうだが、英語ではダイアレクティク。つまりダイアローグ（対話）の方法といった意味だ。平易に、論理的な語り方だと解釈すれば、これを利用しない手はない。ものごとを「三」で考えるトレーニングをするのである。

①ものごとを三つの視点で考える。
②何でも三つの要素で説明する。
③構成や変化を三段階で捉える。

「ものごとを三つの視点で考える」のは、ＹＥＳかＮＯかの二項対立で終わらないために必要な発想だ。「人類の繁栄」対「地球の環境」という単純な二律背反ではなく、共存的繁栄という第三の選択を考えるように。採算性の悪くなった事業を、続けるべきかやめるべきか判断するときに、「第三の選択は何だろうか」と考えるくせがついていれば、その分新しい発想が浮かびやすくなる。

人前で自分の意見を述べる機会が多い人は、「何でも三つの要素で説明する」やり方を利用している人が少なくない。

ゼネラル・エレクトリック（GE）の元会長ジャック・ウェルチ氏は、管理職の条件として「エッジ、エネルギー、エンパワーメント」の3Eをあげた。他にもたくさんあげられるだろうが、理解しやすく記憶にも残るのは三つがちょうどよいからだ。

ソクラテスは「真、善、美」を唱え、『菜根譚《さいこんたん》』の著者・洪自誠は人が成功する要因として「運、鈍、根」をあげている。

❖三つを意識して頭を活性化させる

先人にならって、私もキャッチフレーズを考案してみた。例えば新人向けの研修用に。

◆三謝——感謝、陳謝、辞謝。「ありがとうございます」「申し訳ありません」「私は結構です」。この三つの「謝」に強くなることが人間関係の原点である。

◆三快——愉快、軽快、爽快。職場ではユーモアのある人、腰が軽くスピーディな人、身だしなみのさわやかな人を目指そう。

◆三まめ——手まめ、口まめ、足まめ。メモや手紙をきちんと書く、報告・連絡は丁寧な説明を、そして常に自分から動く。労をいとわない。

あれもこれもと並べたてるより、三つに絞って語呂のよいものにすると、受け入れられやすくなる。

こうした練習を続けるうちに、「構成や変化を三段階で捉える」コツが身についてくる。三謝や三快などは要素として並列的な関係だが、ものごとの変化を段階的に捉えたり構造的に説明したりするレベルになると、さらに頭の働きが活性化してくる。

効果的なトレーニング法は、人に何か説明したり、分析したりする際に、「要点は三つあります」と、初めに心の中で宣言してしまうことだ。そう心に決めて「第一は〜」と語り出すことにより、三点思考の枠組みに自分を押しやるのである。思考の整理にはうってつけのトレーニングなので、ぜひ挑戦していただきたい。

人材育成の鉄則 11

思考を整理するには、ものごとを三つの要素に分けると効率的である。

12

「三点思考」はこうして鍛える

前節では、ものごとを三つの選択肢で考え、何でも三分類で説明する三点思考について解説した。もう少し詳しい解説があったほうが実用に供しやすいと思うので、今回は続編として話を続ける。できれば前節を再読した上で、お読みいただきたい。

❖三つのことを同時並行で考える訓練を

例えば、あなたが課長だとして、上役の部長から次のように水を向けられたとする。

「このところウチの部署は、どうも士気が低下している気がするんだが、どうだろうか？」

士気に関わる要素としては、①人、②物、③金などの経営資源がある。人に関しては①上との関係、②横との関係、③下との関係がある。仕事については、①時間、②効率、③業績など。

これらの要素のうち、最も大きな影響を及ぼしていると思われるものを中心に、頭の中で論理を構成していく。そして、こんなふうに返事をする。

「私もそう思います。いちばん大きな原因はOJTがきちんと機能していないことではないでしょうか」

まず「第一に」「いちばん〜なのは」という調子で始め、語りながら同時進行で、「第二は」と考えてみる。いちばん大きな原因がOJTの欠如だとしたら、それをもたらしたものは何か、あるいは次に大きな原因は、と思いを巡らす。同時進行というのが、慣れるまでは難しいところだ。

「上の人が忙しくしているために、下の者が困っても相談しにくい雰囲気があります。それが結果として残業時間を長くする一因ともなっているのではないでしょうか」

ここまできたら、まとめである。

「若手の同僚同士でも協働する風土が失われてきているようです。来週のミーティングでは、ぜひチームワークの強化について取り上げていただければと思います」

OJTの問題、残業時間の増加、チームワークと、三つの視点から構造的に捉えられた。

◆並列的（①②③の横の関係）
◆階層的（一位、二位、三位の縦の関係）
◆構造的（三角の関係あるいは正、反、合の動的関係）

どの切り口で考えるのがよいかは、ケース・バイ・ケースだ。いろいろな場面で試行錯誤を繰り返すうちに自然と会得することができる。要は回数を重ねることである。

「第一は」と言って話し出して、第二や第三が続かなくなることはないのか？といえば、初めのうちはよくある。文字どおりの、試行錯誤（トライアル・アンド・エラー）なのだ。「第一は」と考え出したとき、すぐに並列的、階層的、構造的に思考を進め、論旨を展開してみよう。

❖発想を転換し第三の視点で考える

また、人の話などを聞く場面で、三点思考を意識して反応の仕方を考えるのも、よい訓練になる。

①それは本当に正しい内容といえるか（正＝テーゼ）
②それと反対の意見はどう表現されるか（反＝アンチテーゼ）
③二つを統合するとどうなるか（合＝ジンテーゼ）

よく会議などで人の意見を聞くと「なるほど」と感心するだけの人がいる。逆に「そんなことはない！」と、噛み付くだけの人もいる。ＹＥＳ（テーゼ）かＮＯ（アンチテーゼ）かの二項対立に終始し、第三の視点（ジンテーゼ）を考える発想がないからである。

あなたの周りの人たちのことを考えてみていただきたい。実りのない議論に終始して会議を長引かせる元凶のような人は、概ね第三の視点がない人、乏しい人ではないだろうか。いわゆる頭の切れがよい人は、議論が行き詰まるとすばやく発想の転換を促し、新しい視点を提供するものだ。

ついでながら、「第三の〜」という切り口は、それ自体に新鮮さが感じられるようで、昔からキャッチフレーズとして頻繁に用いられてきた。映画では「第三の男」、文学では「第三の新人」、書名では「第三の波」のように。「第三のビール」というものもある。

「第三の視点といわれても、そう簡単には思い浮かばないのではないか」と感じる人もいるだろう。コツとして、YESとNOの次に、ORを意識してみるとよいかもしれない。コンピュータを動かす基本になっているブール代数でも、ANDとNOT、それにORがキーワードになっている。

❖YES、NOに加えORも意識する

相手の意見に少し変更を加えると、どうなるか。あるいは別のアプローチをしてみてはどうか。ものごとの論理は、だいたいこの範囲におさまるものである。この観点からすれば、発想が豊かな人とは、「ORをたくさん思いつく人」のことといえるかもしれない。

話が少し飛躍するが、ブレイン・ストーミング法の発案者アレックス・オズボーンのチェックリストなども、ORをたくさん思いつくためのヒント集だ。これは既存のものから新しいアイデアを生み出すための九か条のリストで、次のように表現されている。

◆他に使い道はないか（転用）
◆他からアイデアを借りられないか（応用）
◆変えてみたらどうか（変更）

◆大きくしてみたらどうか（拡大）
◆小さくしてみたらどうか（縮小）
◆他のもので代用できないか（代用）
◆入れ換えてみたらどうか（置換）
◆逆にしてみたらどうか（逆転）
◆組み合わせてみたらどうか（統合）

新しい発想が思いつかなくても、こんな考え方ができるという見本である。ORを考えるトレーニングに活用できるのではないか。

人材育成の鉄則 12

新しい発想が思いつかないときは、既存のものからアイデアを生み出す。

13

相手の意を汲んだ解決策を提案する

今回は交渉ごとの基本について、身近な例で考えてみたい。

念願のマイホームを建てた筆者の友人が、興味深いことを言った。

「上から目線のものの言い方は、相手が専門家であっても、嫌なものだね」

注文住宅の設計を依頼した業者に腹を立てたというのである。

打ち合わせの段階で、こちらが注文を出すたびに、「それはやめたほうがいい」「普通はこうするものだ」と口を挟んだ。相手は名の通った業者なので、初めはプロの助言だと考えて引き下がったが、そのうち気分が悪くなってきた。

「注文住宅のはずなのに、ほとんど客の注文を聞いてくれないんだから」

二度の交渉の末、そこはやめることにし、別の業者に発注したという。結果として、とても満足のいく家を建てることができた。

❖相手の意見にしっかりと耳を傾ける

新築の家に招かれて、筆者はこのような話を披露されたわけだが、コンサルタントとして参考になる点が多々あった。

友人が出した設計上の注文は、二軒目の業者にもそれほど採用されていなかった。家全体の設計から見ると、採用しにくいおかしな注文が多かったのだろう。にもかかわらず、彼は納得し、出来栄えに満足していた。

例えば次の二つの注文は、一軒目の業者にも二軒目の業者にも、やめたほうがよいと言われ、実現しなかった。

①空が見えるように大きな天窓を設け、すぐ近くの壁にも別の窓をつけたい。
②室内は全面グリーンにして、目にやさしい自然な色合いを楽しみたい。

一軒目の業者は、①について設計上、無理があると却下した。②については、モニターでCG画面を見せ、グリーンの室内は陰気な暗さになるからやめるよう進言した。

二軒目の業者も、結果として採用しなかったが、客の意見にしっかり耳を傾け、よく理解した上で別の提案をしていた。
業者「どうして天窓の近くに別の窓を作りたいのですか？」
客「私は風を浴びながら空を眺めるのが好きなんだ。部活も天文部だったから」
業者「そうですか。夏などは気持ちがよいでしょうね」
客「このあたりは空気がきれいだから、星がよく見えると思うんだ」
業者「わかりました。では、涼しく星が眺められるよう考えてみましょう」

❖意を汲んだ代替案が納得をもたらす

こうしたやりとりをして数日後、業者は新しい提案をした。それは風がよく通るよう、ドアの位置との兼ね合いから、天窓とは離れたところに窓を作る案だった。夏はドアを開けておけば、この窓から涼しい風が吹き込んでくる。それは天窓の下に座ってくつろぐ主人に、快適な空間を提供するだろう。

要するに、大きな天窓のそばに別の窓を設けるのは設計上難しい、あるいは予算よりだいぶ費用がかさむということなのだ。だから一軒目の業者は難色を示した。二軒目の業者は、キャッチボールをした上で客の考えを把握し、それに沿った代替案を示した。

室内の色合いについても、この業者は「グリーン」という客の指定にではなく、「目にやさしい自然な色合い」という価値観のほうに着目した。自然な色合いをかもすためにグリーンの壁紙にしたいと言っているのにすぎない。グリーン一色の室内は、実際にかなり暗い印象になるようで、後悔する客が少なくないのだそうだ。

ということで、業者はこう言った。

「グリーンは庭の芝生がばっちり保証してくれますから、壁紙は芝生の緑がよく映える色にしてはいかがでしょうか」

芝生の緑を背景にして、よく似合う壁紙は何色か。業者はパソコンの画面でバリエーションを示した。客はその中からベージュの花柄を選んだ。

どちらの例も、客の注文はそのままの形で採用されることはなかった。それでも客は、まるで自分の意見が聞き入れられたかのごとく満足したのだ。肝心なのはこの点である。

◆人は自分の意見が反映された案には納得しやすい。
◆逆に反映されていない案には反発を覚える。

交渉ごとは、勝ち負けを決めるゲームではない。相手と協議することによって問題の解決をはかることが交渉の本質なのだ。そうであれば、できるだけ先方の意を汲んで解決策を考えるのが、交渉をすすめる上で常道となる。

❖「オズボーンのチェックリスト」を活用する

二軒目の業者も、次のように相手の意に沿った案を提示することで、快諾を得たのである。

◆窓の位置は変えたが、涼しい環境で空を眺めるという目的はかなえられる。
◆壁紙の色は変わっても、庭の芝生との組み合わせで自然な色合いは保たれる。

ここで取り上げた事例は単純なレベルのものだが、汲み取るべき教訓は少なくない。代替案を考えるには、前節で紹介した「オズボーンのチェックリスト」を知っておくことも有益である。

ちなみに先の例では、窓の件は「変えてみたらどうか」（変更）、壁紙については庭との兼ね合いに言及しているので「組み合わせてみたらどうか」（統合）に即したことになる。

まずは相手の言い分をよく聞いてみること。相手の立場になって考えてみれば、新しい提案をするヒントはいくらでも思いつくだろう。交渉ごとの基本はそんなところにある。

営業部門においては提案型営業として、もうずいぶん前からこうした方式が推奨されている。他の部署でもきちんと学べば、コミュニケーション力を向上させる有力なメソッドになるはずである。

人材育成の鉄則 13

相手の立場になって考えてみれば、新しい提案のヒントは必ず見つかる。

14

チームワーク軽視の人材が悪者とは限らない

組織の一員でありながらチームワークを無視する。こうした人材は近年、増加傾向にある。学校で受けた個性尊重教育に加えて、ひところ、どの会社も取り入れた成果主義による評価システムも、チームワーク軽視の風潮を助長していたようだ。

だからといって、この種の人材をすべて悪者扱いにするのは早計だ。チームワークを無視するほどではないが、あまり尊重しない、勝手に振舞うほどではないが、気ままな行動を好むというところまで範囲を広げると、かなり多様な分類になる。例えば次のように。

①箸にも棒にもかからない傍若無人の輩
②自分の力で組織を仕切りたがるボスザル
③一人で黙々と働くのが好きな職人気質
④ひたすらわが道を開拓する孤高の天才肌

この中で、はなから悪者扱いしてもよさそうなのは①だけだ。②のボスザル・タイプは、実際に猿のボスがそうであるように、意欲・能力ともに秀でている者が多い。だからこそ「俺が仕切ってやる」としゃしゃり出るのだ。

③と④は専門職向きの人材として共通する。チームで仕事をするのを好まず、一人静かにのんびり働ければそれでよいというのが③。その中で飛び抜けた才能に恵まれ、異彩を放つのが④である。

このレベルになると、組織の論理に縛られてチームプレーをすることが、かえって能力発揮の妨げになりかねない。

古くは幸田露伴の小説『五重塔』に登場する変人ふうの大工・十兵衛がその典型である。わかりやすいところでは、先年ノーベル化学賞を受賞した研究者・田中耕一氏が該当する。田中氏は当時、島津製作所の係長。管理職への昇進を辞退し、一研究者としての道を選んだからこそ獲得できた超弩級の栄誉であった。

❖傍若無人タイプには強い姿勢で臨む

①の傍若無人タイプに対しては、服務規程のレベルから教え直すことが必要になる。し

かし、普通の会社であれば、箸にも棒にもかからない傍若無人の輩など、そう頻繁に目にすることはない。傍若無人とは、上司の命令を無視する、同僚にけんかを売る、遅刻・欠勤の常習者である、といったところか。

それが地であれば、そもそも入社試験ではねられる確率が高い。地でないとすれば、会社や上司への敵意が高じた挙句の、一種の報復と考えられる。「自分は上司に冷遇されている」との思い込みから、自爆的なほど過激に上司の足を引っ張っているのだ。

それほどひどくこじれる前に話し合いの場を持つべきであり、もはや話し合いでは済まない状況に至っていれば、人事部を交えた上で強く臨まなければならない。

❖ボスザル・タイプと良きリーダーの差

注意を要するのは②ボスザル・タイプである。チームワークの無視あるいは軽視の度合いによって、対応が異なるからだ。能力があって覇気に富んでいるというボスザル一般の特性は、まさにリーダーシップの要件にほかならない。

このタイプは個性派が多く、上司の目には、自分に対して素直であれば「優秀な部下」と映り、楯突くようであれば「危険な部下」と映る。現在のボスである自分を追い落とすかもしれないからだ。その点がバイアスを生む一因ともなるわけだが、評価の基準は業績と他者への影響度の二つである。

これはまた上司自身の能力を判定する物差しでもある。「PM理論」という古典的なリーダーシップ論による見解では、業績（パフォーマンス＝P）を伸ばす力と良好な人間関係を維持する力（メインテナンス＝M）が、リーダーに求められる二大要素だとされる。

この理論に即していえば、ボスザル・タイプの部下は、個人的な仕事の業績（P）に関しては問題ない。高い業績をあげている者（ハイ・パフォーマー）であることがボスザルの条件なのだから。「できる部下」といえるかどうかは、もうひとつの能力、良好な人間関係を維持する力が、プラスの方向に発揮されているかどうかを見ればよい。

組織を仕切りたがるのがボスザル・タイプの特性だから、志向性は当然ある。肝心なのは、それがプラスに作用することだ。

悪しきボスザルとは、チームワークを無視して自分勝手に振舞う者を指す。「自分は特別なのだ。なぜなら稼ぎ頭だから」という思い込みが傲慢さの根底にある。

自分の思いどおりに組織を仕切ろうとする意欲は強いが、人間関係を維持する力としてプラスに働かないのは一目瞭然だろう。そもそもボスザル・タイプという言葉にマイナスのイメージが感じられるのは、そのためである。

人間関係に繊細な配慮ができ、調整能力に富んでいる者、それによって周囲から敬意を払われている者は「ボスザル」ではない。次代を担う「良きリーダー」そのものである。

❖迷惑な「ボスザル」を指導するには？

ボスザル・タイプの部下は、自分勝手に振舞うことで様々なマイナス要因を組織にもたらしている。ひとことで言って、周囲の者が迷惑を被っているのだ。迷惑の中身は、軋轢、不快感、集中力の欠如、士気の低下などで、それらが組織全体の調和を乱し、ひいては生産性の低下につながる。

仮に本人がいちばんの稼ぎ頭だったとしても、周囲の足を引っ張ることは許されない。ボスザル・タイプに欠けているのは、他人の自我に対する敬意と、自分が周りにマイナスの影響を及ぼしている自覚である。

この手の部下を指導するにあたっては、あらかじめ他のメンバーにヒアリングして、どのような悪影響が出ているかを記録しておくとよい。チームには和の精神が必要だとか、人間は謙虚でなければならないだとかの精神論は効果がない。

「職場にはP（業績）だけでなくM（人間関係の維持）も大切なのだが、君はそのMを著しく侵害している。それは必ず全体のPにもマイナスの影響を及ぼすものだ。現実に、仲間たちからこのような苦情が出ている。良いリーダーに成長するためにも、ぜひこれらの点を改めてもらいたい」

何らかの具体的資料に基づいて話せば、ボスザル・タイプは意外と聞く耳を持つものだ。

相手の力に脅威を感じるあまり、けんか腰でやり合う上司も見かけるが、そこは自重していただきたい。ボスザル相手ということで文字どおり「犬猿の仲」になって、しょっちゅうひっかき合って双方とも傷つくのがオチである。

人材育成の鉄則 14

ボスザル・タイプの人材には精神論は効かない。具体的事実と理論で変容を促す。

15

ウェルカム・トラブルの姿勢を貫く

今回は上司と部下とのコミュニケーションについて、特に「うるさ型」の部下を想定して、考えてみたい。

❖「うるさ型」部下の不満を煙たがるな

その昔、映画評論家の淀川長治氏がこう言っていた。「私のモットーは『ウェルカム・トラブル』です。トラブルさん、はい、いらっしゃい。誰だってトラブルは嫌ですけど、人生はいつもそれを避けて通るわけにはいきません。だったら腹を据えて、トラブルを歓迎してやるんです。気持ちがぐっと前向きになりますよ、はい」。淀川氏らしいユーモラスな表現だったが、なかなか含蓄に富んだ教えだと感心した覚えがある。

部下とのトラブルに遭遇したときなどにも、求められるのはこの姿勢である。例えば次のような場合を想定してみよう。

①自分だけ仕事が多すぎるとグチをこぼす。
②自分の評価が不当に低いと不満を漏らす。
③業務運営システムに問題があると指摘する。
④上司への批判めいたことを公然と口にする。
⑤他の部門へ異動させてほしいと願い出る。

部下を持つ身であれば、これらは日常茶飯事で、トラブルに入らないくらいだが、多くの上司は心の中で舌打ちをし、それが顔に表われ、部下にも雰囲気が伝わったりする。「この人は部下と正面から話そうとする気持ちがないようだ」。そう思われたとしたら、その時点でコミュニケーションに支障が生じる。

「ウェルカム・トラブル」と肝に銘じておくことは、単なる精神論ではない。トラブルめいたことが起これば必ず正面を向いて立ち、剣道でいう正眼の構えで相対する。それを習慣にするということだ。

例として掲げたケースに即して考えてみよう。

①と②は、どこの職場にもいる「ぶつぶつ屋」や「くたびれ屋」が口にする典型的な不

満である。たいていは個人的な思い込みや甘えにすぎない。しかし、頭ごなしに怒鳴ったり無視したりするのは禁物だ。傾聴した上で、上司としての見解をきちんと説明しなければならない。

特に評価に関して部下から異議申し立てがあったときは、こちらの考えを伝えるよい機会だと思って、粘り強く当たるのが基本である。会社によっては評価を「ブラックボックス」扱いにしているところもあるが、感心しない。やはり後ろ暗いところがあるのかと邪推されるのがオチだからだ。

評価はどれほど公正を期しても、必ず被評価者から不満が寄せられるものである。大切なのは、きちんと理論武装して説明責任を果たし、部下に「不満が残るけれどあの熱意には納得せざるを得ない」と思わせることだ。いわば腕まくりをして議論する迫力のようなものを部下に見せることが肝心なのである。「逃げない上司」とはそういう姿を指す。

❖磨けば輝きを放つ人材を見逃すな

③の業務運営システムに問題があると指摘する部下。何ごとであれ現状に問題があると指摘されるのは、上司にとって嬉しいことではない。この手の部下は煙たい存在だろう。

口先だけの社内評論家もいるわけだが、しかし将来、大化けするかもしれない有望な部下もここに含まれている。

従順な部下は尖った部下より扱いやすいが、頭角を現わす確率が高いのは尖った部下のほうだ。であれば、上司は煙たい部下こそ歓迎しなければならない。「現状に異議あり」と訴えてくる部下の中に、少数とはいえ、磨けば輝きを放つ人材が潜んでいるのだから。

④の上司への批判めいたことを公然と口にする部下、⑤の他の部門へ異動させてほしいと願い出る部下。まさに「かわいくない部下」の最たるものだが、前向きに考えれば、これも今後のよき糧とすることができる。

トラブルのような形で出てきたものでも、現状認識と問題発見に役立つものはすべてウェルカムの精神で受け止める度量が上司にはほしい。批判めいたことを言われるというのは、そこに対話の糸口があるということだ。

自分に対する批判が図星であれば「改むるに憚ることなかれ」で行けばよし、誤解があればそれをきちんと説明すればよし。どちらにしても、今より悪くなる要素は何もない。

他の部門への異動を求めるのは、これも尖った人材によく見られる傾向だ。現在の不満と将来の志望を語らせてみれば、相手の思考のレベルがはっきりわかる。

かつて筆者の部下にもこのタイプが多かった。自分が考えているキャリアプランを明快に語る者もいれば、単なる不満分子もいた。前者には、支援できるところは支援してやり、後者には考えの甘さを指摘してやればよい。

❖「問題」に対して解決策も考えさせる

このような視点に立ってみれば、部下が不平や不満を言ってくることはコミュニケーションの機会を提供しているようなものだ、ということが理解できるだろう。「ウェルカム・トラブル」の気持ちで待ち構えていればよいのである。

どんなにうまくいっているように見えても、職場には必ず「問題」が潜んでいる。問題には大きく分けて二つの種類がある。

一つが、回復問題（ものごとを以前の状態に回復させればよい問題）、もう一つが向上問題（ものごとの状態を今よりよくするという問題）である。

回復問題については誰でも簡単に指摘できるが、向上問題となるとそうはいかない。よく言われる問題意識や改善意識を持っていなくては「問題がある」と認識することができないからだ。

問題意識を育てることが部下育成の重要なテーマのひとつであることを考えれば、いつも問題を見つけては上司に進言してくる部下をうるさがってはいけない。問題が見えるということは、それは有能さの証なのだから。続いて、どうせなら問題を発見するだけでなく、解決策も自分で考えてみるように助言する。あるいは一緒に考える。

そうした意識が乏しい部下ばかりであれば、普段の業務連絡や報告などの場面で、問題発見型の話法を教えるのも効果がある。

「異常ありません」「問題ありません」という報告は原則としてさせない。「今のやり方だと将来こういう問題が発生するかもしれない」「こう変えたらもっとうまくいくと思う」という指摘を添えるように指導するのだ。

そのためにも、部下からの「異議申し立て」にはすべてウェルカムの姿勢を貫く必要がある。上司は鬼がいいか仏がいいかといったタイプ論を語る前に、こうした基本的なポリシーを身につけることが先決である。

人材育成の鉄則 15

異議申し立てはコミュニケーションの機会と受け止め、部下の成長につなげる。

16

「偶然」を活かせる人、恐れる人

異動や出向などで、それまでの職場を離れると急に元気がなくなる人がいる。四〇の坂を越えてから新しい職務に就く場合はなおさらそうで、不本意に感じる人が少なくない。「これまでのキャリアが活かせない」「新しいことを始めるのは億劫だ」と。

年齢を重ね、経験を積むに従って、人は「変化」より「保守」を好むようになる傾向がある。しかし、そうした姿勢が逆に、人のキャリア形成を阻む要因ともなる。

❖プラス思考で偶然をチャンスに転換

キャリア開発に関する考え方としては、これまで長くエドガー・シャイン（マサチューセッツ工科大学名誉教授）のキャリア・アンカー理論が主流だった。人はそれぞれの個性に合わせて早く方向性を決め、その実現を目指すのがよいという考え方だ。紆余曲折なしに、まっすぐ進むことを是とする思想が根本にある。

これは今でもビジネスパーソンの適性検査などに応用され、専門職志向、管理職志向、独立志向など、いくつかのタイプに分類して各人のキャリア形成を促す。

しかし、これを覆す「計画的偶発性理論」（planned happenstance theory）が発表された。人のキャリアの大半は、本人も予期しない偶然の出来事によって形成される、という趣旨だ。スタンフォード大学のクランボルツ教授によってキャリアカウンセリング学会誌に発表され、関係者から大きな注目を浴びた。

例えば、会社法務の実務家になりたいと思って会社に入った若者がいたとしよう。念願がかなって法務部に配属となり、数年間そこで働いた。しかし会社の業績が悪化したため、間接部門のスタッフの多くは営業に回されることに。彼も営業部門で一からの出直しとなった。

ここで逆境にさらされるうちに、かえって彼の能力は遺憾なく発揮された。三〇代でナンバーワン営業マンとなり、四〇代前半で、不振が続く関連会社に営業部長として出向。見事再建を果たして、経営幹部に抜擢された。

――というと、きれいなバラ色のシナリオのようだが、ここで肝心なのは、法務部から営業部への異動、親会社から子会社への出向などが、本人の思い描いていたキャリア計画とは別のものだったということだ。

多くの人にアンケートをとってみると、およそ八割の人にこうした事態（一種の偶然が作用していたこと）が認められるというのが、「計画的偶発性理論」の骨子である。

「偶発性というのは理解できるが、どこが計画的なのか」と不審に思う読者も少なくないだろう。こういうことだ。

人は多くの偶発的な出来事に見舞われるが、能動的な生き方をしている人にはそれがチャンスとなって作用する確率が高い。偶然がプラスに働いて、結果としてキャリア形成の助けになる。あとから見ると、それが計画的に起きたように必然化することができる、というのである。

「だから逆境を糧として前向きに生きよ」というと、自己啓発書によく出てくる言葉になってしまうが、要するにそういうことなのだ。それをクランボルツ教授は、学者らしく実態調査によって明らかにしたのである。

しかし、誰もが皆、偶発性を好機として活かせるわけではない。活かせる人の条件（行動特性）を、クランボルツは五つあげている。

①好奇心があること（curiosity）：よりよいもの、面白いものを見つけようとする特性
②持続性があること（persistence）：高いレベルに目標を設定して、自分の興味を継続させられる特性
③柔軟性があること（flexibility）：自分の持っている固定観念を客観的に捉え直すことができる特性
④楽観的であること（optimism）：ものごとのプラス・マイナス両面を理解して、プラスに意識を保つことができる特性
⑤前向きであること（risk taking）：変化を恐れず、むしろ変化にチャンスを見出そうとする特性

❖口ぐせもキャリア形成に大きく影響

「いくつも特性をあげられるとわかりにくい」という読者のために、単純な口ぐせで説明しよう。予期せぬ事態に遭遇したとき、マイナス思考に傾きやすい人は次のような言葉を口にする傾向がある。

①「なんでそういうことになるんだ」
②「私はそういうことには関心がない」
③「私はそういうことには向いてない」
④「やってもどうせ駄目だと思うよ」
⑤「今のままでよかったのに……」

頭につけた各番号が、先の特性の番号にほぼ合致する。

こうした口ぐせは、キャリア形成という大きなテーマに関してだけでなく、日々の仕事やコミュニケーションにも大きな影響を及ぼす。

管理職あるいは上司として、このような言葉を普段口にしている人は要注意だ。自分が新しい状況に適応できないだけでなく、周囲の人たちのモチベーションをも低下させてしまうからである。

❖前向きなつぶやきでチャンスを導く

とはいえ、冒頭に記したとおり、人は年齢を重ねるにつれて変化より保守を好むようになる。それを戒めるために、何かプラス思考のよい口ぐせはないだろうか。

あれこれ列挙しても実行に移すのが大変だから、ひとつだけ、あげておく。「それは面白そうだ」である。予期せぬ事態に遭遇したとき、まずは「面白そうだ」とつぶやいてみる。本当に面白いかどうかはあとで吟味するとして、尻込みする前に、一歩前に心を振り向けてみることだ。

部下が何か新しい提案を持ってきたときも、「面白そうだ」という気持ちで接してみる。すると、身を乗り出して部下の話に耳を傾ける姿勢に、自然となるものだ。その姿勢が相手の気持ちを高め、コミュニケーションの原点である信頼感を醸成する。

「チャンスはピンチの顔をしてやってくる」という。ただし、「それは面白そうだ」と、その気になって迎えないかぎり、ピンチからチャンスを引き出すことなどできないのである。

人材育成の鉄則 16

まずは、「面白そうだ」とつぶやいてみる。すると心が前向きになる。

III

自分を磨く！
上司の気概と
部下の意欲

17

反抗的な部下を活かす

反抗的な部下というのは、一般に上司にとって「かわいくない部下」であることが多い。目の上のタンコブだったり、心臓の上にのしかかる重石だったりするものだ。ときには自分の立場を危うくすることもあるため、率先してローテーションのリストに載せようとすることもある。

しかし、いずれ大きな芽を出す可能性を秘めている人材は、こうした部下の中にいる。少なくとも「かわいい部下」より「かわいくない部下」のほうに、磨けば光る原石が転がっているものだ。これは多くの企業で実証されてきた人材の法則である。

❖不満分子が「玉」か「石」かを見極める

もちろん反抗的だから有能であるというわけではなく、玉石混交であることは言うまでもない。ただ、かわいい部下の面倒をみるより、かわいくない部下の活かし方を考えるほうが、はるかに重要な管理職の仕事であることは断言できるだろう。

では、玉石混交の「玉」と「石」には、どのような差があるのか。

「石」のほうは、人の言うことには何であれ反対しなくては気が済まない「天の邪鬼タイプ」だ。多くは有言不実行の社内評論家、ただの文句言いにすぎない。

「玉」のほうは、現在の仕事の内容やシステム、ときには上司の方針にまで異を唱える。煙たいことに関しては「石」と変わらないものの、それなりの代替案なり仮説なりを提示できる者だ。

上司のやり方に疑念を呈するという点では「反抗分子」だが、新しい視点があるなら、まずそれを珍重してやればよい。何であれ、今のやり方、今の常識に「揺さぶり」をかけてくる者については、いったん受け入れてみる柔軟な姿勢が欠かせない。

なぜなら、新しいやり方、新しい常識はすべて、初めは「異端」として登場してくるからである。その革新性が高ければ高いほど非常識と思われ、排除されがちだからだ。とりあえずは真正面から受け止め、相手が「石」なのか「玉」なのかをゆっくり検証してみればよい。

「玉」に属する反抗的な部下にも、理屈から実践まで自力でやってしまう特上の玉もいれば、実践する力が弱い玉もいる。前者はなかなかお目にかかることのできない、真のリーダータイプといえる。

おおかたは後者の部類に属する、悪く言えば「理屈屋」だろう。それでも、「真面目でおとなしく、上司に従順なだけの部下」よりずっと見どころのある人材であることには違いない。

人材募集の有名なキャッチコピーに、次のようなものがある。

「夢見る人、あぶのように口うるさい人、異端者を求む」――ずいぶん昔の話だが、アメリカのＩＢＭが使用したものだ。優秀だが手堅い官僚タイプばかりが増え、業績が悪化した時代に、ＩＢＭは異端者を求めようとした。「あぶのように口うるさい人」という表現が奮っているではないか。

要するに、組織に対しても上司に対しても「揺さぶり」をかけるような人材（場合によっては問題児）を求めたのである。

組織に揺さぶりをかけることのできる人材は、言葉を換えれば、新風を吹き込む人材である。それを活かせるかどうかに、管理職の手腕が問われる。

❖ダメ部下の原因の大半は上司にある

「部下にかわいいもかわいくないも、あったもんじゃない。うちの場合はダメな人材ばかりだ」

よくこんなふうに嘆く管理職がいる。

こういう方には「人を育てる名人」といわれた、ある会社の人事担当役員の言葉を紹介したい。

「ダメな部下の原因のほとんどは、その上司にあると考えて間違いない」

なぜなら、遅刻には遅刻の、怠慢には怠慢の、反抗には反抗の、何か「本人にとっては正当な理由」があるからであり、その心理的障害を自然な形で取り除いてやるのが、上に立つ者の役目だからである。

相手にとっての正当な理由というものに、一度思いをかけるのが「思いやり」であって、叱責や矯正はそのあとの問題だ。思いやりのプロセスが抜けているから、相手は上司の言葉に心を開こうとしないのではないだろうか。まずはそう考えてみる。

例えば、欠勤が多い人間にはどんな心理が働いているのか。

たいていは「欠勤オーライ」の、どうということもない仕事を担当しているから、あるいは職場での疎外感に傷ついているから、である。「おまえは怠慢だ」「そういうやつはいらない！」と罵声を浴びせても、問題解決にはつながらない。

腹立たしいのはやまやまだが、ここはワンクッション置いて、とりあえず相手の立場に立ってみる。

❖問題社員にこそ重要な仕事を与える

心理的障害を取り除くとは、具体的にどうすることか。欠勤したくなくなるような「仕掛け」を考えることだ。あるいは、欠勤できなくなるような「アイデア」を。

問題社員にこそ一度、重要な仕事を預けてしまう。そして自分もパートナーとして一緒に取り組んでみせる。どうでもよくはない会議の、出席メンバーにして責任を与えるのもよいだろう。それでもなお態度に変化が表われなければ、そのときこそ「そういうやつはいらない！」と宣告すればよい。

このプロセスをとばしておきながら、すぐ部下に見切りをつけてしまうマネジャーが少なくないように思える。早々と「ダメな人材」の烙印を押し、ダメだからきちんと面倒をみない。面倒をみないから相手のモチベーションはますます下がる。それを見てマネジャーの怒りばかりがつのり、職場の雰囲気は一層暗くなる。悪循環の見本である。

上司の接し方ひとつで「ダメな人材」の八割は、何かしら光を発するようになる。まずはそう信じてみることが大切ではないか。その姿勢はかならず周囲にも伝わって、「ダメな人材」が生まれにくい雰囲気の形成に役立つに違いない。

提言。「かわいい部下」と「かわいくない部下」と、それぞれの仕事量や重要度を一度しっかり測定してみよう。前者にはおいしいところを回し、後者にはつまらないものばかり。そんなふうになっているケースが現実には多い。

人材育成の鉄則 17

「反抗分子」が提起する常識への揺さぶりを受け入れてみる柔軟な姿勢が必要。

18

いまどきの若者は「なっちょらん」か

人は年をとるにつれて、「いまどきの若者は」という議論を好むようになる。なぜか。人生経験を積むことによって賢くなるから？　それもあるだろう。向こう見ずな若者の振舞いに腹を立てるから？　それも大いにあるだろう。しかし根源にあるのは、若さへの嫉妬ではないか。

すでに自分が失った若さをたっぷり持っている者たちへの羨望。若さというエネルギーを有効に使えばいいのに、多くはくだらないことに浪費し、実り少ないまま年をとっていく、そんな若者たちへの歯がゆさ。「今の自分だったら、もっと賢明な青春を送ることができる。いや、実際に若かった頃の自分は、いまどきの若者たちよりはずっとまともな生き方をしてきたはずだ」――そうした思いが憤懣となって、「いまどきの若者はなっちょらん！」というセリフになる。

これは人類最古のセリフと言ってもよい。洋の東西を問わず、あちこちの遺跡でこの種の書き込みが発見されている。

❖できる人ほど若者の優れた点を賞賛

以前、某社の代理店社長会議に招かれたときのこと。講演後の懇親会の席で、自衛隊のイラクからの完全撤退はいつ頃になるかという話題になった。初めは中東の政治情勢に関する穏当な意見が聞かれたが、途中から風向きが変わった。

「それにしても、自衛隊の連中は立派ですな」「まったくです。命令とはいえ、他国の平和再建のために身を粉にして働いているんですから」「比べて、この国の中でヌクヌク暮らしている連中ときたら」といった流れから、一挙に「いまどきの若者は」の大合唱になった。アルコールの勢いもあって、言葉は苛烈を極めた。

「いまどきの若者は、そもそも生きることに対する熱意ってものがありませんよ」「目が死んでますからな」「自衛隊への体験入隊でも義務づければいいんだ」「会社に入っても、一宿一飯の恩義すら感じていません」「何かあったら、いつでも辞める算段ばかりで」「ただ辞めるだけならいいが、極秘データを持ってドロンです」「要するに、右も左も腰抜けばかり、ですな」

突飛な話のなりゆき、というわけではない。年配者が本音で語り出せば、だいたいこんな感じになるものだ。常に「いまどきの若者はなっちょらん！」なのである。

そうした大ブーイングの嵐を体験するたびに、私はある経営者を思い出す。

「いまどきの若者について、どんな印象をお持ちですか？」との質問に、その経営者はこう答えた。

「私たちが若い時分より、優れたところが多々あると感心しています」

「どんなところですか？」と尋ねられると、

「まず感性が素晴らしい。これは私たちの時代とは比較になりません。それと、好きなことに打ち込むときの集中力。いまどきの若者は駄目だとよく言われますが、決してそんなことはありません」

あるマネジメント誌のインタビューでのこと。すでに四半世紀以上もさかのぼるが、その日、私は編集長の付き人として同席させてもらった。当時「いまどきの若者」のひとりとして、この発言には驚かされた。年配者が若者を肯定する場面に遭遇したことは、それまでほとんどなかったからだ。

その経営者はソニーの会長（当時）盛田昭夫氏。自ら陣頭指揮に立ってウォークマンを大ヒットさせた直後のことだった。この若者肯定論が、世の若者一般を対象にしたものか、ソニー内部の優秀な若手社員を念頭に置いたものだったかは定かではないが、こういう経営者もいるという発見は青年時代の私にとって、ひとつの事件であった。

それから今日に至るまで、同じような趣旨の発言は何度か耳にしてきた。発言の主は経営者に限らず、管理職もいれば教師もいたが、総じて言えるのは、皆それなりに実績がある有為な人物であったことだ。人格の面でもリーダーシップでも、「こういう人と一緒に働きたい」と感じさせる人が多かった。当然のことかもしれない。

❖自分の無能さ表明に等しい若者批判

「風が吹けば桶屋が儲かる」式に考えてみよう。リーダーシップのある人とは、他人を上手に動かせる人である。他人を上手に動かすためには、他人の能力を引き出すことに長けていなければならない。そのためには、相手の長所・短所を的確に洞察する能力が求められる。短所を嘆いているばかりでは、人を活かすことはできない。長所を最大限に発揮させることが能力開発の要諦なのだ。それがきちんとできてこそ人は戦力となる。いまどきの若者といえども、十分に活用できるようになる。

かくして、人を育てる能力を持ったリーダーの周りには精鋭が揃う。そのようなリーダーは言うだろう。「いまどきの若者は優秀ですよ」と。それは、育て方によっては、いくらでも育つという意味なのだ。

このように考えれば、「いまどきの若者はなっちょらん!」は禁句であることがわかる。「いまどきの若者は何を考えているのか、さっぱりわからん」という嘆きは、自分には若者の考え方を理解する能力がないと告白しているに等しい。同じように、「いまどきの若者はバカばかりで話にならん!」は、バカを並程度に育てる能力すらないと表明しているに等しい。人前で恥をさらしているようなものだ。

人材育成とは三流を二流に、二流を一流半にまで高めることを意味する。初めから一流の精鋭であれば、放っておいても自分で育つ。

❖褒めれば、褒められたとおりに人は育つ

それはそれとして、昔の人間はもっと真面目に働いたものだと言う人もいるだろう。「いまどきの若者は真面目に働かない」との非難を込めて。そうではない。昔は真面目に働かなくては生きていけなかった。今は働かなくても生きていける。家でゴロゴロしていても

親が甘やかし、面倒をみてくれるのだから。人間の質そのものが変わったのではない。時代の相が変わったのだ。「昔の人＝今の年配者たち」だって、この時代に生まれていればどんな人間に育ったかわかったものではない。

「なっちょらん若者」が多い現代とはいえ、彼ら彼女らを上手に育てて活用している会社はいくらでもある。そうした会社の経営陣や管理職は、いたずらに嘆くことはしない。有能な若者を現に多く輩出していれば、嘆く必要などないとも言える。

そうした理屈を考えれば、普段どんなスタンスで若者を語ればよいかがわかるだろう。「いまどきの若者は」と言いかけたら、できるだけ肯定的なコメントを口にしたほうがよい。そのコメントは、口にする人の人格や能力を反映するからだ。

褒めれば人は褒めたとおりの人間になり、けなせばけなしたとおりの人間になる、という。必ずそうなるかどうかは保証の限りではないが、とりあえず信じてもよいのではないか。私は信じることにしている。

人材育成の鉄則 18

三流を二流に、二流を一流半に高めるのが人材育成。褒めて長所を最大限に発揮させよ。

19

昼夜逆転するコウモリ型社員に注意せよ

あなたの会社では、新人は順調に育っているだろうか。「いまどきの若者はなっちょらん」とお嘆きの方もいるだろうが、本節では「いまどきの若者」の特徴について考えてみる。

❖若者の五つのタイプ別効果的育成法

いずれは独立して一旗揚げることを夢みる起業家型もいれば、真面目にコツコツの努力型もいる。それは昔も今もそれほど大きな変わりはない。ここではおおまかに五つのタイプに分けて、それぞれわかりやすく動物の名を冠してみる。

①ライオン型

独立自尊、あるいは唯我独尊の起業家タイプ。馬力はあるがアクも強い。アンケートなどに「社長を目指す」と答えるタイプで、現在は希少種だ。

②ウサギ型

才気があって融通のきくタイプ。「賢く振舞う者」が多く、良くも悪くも優等生。育て方次第で大きな差がつく。

③カメ型

「ウサギとカメ」の比喩でいくと、じっくりコツコツの努力型。しかし昨今では「首をすくめて様子見」といった悪い印象が強い。

④イノシシ型

文字どおり猪突猛進、よく言われる体育会系。最近ではウサギ型が増えた分、このタイプが減少した感がある。

⑤コウモリ型

上記①~④までの分類の仕方とは異なる。夜型の生活に馴染んで、なかなか社会人の生活パターンに適応できないタイプ。ある分野に異能を発揮する者も中にはいる。

この中で、いわゆる即戦力型を輩出するのは、ライオン型とウサギ型である。上司の教えを素直に聞くライオン、学ぶ意欲の高いウサギであれば、ビジネスパーソンの理想的なタイプとも言えるわけだが、現実はなかなかそううまくいかない。人の言うことを素直に聞かないのがライオンの欠点でもあり、持ち味の一部でもある。同様に、ウサギには要領よく走ったあとで手を抜く、昼寝をするというナマケモノが結構含まれる。

この二つのタイプには、標準以上の仕事量を与えるか、高い質を求めて育成すればよい。注意を要するのは、カメ型とコウモリ型である。

かつてはコツコツ努力型のカメタイプが日本の会社で最も好まれ、人柄も愛され、何よりも無難な存在であった。長年文句を言わず真面目に働き、五〇歳になったら部長としてハンコを押している。そんな時代にはぴったりのタイプだったが、現代ではすっかり風向きが変わった。のんびりコツコツやっている間に会社が潰れてしまうご時世だからだ。

このタイプに属する現代の若者たちの側も、そのへんの事情は自覚している。「だから頑張らなければ」とも思っている。しかし、どう頑張ればいいのかがよくわからずに、心の中でオロオロしている者が少なくない。

もちろんカメ型にもいくつか種類があって、例えば自分のテーマを持った技術者や研究者のように、地道な努力がやがて成果に結びつくタイプもある。問題なのは、よく言われる「目標意識のない若者たち」としてのカメ型だ。同じことは④のイノシシ型にも共通する。上司から目標を与えられれば「わかりました！」と猛進するが、自分自身でゴールを設定するのは苦手というタイプが多い。

新人であれば、自ら目標やゴールを設定するのはまだ先だが、カメ型とイノシシ型に対しては特に対話を重視し、早いうちから「自分で考える姿勢」を涵養するよう仕向けたい。

❖ちょっとした油断で陥る夜型の生活

動物に擬した五つのタイプのうち、意外と多いのが、コウモリ型である。

昼夜逆転したような生活を送るのは、今の大学生に限ったことではない。私たちが学生のときでもそうだった。大きく異なる点は、社会人になってもその生活を引きずっている新人が、今や一派を形成しているという点だ。

原因はインターネットとコンビニエンスストアの普及である。夜型の生活を助長する因子が現代の日本には溢れている。その中に何年もどっぷり漬かって暮らしてきた若者には、夜型の生活に対する愛着が、意識の有無にかかわらず、なかなか捨てきれない。もちろん大半は就職による生活の変化を契機として、新しい生活に順応していくわけだが、研修期間が過ぎて気が緩むと、再び昔のパターンに戻りかける者があとを絶たないのである。

その顕著な例が「睡眠覚醒《かくせい》リズム障害」とよばれる症状だ。パソコンやケータイ、ゲームなどに熱中するあまり朝方まで起きている生活を続けると、そのうち早めに就寝しても寝つけない身体になる。睡眠と覚醒の体内リズムがくるってしまうのだ。くるった挙句、日中に猛烈な睡魔に襲われるようになる。きちんと出社してはいても、就業中に居眠りする、アポを頻繁に忘れる、重大なミスを犯す。

「たかがリズム障害」と済ますことはできない。昨今この障害を専門に扱う病院も増えたが、症状が重くなると、元の生活に復帰するまで数か月を要する場合さえあるという。

そんな自堕落な生活をする若者は、そもそもウチの入社試験にパスするわけがない。そう思われる方もいるだろう。しかし、コウモリ型の若者には、いわゆる「一芸に秀でた専門職タイプ」も含まれる。朝方まで遊んでいてコウモリになる者が大勢を占めるものの、何かに打ち込むあまり不可避的にコウモリになったという者も、結構いるのだ。

普段はとても真面目な新人なのだが、ぼんやりしていることがよくある場合などは注意を払ったほうがよい。

❖基本的生活態度の教育も上司の役目

上司が若者とコミュニケーションをとる際に、さりげなく確認したいのが、仕事上の悩みだけでなく、上記の睡眠覚醒リズム障害など生活の基本的な健康度に関することだ。そのひとつに、金銭的な問題がある。

社会人となって、自分で稼ぎ始めたにもかかわらず、生活が逼迫したという若者が結構多い。学生時代は親からの仕送りとアルバイトで優雅な生活をしていたが、自分の月給だけになると今までの生活を維持できなくなる。都会での単身生活者によくあるパターンだ。

お金が足りなければどこかで借りればいいという社会風潮は今日、若い世代に蔓延している。「あるものでやりくりする」という考え方を十分に教え込まれてこなかったからである。「借りてやりくりする」うちに困った事態に陥る者が、筆者のクライアント会社でも散見される。日々の生活に関する常識についても、今では職場の上司が教えなければならない時代なのである。

人材育成の鉄則 19

若手社員はタイプによって育て方を変え、日常生活に対する気配りも欠かさない。

20

企画を再提出する〝したたかさ〟

「つまらない企画は通ることがあるのに、なぜこの企画がボツになるんでしょうか。はっきり言って、おエラ方の鑑定眼はおかしいですよ」

かつて企画部門の責任者をしていたころ、よくこんな苦情を部下から聞いたものだ。企画部内では評価された企画が、営業部との合同会議でボツになるケースがしばしばあったからである。これはどこの会社でも、そんなに珍しいことではない。

苦情を言ってくるのは、たいてい血気盛んな若手だ。良い企画は通り、悪い企画は落ちるはずなのに、どうもそうではない。あなたはそれをどう思うのかと、私に怒りの矛先を向けてくる者もいた。

もちろん会議でボツになる企画の多くは、ボツになって当然の不良企画だ。鼻っぱしらの強い若手は、そのつど頭にきて上役たちの鑑定眼を批判するものだが、それはガツンと叱ってやればよい。困るのは、冒頭のセリフのとおり、不良企画に近い「可もなし不可もなし」レベルの企画が採用される割には、とびきり面白そうな企画がしばしば切り捨てられることだ。ベテラン社員にはそのへんの機微が理解できても、若手社員にはまだ難しい。

❖「そこそこ企画」に負ける「斬新企画」

事業会社において良い企画とは、商品として売れる企画をいう。このことについては企画部門も営業部門も異論はない。問題は、売れる商品を作るためのポイントをどこに置くかということだ。

業界や時代環境によって差はあるが、概ね企画部門が「斬新さ」を重視するのに対して、営業部門では「堅実さ」を重視する。創造性に価値を見出すのが企画部門の人間なら、収支の管理で頭を痛めるのが営業部門の人間たちだ。

「斬新さ」によっていつも成功を収められるなら、営業部門だって文句はない。しかし現実には、そのキャッチフレーズに騙された苦い体験がどこの会社にもある。だから営業部門の管理職は「斬新な企画」に対して、まず疑いのまなこでかかる。斬新な企画よりは、そこそこに売れる「堅実な企画」のほうを採用しようとする。この傾向はポジションが高い年配者ほど顕著になる。

例えば出版業界を例にとると、斬新な企画によってベストセラーになる本は、センミツ（千に三つ）とは言わないまでも、出現する確率はそんなに高くない。斬新さを売り物にしてつまずいた本のほうが多い。

そういう本は束の間、書店の片隅に置かれただけですぐ出版社の倉庫に送り返され、やがて日の目を見ることなく廃棄処分される。そんな悲しい運命を背負うことになる本のために、出版社は毎年かなりの額の引当金を用意しなければならない。

一方で、斬新さはないが一定の読者を獲得できる定番企画の本は、当たらずともハズレずで、長打は期待できないものの高い確率でシングルヒットを重ねられる。在庫の山を築く心配はほとんどなく、引当金のお世話になることもない。

❖気合いを入れすぎることの落とし穴

では、良さそうに見える企画が通らない理由は、すべて内容の斬新さにあるのだろうか。それだけでは、もちろんない。同じほど大きな別の理由が潜んでいる。発案者が気合いを入れれば入れるほど、この種の企画は会議でボツになる傾向があるのだ。

「これは非常にユニークな企画だ。絶対におエラ方を説得してやるぞ」

発案者がそう意気込むとき、そこに落とし穴が生じる。ここ一番を意識して身構える姿勢と思い込みの強さが、結果としておエラ方の顰蹙を買うことになる。

そもそも斬新な企画は、会議で大勢の賛同が得られにくい。当然のことである。斬新さが高いほどそれを評価できる者は少なくなり、単に奇をてらっただけと見なされがちだ。しかも過去の例を見れば、その種の企画はどこの会社でも、成功例より失敗例のほうが多い。発案者のほうもそれくらいは知っているから、なんとかして説得しようと鼻息が荒くなる。

しかし、一方が腕まくりして力説すればするほど、他方は無意識のうちに防御の姿勢をとる。人間関係における「作用・反作用の法則」とでも言えばよいだろうか。よほどフトコロの深い人物でないかぎり、そのように反応するのが人の常である。

こうなると、発案者が一生懸命にプレゼンを続けても、たぶんおエラ方は途中から聞いていない。前にあった失敗例を思い出しながら、とにかくボツと腹を決めている。

こうした状況に陥ったときは、いったん穏やかに引いたほうがよい。

「それでは皆さんの意見を参考にして、考え直してみます」とでも言って、致命傷を負う前に撤退するのだ。

しかし、熱くなっている当事者には、なかなかそれができない。芳しい反応を示してくれない相手に苛立ち、なんとか理解してもらおうと長広舌をふるう。

こうしてますます反発を受けやすい雰囲気を作ることになるのだが、本人はそれに気がつかない。そのうち言葉の中に、この企画の良さを理解できないやつはバカだといったニュアンスがこもり、聞く者たちの感情を逆撫でする。

❖場の空気を読み、整える力量が大切

斬新な企画を会議に諮るときは、あらかじめ次の配慮が必要になる。

①どうせ一度では通らないと覚悟して臨むこと。
②一方的にまくしたてず相手の意見をよく聞くこと。
③旗色が悪くなったらゴリ押ししないで引くこと。

人は思い入れが強ければ強いほど、無意識のうちに対決姿勢を漂わせるものだ。それが相手の敵意を誘発させ、不穏な雰囲気を醸し易くさせる。まずはそうした要因を慎重に取

り除かなければならない。

雰囲気の問題など本質的なことではない、と思う読者がいるかもしれないが、決してそうではない。人の賛同を得る上で、場の雰囲気を整えることがどれほど大切かを理解できない人は、説得力を向上させることは難しい。空気を読み、それを味方につけられる人が、厳しい会議の場で勝利を収めるのである。

最初の会議で総スカンを食らった企画が、二度目三度目で認められるケースは珍しいことではない。批判された部分や注文をつけられたところをうまく補い、あるいは補ったように見せて、企画の成功要因を高めるのだ。

内容上それができない企画もあるが、多少の修繕を演出して「改訂版」を作るのも企画屋の力量のうち。なかなか通らない企画を何度も練り直し、最後に風穴を開けるところに仕事の妙味がある。そのくらいに腹を括ってこそ、企画に携わる面白みが出てくる。

人材育成の鉄則 20

相手の感情に対する配慮がなければ、人を説得することはできない。

21

上司は失敗談を語れ

部下から見て「困った上司」「早く辞めてほしい上司」は、どこの会社にも大勢いるようだ。ビジネス書のロングセラーを見ても、『上司は思いつきでものを言う』（橋本治著）、『なぜ、上司は部下の揚げ足を取るのか！』（西村克己著）、『こんな幹部は辞表を書け』（畠山芳雄著）など、厳しいタイトルが目白押しである。

❖「イヤな上司」のワースト3とは？

イヤな上司に悩まされた経験のある人は、自分が管理職になったときは部下に信頼される上司になろうと思うはずだ。にもかかわらず、時代を経てもイヤな上司は決して絶滅しない。今二〇代の若者が幹部になる頃にも、きっと『こんな幹部は辞表を書け』のような本が売れているだろう。

子は親に似るというが、部下も上司に似るものだ。いつも口やかましい上司に接していれば、その口調は部下にも伝染する。思いつきでものを言う上司のそばにいれば、無意識のうちに部下も思いつきでものを言う人間になる。そうなりたくないと思えば、よほど強い自覚をもって自分を律しなければならない。

ということで、私は管理職向けのセミナーを担当するときにはこの問題を取り上げ、各人に「管理職の心がけ一〇か条」のようなものを作成してもらっている。初めに行なうのは、自分が過去の歴代上司に失望したり腹を立てたりしたことを列挙する作業だ。上司の良い点をあげるのは難しくても、悪い点をあげるのは誰にでもできる。

書き上げたら、それらがなぜ部下にとってマイナス材料になるのかを分析した上で、自分が同じことをしでかさないための心得を記入する。上司を反面教師として活用し、自分専用のチェックリストを作るというわけだ。他人が書いた管理者本を受け身で読むより、はるかに有益な指針が得られる。

イヤな上司として指摘される項目は何十にも上るが、ベスト3いやワースト3の内容は、どこの会社でもほとんど変わらない。

①部下の話をきちんと聞いてくれない。②言うことがその場その時によって違う。③まずいことが起こると責任逃れをする。

表現の仕方は異なっても、意味するところは同じである。

❖古色蒼然とした自慢話が顰蹙を買う

では、上司が教訓を部下に授けようとする場面で、最も反発を感じたのはどんなところか。そう尋ねると、これまた異口同音によく似た答えが返ってくる。

「教訓がワンパターンの説教になり、最後は上司の自慢話で終わる」。だから真面目に聞く気にはなれないと言うのだ。

なぜ、上司は説教を始めると、かなりの確率で自慢話になってしまうのだろうか。

◆自分は大したものだったとアピールしたい。

◆それによって部下からの尊敬を勝ち得たい。

意識してかしないでかは別として、そのような思いが潜んでいることは間違いない。それは一種の承認欲求であり、わからないではないのだが、さらに悪いのは次の点だ。

◆何度も繰り返し語ってきた自慢話であること。
◆多くの場合、時代錯誤の雰囲気が濃厚なこと。

つまり上司の自慢話というものは、古色蒼然とした昔話の蒸し返しが多いのである。「俺がおまえくらいのときは、靴がボロボロになるまで営業に走り回ったものだ。それでトップセールスマンの座を勝ち取ったのだ」「知恵を絞れ。血尿が出るほど知恵を絞ってみろ。俺なんか病院通いをして点滴打ちながら、毎日一〇件以上も企画書を書いたぞ」

こんな話を聞かされても、「どうせ安物の靴を履いてたんでしょ」「血尿が出るまでなんて人権侵害じゃないですか」と反発を受けるのがオチだ。

コミカルな例にしたが、上司の自慢話はどれも五十歩百歩、部下の尊敬ではなく顰蹙を買うだけだと心得ておいたほうがよい。教訓を与えたければ、もっと自然に共感を呼ぶような話題を口にすべきなのである。

説得や説教のキーワードは共感的理解に尽きる。具体的には「なるほど、そうなのか！」と相手に感じさせることだ。

先に取り上げた『こんな幹部は辞表を書け』の著者・畠山芳雄氏は、私が勤務した日本能率協会の役員で、幹部教育の第一人者だった。親しく謦咳《けいがい》に接したこともあったが、自分の成功談ではなく失敗の例をよく口にされた。

❖失敗体験を記す「失敗ノート」の効用

偉い人が自分の成功を例に引いて話しても、ほとんど教訓にはならない。偉い人なんだから成功して当たり前じゃないか。そう思われておしまいだ。逆に失敗体験を話せば、「この人でもこんな失敗をしたのか。自分も気をつけるようにしよう」と、自然な共感を与えることができる。

畠山氏の薫陶を受けて育った私の上司は、私が何かミスを犯すたびに「失敗ノート」をつけるよう諭してくれた。

「かつて私も君と同じミスをした。これは初心者のうちはよくやるミスなんだ。ただし、何度も繰り返しては駄目だ。原因をよく分析して、今後の防止策を考えてごらん。『失敗ノート』につけておけば、やがて君の財産になる」

言われたとおり「失敗ノート」は財産になった。特に自分が管理職の立場になったとき、部下に自分の失敗例を題材として話す上で大いに役立った。
人は中堅からベテランになると、初心者のうちはなぜ失敗が多いのか実感としてわからなくなってくる。自分もしょっちゅうミスをしていたことを忘れ、あるいは棚に上げて、「俺はきちんとできていたものだ」と記憶を修正する。だから事あるたびに「いまどきの若者は」を連発するようになるのである。

人材育成の鉄則 21

上司の過去の失敗談は、自然な共感が得られ、心に響く教訓となり得る。

22

「教えてください」と言える人

❖記者の本分と「切れ者記者」の末路

私が日本能率協会に勤め出した頃の話である。同僚に切れ者で鳴る記者がいた。マネジメント誌の編集部に所属し、特集記事の取材から穴埋め原稿の作成まで、何でも短時間で仕上げる。当時、書籍の編集部にいた私から見ればまさにスーパーエディターで、お手本のような存在だった。

その仕事ぶりの反映とでもいうべきか、彼の席からはよく大きな声が響いてきた。「そんな情報が記事になると思ってるんですか！」。電話で相手を怒鳴りつけているのだ。

同じ編集部といっても、書籍のほうは専門家に依頼して気持ちよく書いてもらうのが仕事である。電話で相手を怒鳴ることなど、まずない。そのことを当の同僚に言うと、「書籍と雑誌とでは仕事の質が違うからな」と嘲笑うような返事だった。

あるとき彼が著名な経営者にインタビューするというので、同行取材をさせてもらった。脈がありそうなら、単行本の執筆を打診しようと思ってのことだ。しかし、その思惑はすぐに消滅してしまった。インタビューを進めるうちに先方の社長が怒り出したのである。質問の仕方に問題があったのだ。

貴社の経営戦略についてお伺いしたい。最近の動向を見ていると、業績は素晴らしいが、首尾一貫したポリシーが感じられない。同業のA社やB社と比較すると云々《うんぬん》――。こんなふうに取材の趣旨について説明した。綿密に下調べをしてきたのはわかったが、前ふりにしては批判的で、少々長過ぎる感があった。

社長がひとことふたこと答えると、すぐに次の問いかけをした。その様子は、取材というより尋問に近かった。初めはにこやかに答えていた社長も、そのうち眉間に皺を寄せるようになった。やがて、「君にそこまで言われる筋合いはない。何なら君が経営者になったらどうかね」。そう言われてインタビューは打ち切られた。

人にものを尋ねるときは、もっと礼儀をわきまえるべきではないか。そう諫めると、「ちょうちん記事なんか書くつもりはない」との答えだった。

相手が名だたる経営者であっても、言うべきことは言う。そして読者が知りたがっている真実を聞き出す。それが記者魂だと思っていたのだろう。その思いには、一理ある。しかし彼は、それからもたびたび同じトラブルを起こし、ほどなく退職を余儀なくされた。複数の取材先から抗議を受け、編集部として「善処」せざるを得なくなったのだ。

❖批判するだけでは何も生み出せない

「ちょうちん記事なんか書くつもりはない」という表現は、ジャーナリストの良心と言ってよい。が、そのことと、取材させてもらう側の作法を守ることとは別の事柄だ。これを混同している者が、私の元同僚だけに限らず、マスコミ関係者の中にはよく見られる。しかも、どちらかといえば、凡庸な人物より切れ者タイプのほうによく見られる。相手の言いなりになってはいけない、常に批判精神を忘れてはいけない、という思いから、斜に構えるのが習慣になっているのだろう。

批判精神を持って人に接し、取材を進めるのは大切なことだが、その精神をいつもこれ見よがしに振りかざす必要はない。素材をさばく包丁は、必要に応じて取り出し、使用すればいいのであって、やみくもに振り回すのは物騒なだけだ。

インタビューをするにしても、気持ちよく相手に語らせ、丁重に耳を傾け、その上でツボを押さえた質問をする、そんなやり方がいくらでもできるわけで、そのレベルに達してこそ、本当の「自他ともに認める切れ者」といえる。

元同僚の件から数年後、今度は私が雑誌編集部の後輩をともなって、ある経営コンサルタントのもとに出向く機会があった。ＣＩ（コーポレート・アイデンティティ＝企業の総合的なイメージ戦略）の専門家として世に知られた人で、私が編集を担当した単行本が当時ベストセラーになっていた。

同伴した記者は、元同僚とは違って物腰のやわらかな青年である。間違ってもインタビューで相手の機嫌を損ねることなどないだろうと安心していた。しかし――

「シンボルマークやロゴを変えることで、会社の実体が変わるとは思えませんね」

穏やかなやりとりが続いたあと、後輩はこんなふうに言った。

コンサルタントは、「形を変えることによって中身も変えるのです。自己変革を内外に宣言するわけですよ」と応じた。

「そんなに簡単に自己変革ができるでしょうか。ちょっと表層的というか、いい加減な感じがしますね」

この言葉に、コンサルタントの表情が一変した。「いい加減ですか。でも私はこの仕事に命をかけているんですよ」。

そう言われて、記者は一応謝った。しかし彼の記者魂は目覚めてしまったようで、その後も、CＩは経営の戦略手法とは思えない、一過性のブームとしてすぐ下火になるだろう、などと疑念を表明した。それはひとつの見解ではあったが、取材記者の領分を超えていた。口調も段々と評論家のようになって、専門家の説を伺うという態度ではなかった。

「わざわざ私の話を聞きに来るまでもなかったですな。君が勝手に書けばそれでいい」

コンサルタントは吐き捨てるように言って、憤然と応接室を出ていった。結果として、彼も先輩記者と同じ轍を踏んだ。記者らしく批判精神を発揮しようとして、記事が取れなくなってしまったのだ。

❖話を引き出すための知恵と気づかい

このエピソードには後日談がある。リクルートの雑誌記者が来るから紹介すると言われ、数日後、謝罪を兼ねてコンサルタントの事務所に赴いた。リクルートの記者もCＩについてインタビューを申し込んでいたのだ。

初対面の挨拶を済ませると、記者はこう切り出した。

「先生のご著書は拝読しました。ですが、正直いって、私にはよくわかりませんでした。

改めて、じっくり教えていただけますでしょうか」

コンサルタントは絶句した。てっきり腹を立てたのだろうと私は思った。が、そうではなかった。やがて苦笑いをしながら、「そう言われちゃあ仕方がない。ちょっとばかり講釈をしますかな」と、なんだか嬉しそうに言ったのである。

記者たるものが、肝心のテーマについて、わからないから教えてくれというのは、いかにも情けないが、下手に知ったかぶりをして相手の怒りを買い、目的を果たせずに終わることと比べれば、このほうが理に適っていると言えるのかもしれない。そんなふうに思った。目的は斜に構えて論争することではない。相手から話を聞き出して記事を書くことだ。

リクルートの記者は、CIに関してどんな自説を持っていたかは知らないが、教えてくれと率直に言うことで、結果として多くの貴重な話を聞き出すことができた。

人に教えを請うときは「教えてください」と言うに如《し》くはない。ソクラテスを持ち出すなら、これもりっぱな「無知の知」なのである。

人材育成の鉄則 22

目的を達成するためにはどう対応すべきかを第一に考えることが必要。

23

社内恋愛は是か非か

本節では、肩のこりがほぐれるよう、いつもより軽めのテーマを扱う。社内恋愛だ。とはいえ、これは人事関係者にとってある意味、厄介なテーマでもある。順風満帆できれいにゴールインすれば「めでたいこと」と慶賀されるが、そううまく運ぶ事例ばかりではないからだ。

❖ベタベタしない、コソコソしない

火遊びめいた恋愛の炎があっちでチラチラ、こっちでメラメラと燃え上がっていた日には、職場の秩序は保てない。そのため、社内恋愛はご法度としている会社も一部にはある。人権に関わる事柄なので、表立って禁止とは謳えないが、会社として歓迎しない意思を伝えようというわけだ。私も社内恋愛の様々なケースを見てきた者として、その気持ちはわからないではない。

では、どんなケースが困るのか。

第一は、これ見よがしに見せつけるような恋愛である。

よく駅の改札口前でひしと抱き合い、通行人の邪魔になるのも構わずキスをし続けているカップルがいるが、精神構造としてはあれと変わらない。さすがに職場で抱き合っている社員はめったに見かけないが、周囲をうんざりさせる男女はしばしば目にする。

のべつまくなしに相手の席に行き、「〇〇ちゃん、元気にしてる?」などと甘ったるい声でささやく。ねっとりとした視線を絡ませて、ときには机の下で手も絡ませたりする。どこにいてもすぐに「二人だけの世界」を作り、心はどこかにワープしてしまう。

「あいつら、ほんとにウザイよな」と同僚たちから煙たがられ、バカップル呼ばわりされてもどこ吹く風である。

この種のベタな社内恋愛は、仮にめでたく結婚に漕ぎつけたとしても祝福されない。一応「おめでとう」とは言われるが、あくまで儀礼的な挨拶にすぎず、周りは二人がコケるのを心中ひそかに期待している。結婚に至らずしてコケた場合は喝采だ。職場の作法をわきまえない者として上司の覚えも悪く、多少は仕事ができたとしても評価は低くなる。

ビジネスパーソンとして成長したいと願うなら、このようなみっともない形の社内恋愛をしてはいけない。その会社で伸びる芽を、自ら刈り取るに等しいことだからである。

好ましくない社内恋愛の第二は、これと対極的な振舞いで、周囲に悟られまいとして過度にコソコソした態度をとる秘密めかした恋愛だ。

社内恋愛となれば、たいていの人は周囲に悟られたくないと思い、いわば必然的に秘密めかした態度をとるようになる。それはそうなのだが、問題はその「程度」である。

恋愛感情が純粋で、なんとかこの恋を成就させたいと真剣に考えれば考えるほど、人は必要以上に注意深くなる。そして他人の目を気にするあまり、さらにコソコソの度合いを深めていく。その結果、本人たちの努力にもかかわらず、いや、努力をしたがために、かえって皆に知れ渡ってしまう。

これは不真面目な人より生真面目な人、職場での恋愛はあまり好ましいことではないと自覚している人、そして恋愛経験の乏しかった人によく見られるケースである。

私用メールはよくないからと、昼食を一緒にとる相談さえメモのやりとりをする。親しげに口をきくのはよくないからと、遠くから目顔で無言の会話をする。さらにエスカレートすると、何やら野球のブロックサインのような合図を出して、デートの有無を確認したりする。すべて極度に「さりげなさ」を装うために、かえって人目につき、「あの二人、なんかヘン」と、すぐに発覚してしまうのだ。

第一のバカップルめいた恋愛に比べれば、はるかにかわいげがあり、そのぶん反感を買うことも少ないが、しかし誰もが微笑ましいと拍手をしてくれるわけではない。むしろこのほうが仕事の妨げになる、コソコソした仕草が癇にさわる、という人もいる。特に恋愛と縁の薄い人にとっては、二人で何かゲームでもしているような様子が激しい妬みの対象ともなりかねない。

❖祝福される職場結婚は意外と少ない

要するに、ベタベタせず、コソコソしないこと。さじ加減が難しいところではあるが、この二つの擬態語によく注意を払うのが社内恋愛の要諦といえる。

私の元同僚に、社内恋愛の末、周りから盛大な祝福を受けて結婚した幸福なカップルがいる。やっかみも妬みも反感も買うことなく職場結婚ができる例は意外と少ないものだが、そういう人たちを観察してみると、いくつかの共通した特徴が見られる。

◆仲間と分け隔てなく接している。

◆根が明るく開放的。
◆秘密めかした雰囲気を作らない。
◆仕事の話も真剣にしている。
◆グループの集まりには積極的に参加する。

つまり、交際相手といえども仕事上ではパートナーと見なし、他の仲間も含めてきちんと交流する。だから同僚たちも「二人の関係」をそれほど気にすることなく、自然につき合える。そんな関係を築くことができれば、社内恋愛も周囲から温かい目で見守ってもらえる。

❖社内恋愛は歓迎されないと言うけれど

さて、上に記した「共通の特徴」をもう一度ご覧いただきたい。社内恋愛をしても反感を買わない人の特徴としてあげたわけだが、これらの要因は別の事柄についても当てはまりそうだ。「できる人」あるいは「人望のある人」の要因として。

平凡な理屈ではあるが、ここは外せそうにない。人望のある人を目指さなければ、やはり社内恋愛は基本的に歓迎されないのである。

嫌だというなら、恋愛の相手は社外に求めること。一部の会社の例として引用した「社内恋愛はご法度」という戒律を、自分用に受け入れてしまうことだ。特に、今の会社で頭角を現わしたいと真剣に望んでいる者はそうだ。異性の問題でつまずいたり、周りから批判されるような事態に陥った者は、それだけで大きな打撃を被るのだから。

しかし、そうわきまえていても、落ちるときにはわれ知らず、すっぽりと落ちてしまうのが恋というもの。落ちてしまったら、どうすればよいのか。

「みなさん、落ちてしまいました。どうか大目に見てください」

「そういうわけで、よろしくお願いします」

そんな気持ちで人に接することである。要は愛嬌と、かわいげである。

人材育成の鉄則
23
会社で頭角を現わしたいなら、社内恋愛は避けたほうが無難とわきまえる。

24

トンガリ社員には寛容、優等生社員には厳しさを

今、日本の産業界では、多くの会社が何らかの形で成果に連動した賃金制度を導入している。成果主義の是非については、すでに様々な角度から論じられているのはご存じのとおりだ。成果主義という考え方自体が悪いわけではない。問題は運用の仕方であり、突き詰めていくと評価そのものにまつわる難しさが根底にある。

❖社員が感じている評価と成果のブレ

多くの調査資料を見ると、自分は正当に評価されていないと感じている人は、一般社員の八割近くに達している。この数字は、ある意味で「妥当」なところだろう。成果主義賃金において平均レベルより高く報われるのは、どんぶり勘定でいって二割から三割程度の社員だからである。残りの七割から八割は、程度の差はあれ「なんとなく割を食っている」と思うものだ。

もともと評価というものは、どんなシステムで行なっても、大勢の満足を引き出すことはできない。評価する立場の人は、あらかじめそう割り切っておいたほうがよい。その上で、どのような配慮をすれば「比較的公平な評価」ができるかを考えるのである。

では、評価される側の不満は、どんなところにあるのか。

評価軸にブレがあるということ、要するに「ひいき」があるということだ。成果がそのまま評価に連動していると感じられれば納得するのだが、実際には成果と評価の間に「プラス・アルファ」や「マイナス・アルファ」が働いているのではないか。被評価者の多くはそんな猜疑心を持っている。

この猜疑心はもっともだと私は思う。人の評価には、客観的事実に基づいた業績評価だけでなく、どこかに「アルファ」が含まれるものだ。それがプラスに作用することもあればマイナスに作用することもある。好みや相性など、評価者の傾向性を反映した要素で、いわゆる情実評価、「ひいき」の元になる。

自分は絶対に大丈夫と豪語する人もいるが、そういう人に限ってつまずきやすい。まずは誰でも傾向性を持っていることを自覚した上で、謙虚に対策を考えるのが賢明だ。

ここでは単純に、個人業績と組織貢献度という二つの軸で評価を捉えてみよう。

❖「かわいいやつ」が評価される仕組み

業績が高く、チームへの貢献度も高いと評価された者を「第一グループ」とする。名づけて「優等生」。仕事の成果は八〇点でも、上司に協力的である、性格がよいなどのアルファが加味されて、総合的な評価はさらに高くなる。惜しみなく賞賛されるグループだ。

個人の業績が高くても、組織への貢献度が低いと判断された者を「第二グループ」とする。名づけて「トンガリ」。上司から見た印象を強く反映したニックネームである。仕事の成果が九〇点でも、上司に従わない、チームワークの配慮に欠けるなど、マイナス要素が働いて評価はぐっと下がる。先の「優等生」の最終的な評点が九〇点だとしたら、こちらは八〇点。業績と総合評価は逆転する。

このグループに対して、上司は賞賛の拍手を送ることは少ない。評価に異議を唱えたり上司批判をする者が現われたりするので、警戒ないしは敵視するくらいだ。

現実にはもっと複雑な要因が絡むが、原理はこんなところである。問題なのは、組織貢献度という尺度が恣意的な判断で左右されやすく、上司によっては「自分との相性」になりかねないことだ。

業績が低いグループに目を転じてみる。努力を要する立場だが、それなりに頑張っていると好意的に見られれば「第三グループ」。評価は少し上がる。個人としての成果が七〇点しかなくても、プラス・アルファが効いて八〇点。元は九〇点の「トンガリ」と総合で並ぶことになる。

このグループに、上司から寵愛を受ける「かわいいやつ」がしばしば生まれる。「トンガリ」はもともと上司からすれば要注意人物であり、「優等生」も仮に反旗を翻すようなことがあれば、優秀な人材であるだけに自分の立場を脅かす恐れが生じるが、「かわいいやつ」はその心配がない。能力は不足するものの、上司の言うことを聞いて真面目に励んでいる。そんな部下に対して、上司の評価や接し方は甘くなりがちだ。

これとは対照的に、業績も貢献度も低いと判断された「第四グループ」は救われない。組織の「お荷物」と見なされ、評価が低いのは仕方ないとしても、多くの場合、懇切な指導さえ受けられない。

第三と第四とでは、業績そのものは変わらなくても、上司との関係において大きな差が見られる。成果主義による処遇が成果を正しく反映していないといわれる理由のひとつは、こういうところにある。

❖疎かになりがちな「優等生」への指導

相性がよくない部下を低く評価することの弊害はわかりやすい。もともと自己主張が強い第二の「トンガリ」たちは、上司と衝突することが多くなり、組織に軋轢をもたらす。よく「出過ぎる杭になれ」と言われるが、その予備軍はここに多く集まっている。

懐の深い上司であれば、自分との相性は別にして、個性豊かなトンガリの存在を喜ぶだろうが、現実にはそれは少数派にとどまる。多くの上司は、自分と反りの合わない「できる部下」を煙たく感じ、その煙たさは評価にも反映する。

一方、「お荷物」のレッテルを貼られた第四の部下たちは、ますます自信とやる気を失う。中には、ひとふんばりすれば上のレベルにあがれる者がいるのに、「上司から見放された」と察知することで、早々に自分の力を見限ってしまう者もいる。

では、相性がよい部下のほうは、上司から見込まれたことによって大きく育っていくか。組織を支えるキーパーソンへと成長していくだろうか。そうとばかりは言えないところに、この問題の深刻さがある。

会社で金銭の着服やセクハラなど、不祥事を起こす社員の多くは、上記の分類でいえば

「優等生」ではないかというのが私の感想だ。上司の指導や目配りがどうしても疎かに、あるいは甘めになるため、ガードがゆるくなる。当人も一種の特権意識のようなものを持ち、自分は少々のことは許されるなどと勘違いする。その結果が「思いもかけなかった不祥事」となって現われるのだ。

「トンガリ」に対しては、目くじらを立てず、少し寛容に。「優等生」に対しては、ただ目を細めるだけでなく、少し厳しく。そう肝に銘じておくことで、人は比較的公平な評価ができるようになる。

人材育成の鉄則 24

評価に不満はつきもの。どうしたら「比較的公平な評価ができるか」を考える。

25

リーダーは「言葉の力」を自覚せよ

会社の研修で「心に残った嬉しい言葉・嫌な言葉」のアンケートをとると、ほとんど次のようになる。

◆嬉しい言葉――自分の存在価値を認め、賞賛し、励ましてくれる言葉。

【例】「ありがとう。君だからできたんだ」「君ならきちんとできると思っていた」「予想以上に素晴らしい出来栄えじゃないか」「頑張ったのだから、しばらくゆっくり骨休みしなさい」「また次に期待しているよ」

◆嫌な言葉――自分の失敗をことさらに追及し、罵倒し、感情を逆撫でする言葉。

【例】「なんだ、この程度しかできないのか」「新人レベルじゃないか」「何年ここの釜の飯を食ってるんだ」「給料泥棒みたいなやつだ」「期待はしてなかったけどな」「これなら山本に任せるんだった」

❖部下を罵倒する上司はリーダー失格

良好な人間関係を保つために、またモチベーション・マネジメントの観点からも、言葉遣いには繊細な配慮が欠かせない――などということは誰だって知っている。にもかかわらず、忌み嫌われる管理者の多くは、今もってこのレベルで、部下との間に不協和音を発生させている。

人生観や仕事観のズレ、性格の問題などは二の次と言って構わない。現実にはどこの職場でも、「ちょっとした言葉遣い」の問題のほうが、はるかに大きな障害を発生させている。なぜか。

やはり言葉に対する配慮が欠落しているからだ。人の話を聞く際のポイントは傾聴の心づかいだが、話し方においても同じことが指摘できる。

上に立つ人が部下の失敗を罵倒し、感情を逆撫でする言葉を並べたてるのは、感情的になるあまり、コミュニケーションの目的を忘れてしまうからだ。管理者にとって、部下とのコミュニケーションで大切なのは「現実的な効果を高める」ことである。お互いを理解し合う、士気を向上させる、能力を発揮させるなど、すべて現実的な効果を高めるために言葉を交わしているといってよい。

管理者個人が感じたナマの印象（例えば「こんなこともできないのか」「よくそれで給料をもらえるもんだな」「君と一緒に仕事をするのは不本意なんだ」といったこと）を率直に披露することになど、何の意味もない。人についての短絡的なマイナスの評言は決して口にしないことを、日頃からポリシーにしておく必要がある。

思わず口を滑らせてしまうことは誰にだってあると、弁護に回りたい人もいるだろう。しかし「思わず口を滑らせてしまうこと」は、リーダーの立場にとっては許されない罪なのだ。結果の重大性を考えれば、それだけでリーダー失格の烙印を押されても仕方がないほど致命的な事柄なのだから。口の災いが人に与える大きな影響について考えてみれば、たやすく理解できるはずだ。

❖人を励まし傷つけもする言葉の魔力

どこの会社でも、コスト意識の必要性については社員に徹底して教え込んでいる。費用対効果の観点から不要なコストはないか、常に点検するようにと指導している。

この「対効果」という視点を、人の上に立つ人はコミュニケーションにおいても忘れてはいけない。

ソニーの工場長を務めた人事教育コンサルタント片山寛和氏の名言に「すべての対話はモノローグ（独白）にすぎない」というものがある。相手のことを思いやりながら話しているようでも、人間の対話は独りごとのキャッチボールにすぎない。やや誇張的な感じはあるものの、話すという行為の本質を的確に捉えた言葉だ。

人に対するマイナスの印象表現は、職場に爆発物を持ち込むことにもなりかねない危険なモノローグである。口にする者のストレス解消には役立つかもしれないが、「対効果」を考えると、非常に高くつく行為と言わざるを得ない。

研修で、ある会社の営業マンが「心に残った嬉しい言葉」のアンケートに、こんなことを書いていた。

「一か月の売り上げが過去最低を記録してしまい、上司から大目玉を食らうだろうと覚悟していたところ、『わかった。事情はいろいろあったんだろう。来月に期待している』とだけ、静かに言われた。自分は信用されているんだと思って、それがとても励みになりました」

翌月には前月の未達成分を補って余りあるほどの成績が上がったそうだ。

人を見て法を説かなければならないことは言うまでもないが、どうせなら落胆にではなく、励ましにつながる表現の仕方を工夫したいものである。言葉とは、口から発せられるそばから消えていく、か弱いコミュニケーションの道具にすぎないものの、人の思いを激しく奮い立たせる灯火ともなれば、逆に人の心のつながりを一瞬にして断ち切る刃物にもなる。

「白き圭《たま》の欠けたるは尚磨くべきなり。この言の欠けたるは為すべからざるなり」。中国の古典『詩経』にある格言だ。玉についた瑕《きず》は磨けば直るが、人の失言は取り返しがつかない。

南容という者がこの詩句を自戒の言葉としていると知って、孔子は安心してこの男に姪を嫁がせたという。

❖業績に直結する良好なコミュニケーション

さて、こんな話を長々と綴ったのには理由がある。つい最近、某社の二つの営業所で同じ研修を行なう機会があった。それぞれの職場でのコミュニケーションが、そのまま業績に反映しているのを知り、改めて「物言いの大切さ」というものに深く思いを致す機会となった。

両営業所の所長をはじめ社員の能力には、ほとんど差は感じられなかった。同じような経営環境と条件のもと、同じツールと営業方法で顧客を開拓していた。一方は人を認めるコミュニケーションが多く、他方は頭ごなしのやりとりが多く見られた。当然のことながら、「上下のコミュニケーションはよいですか」「信頼関係は築けていますか」との問いに、明らかな違いが出た。

甘えや「なあなあ」の関係を勧めるつもりはまったくないが、コミュニケーションのあり方については、人事教育部門が中心となって、もっと全社的に注意を喚起する必要があるのではないか。景気が後退するとギスギスした職場が多くなるのを見るにつけ、その感を強くする。

人材育成の鉄則 25

上司の本分は、対話を通じて部下の「現実的な効果を高める」ことである。

本田有明（ほんだ・ありあけ）
1952年生まれ。慶應義塾大学哲学科卒業。日本能率協会を経て現在、本田コンサルタント事務所代表。著書「上司になってはいけない人たち」「若者が３年で辞めない会社の法則」「ソクラテス・メソッド」「ヘタな人生論より葉隠」ほか。
連絡先　a-honda@kf6.so-net.ne.jp

続《ぞく》・人《じん》材《ざい》育《いく》成《せい》の鉄《てっ》則《そく》
―上司力を高める25の極意

著者◆
本田有明

発行◆平成27年5月10日　第1刷

発行者◆
讃井暢子

発行所◆
経団連出版
〒100-8187 東京都千代田区大手町 1-3-2
経団連事業サービス
電話◆［編集］03-6741-0045［販売］03-6741-0043

印刷所◆平河工業社

©Honda Ariake 2015, Printed in JAPAN
ISBN978-4-8185-1503-1 C2034